배우 박해일

ACTOROLOGY

액톨로지 시리즈는
배우 이병헌, 배두나, 박해일로 이어지며
한국 영화를 이끄는 위대한 배우들의 명단을 한 명 한 명
작성해나갑니다.

백은하 배우연구소가 제안하는 액톨로지는
예술가, 장인, 기술자로서의 해부,
브랜드, 스타, 아이콘으로서의 분석,
동료, 시민, 인간으로서의 증언을 통해
배우를 연구하는 다면적이고 다층적인 방법을 모색합니다.

한 명 한 명, 배우의 초상들로 채워질 액톨로지 시리즈의 벽이
언젠가 한국 영화 전체를 이해하는 통찰의 풍경이자 정밀한 지도가
되길 희망합니다.

배우 박해일

백은하 Beck Una 배우연구소 소장·영화 저널리스트

영화주간지 「씨네21」 취재기자로 시작해 웹매거진 「매거진t」 「10 아시아」를
창간하고 편집장을 역임했다. 종이 잡지, 웹진, 책, 라디오, 팟캐스트,
IPTV, OTT에 이르는 온·오프라인 매체와 뉴미디어를 유연하게 오가는
영화 저널리스트로 활동 중이다. 올레티비 〈무비스타소셜클럽〉, KBS
라디오 〈백은하의 영화관, 정여울의 도서관〉, 팟캐스트 〈백은하·진명현의
배우파〉, 왓챠 〈배우연구소〉 등을 기획, 진행했다. 부산국제영화제,
부천국제판타스틱영화제, 백상예술대상 등 국내외 영화제의 심사위원을
역임했다. 영국 런던대학교Birkbeck, University of London에서 배우 연구에 관한
학문적 접근으로 석사 학위를 받고 2018년 백은하 배우연구소를 열었다.

배우론 『우리시대 한국배우』(해나무, 2004), 영화 에세이 『안녕 뉴욕:
영화와 함께한 뉴욕에서의 408일』(씨네21북스, 2006), 『배우의 얼굴
24시』(한국영상자료원, 2008)을 비롯해 백은하 배우연구소에서 펴낸
『넥스트 액터 박정민』(2019), 『넥스트 액터 고아성』(2020), 『배우
이병헌』(2020), 『넥스트 액터 안재홍』(2021), 『배우 배두나』(2021), 『넥스트
액터 전여빈』(2022), 『넥스트 액터 변요한』(2023)을 집필했다.

**Una Labo
Actorology**

백은하 배우연구소

Photography

〈와이키키 브라더스〉김진원 ©명필름
〈후아유〉김진원 ©명필름
〈질투는 나의 힘〉한세준 ©청년필름
〈살인의 추억〉한세준 ©CJ ENM
〈국화꽃 향기〉김양태, 서일영 ©태원엔터테인먼트
〈인어공주〉김장욱 ©나우필름
〈소년, 천국에가다〉송경섭 ©쇼박스
〈연애의 목적〉임훈, 송경섭 ©CJ ENM
〈괴물〉한세준 ©청어람
〈좋지 아니한가〉양해성, 안규림 ©CJ ENM
〈극락도 살인사건〉조문식 ©명필름
〈모던보이〉임훈 ©CJ ENM
〈이끼〉임훈 ©CJ ENM
〈심장이 뛴다〉김진영 ©롯데엔터테인먼트
〈짐승의 끝〉©한국영화아카데미
〈최종병기 활〉주재범, 김준 ©롯데엔터테인먼트
〈은교〉손익청 ©롯데엔터테인먼트
〈경주〉박병덕 ©인벤트 디
〈고령화 가족〉손익청 ©CJ ENM
〈제보자〉백혜정 ©플러스엠엔터테인먼트
〈나의 독재자〉이재혁 ©롯데엔터테인먼트
〈나랏말싸미〉전영욱 ©플러스엠엔터테인먼트
〈필름시대사랑〉박병덕 ©스마일이엔티
〈덕혜옹주〉임훈 ©롯데엔터테인먼트
〈군산: 거위를 노래하다〉박병덕 ©트리플픽쳐스
〈남한산성〉전영욱 ©CJ ENM
〈상류사회〉한세준 ©롯데엔터테인먼트
〈한산: 용의 출현〉정경화 ©롯데엔터테인먼트
〈헤어질 결심〉전영욱 ©CJ ENM

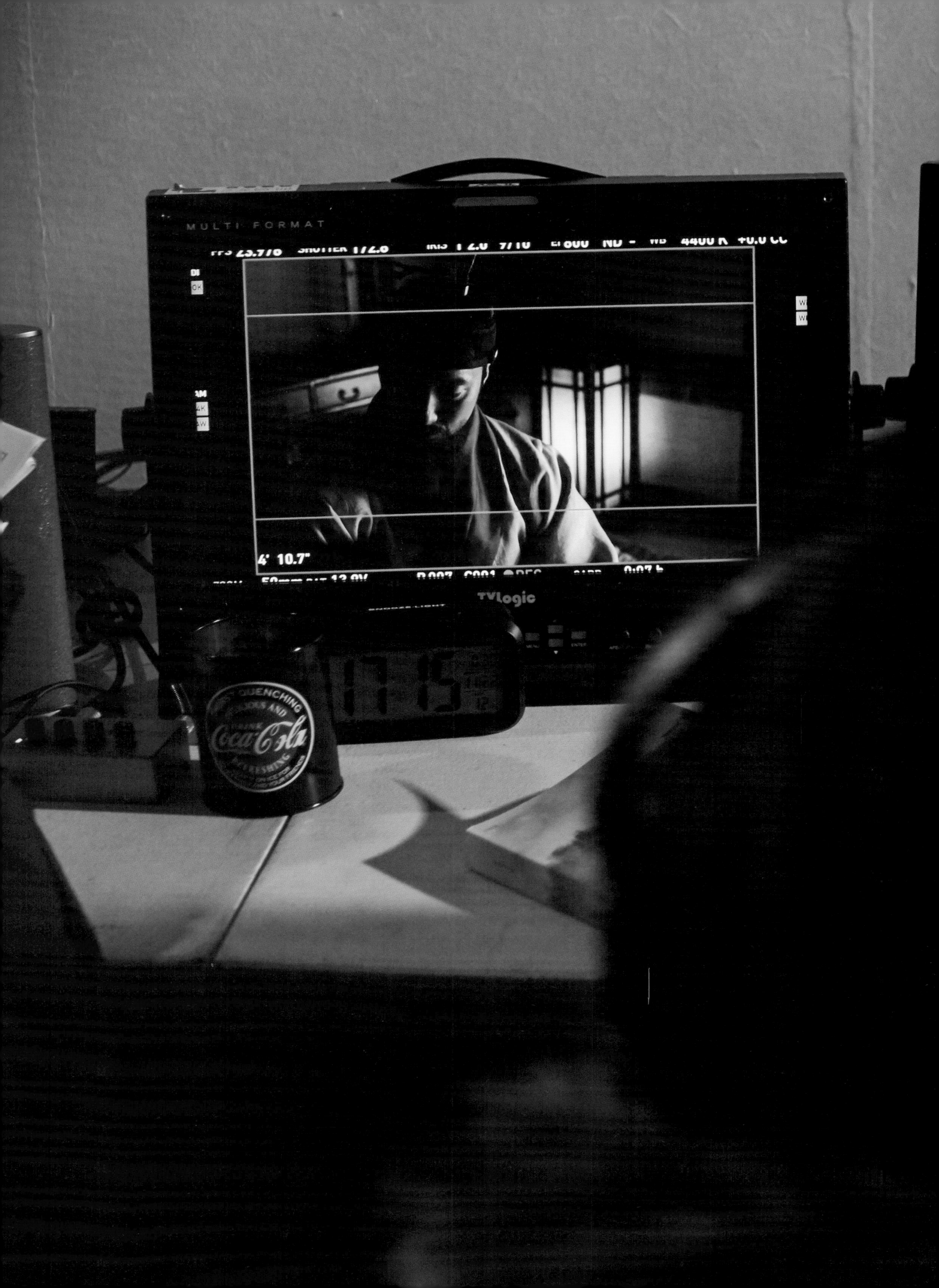
MULTI FORMAT
4' 10.7"
TVlogic
Coca-Cola

Contents

짙어지는 의심 깊어지는 관심

연구할 결심

런던의 대학원 기숙사에서 처음 '액톨로지'actorology를 구상하던 날이 기억난다. 공책 중간에 큰 글씨로 'ACTOR(배우)'라고 썼다. 그 단어를 중심으로 performance(연기), character(캐릭터), personality(개성), body(육체), voice(목소리), image(이미지), collaboration(협업), stardom(스타덤), icon(아이콘), industry(산업), study(연구), anthropology(인류학) 등의 낱말을 흩뿌려놓았다. 각 단어를 벤다이어그램으로 서로 묶거나, 그 사이사이를 화살표로 이어나갔다. 어느덧 혈관처럼 복잡하게 뻗어나간 그림 위에 내 연구의 심장이 또렷하게 드러났다. 그 가운데에는 처음부터 배우, 즉 사람이 있었다.

액톨로지는 한 사람의 배우를 이해하기 위해 시작된 연구다. 한 명의 직업인이 연마한 고유한 테크닉, 예술을 바라보는 시선과 태도, 나아가 연기와 삶의 철학까지 통합적으로 살펴보는 작업을 해나가고 있다. 2018년 백은하 배우연구소의 문을 연 이후 마스터 액터들에 대한 '액톨로지' 시리즈, 차세대 배우들에 주목하는 '넥스트 액터' 시리즈까지 일곱 권의 책을 내놓았다. 한 인간을 집중적으로 들여다보는 특별한 과정에서 내 연구가 올바른 길을 찾아가는가 하는 의심이 나날이 짙어지고 있다. 그 반면에 배우라는 종족에 대한 관심은 점점 더 깊어지고 있다. 결국 의심을 눌러버린 관심은 또다시 여덟 번째 책으로 배우 박해일에 대해 연구할 결심으로 이어졌다. "사람에 대한 호기심이 곧 내 연기의 힘"이라고 주저 없이 말하는 박해일은 액톨로지와 같은 방향을 바라보는, 반드시 만나야 할 배우였다.

『배우 박해일』은 액톨로지 시리즈 중에서도 유독 모색의 시간이 길었던 책이다. 노골적이고 명료하기보다는 은유적이고 미스티리어스 한 그의 연기는 좀처럼 글의 그물에 포획되지 않았다. 그 결과, 이 책의 단일한 챕터로 '문학'literature이 더해졌다. 다양한 문학가들의 마음에 맺힌 배우 박해일에 대한 심상을 흥미진진하게 들여다보길 권한다. 예상치 못한 방향으로 나아간 챕터도 있다. 음성 실험은 원래 이 배우의 목소리 특징을 세부적으로 진단하기 위한 시도였다. 이 과정에서 목소리라는 신체 활동이 그 신체가 살아온 삶의 본질을 구체적으로 입증할 때는 연구자로서 짜릿한 전율마저 느꼈다. 결론적으로 이런 시도가 액톨로지의 세계를 한 뼘 더 확장했다고 믿는다.

INTRO

『배우 박해일』은 이 배우를 가장 가까운 거리에서 지켜본 많은 동료들의 증언으로 이루어져 있다. 바쁜 촬영과 후반 작업, 심지어 영화 개봉을 앞둔 와중에도 기꺼이 공유해준 시간과 마음 그리고 기억으로 인해 한 배우를 바라보는 다양한 시각을 확보할 수 있었다. 특히 배우 탕웨이는 퇴고를 거듭한 끝에 마침내 완성한 글을 상하이에서 전해주었다. 그가 한순간 한 순간 생생하게 묘사한 '해일의 추억'은 함께 읽어 마땅한 한 편의 설레는 수필이다.
배우 박해일의 사반세기 연기 인생을 시각화하는 데 영화 현장 스틸 작가들의 도움은 절대적이었다. 그중에는 충무로를 떠나 타국에 정착한 분도, 이어지는 지방 촬영 때문에 몇 달째 서울로 귀환하지 못한 분도 있다. 이들은 먼 거리와 부족한 시간에도 지금까지 공개된 적 없던 이 배우의 영화적 순간을 찾아내주었다. 그분들의 적극적인 도움 덕분에 배우 박해일의 희미한 옛 모습이 아니라 가장 현재적 얼굴을 독자들에게 보여드릴 수 있게 되었다. "얼마 전 사진 뭉텅이를 찾았다"며 〈살인의 추억〉의 미공개 사진을 맹렬히 채굴해준 봉준호 감독에게 내가 가진 '해일 코인'을 모두 나눠 드리고 싶다. 명필름, 나우필름, 하이브미디어코프, 빅스톤픽쳐스, 롯데엔터테인먼트에도 무한한 감사를 보낸다.

박해일은 모든 걸 열어준 배우다. 만날 때마다 12시간을 가뿐히 넘겨버리는 장시간의 인터뷰, 마음의 수문을 숨김없이 개방한 것도 모자라 급기야 성대까지 열어준 그는 더할 나위 없이 능동적인 실험체였다. 〈헤어질 결심〉에서 "벽에 내 사진 붙여놓고, 잠도 못 자고 오로지 내 생각만 해요"라던 서래의 아름다운 저주처럼 그를 연구하는 지난 1년 동안 오로지 박해일 영화만 보고, 박해일 목소리만 듣고, 박해일 생각만 했다. 그리고 잉크가 퍼지듯이 서서히 그에게 물들어갔다. 그 덕분에 내 삶은 좀 느려졌다. 말수도 줄었다. 문득문득 산책이 고파졌고 고요히 멈춰 서는 시간이 늘어났다. 가끔은 우울했지만 어느덧 그 우울마저 즐기게 되었다. 품위가 생겼는지는 잘 모르겠다. 영화를 준비하며 캐릭터에게 파고드는 배우의 깊이에 비할 수는 없겠지만, 『배우 박해일』을 준비하는 동안 나에게 일어난 변화를 보며 이 정도면 '메소드 라이터'method writer가 아닐까 잠깐 생각했다. 더딘 작업 속도를 자책하는 스스로를 다독이는 위로의 수식이겠지만 말이다.

독자들에게 미리 실토하자면, 끝내 박해일의 패턴을 푸는 데 실패한 것 같다. 한 사람을 안다는 건 필패의 명제를 안고 시작하는 여정이다. 하지만 박해일이란 바닷속을 유영하는 과정을 담은 이 책을 독자들과 나누고 싶다. 『배우 박해일』을 해도海圖 삼아 그가 깊은 데 빠뜨려서 아무도 못 찾게 숨겨놓은, 반짝이는 무언가를 부디 여러분은 찾기를 바란다.

2024년 4월
백은하

37

ANATOMY

CHARACTERS

1	이원상	〈질투는 나의 힘〉
2	박현규	〈살인의 추억〉
3	김진국	〈인어공주〉
4	야구모자	〈짐승의 끝〉
5	이적요	〈은교〉
6	이순신	〈한산: 용의 출현〉
7	장해준	〈헤어질 결심〉

10 October

	1	2	3	4	5	6
7	8	9	10	11	12	13
14	15	16	17	18	19	20
21	22	23	24	25	26	27
28	29	30	31			

대한생명

1

이원상

〈질투는 나의 힘〉   **이원상, 알고 보면 무서운 자식**

> "누나, 편집장님이랑 자지 마요. 이미 잤다면,
> 더는 자지 마요. 꼭 누구랑 자야 된다면,
> 나랑 자요. 나도 잘해요."

맥주 캔이 어지럽게 나뒹구는 거실. 가죽 소파 위에 몸을 포갠 채 여자의 품속으로 파고드는 청년은 칭얼대며 애원한다. 편집장님이랑 자지 말라고. 나도 잘한다고. 하지만 이원상은 어딜 봐도 편집장 한윤식(문성근)보다 잘하는 게 없어 보인다. 나이도 어리다. 사회 경험도 적다. 유학을 준비하며 대학원 마지막 학기 논문을 쓰고 있지만 영국행도 졸업도 쉽지 않아 보인다. 허름한 옥탑방에서 하숙하는 가난한 청년은 밤낮, 주말 가릴 것 없이 아르바이트를 하지만 "8702 에스페로 차량"의 주인도 될 수 없고, "좀 신경질적인" 여자 친구의 마음도 가질 수 없다. 하지만 편집장님은 모든 걸 가졌다. 공부도 많이 했고, 유학도 다녀왔으며, 집도 부자다. 섬세하면서도 박력 있고, 좋은 문체를 알아보는 감식안까지 지녔다. "상상을 초월"하는 여자관계 속에서도 아내에게도 잘하고 애인에게도 잘한다. 로맨스에도 이별에도 "정말 명쾌하신" 분이다. 그 반면에 원상은 모든 것이 모호하기만 하다. 원상과 윤식의 취향은 우아한 선율의 피아노 소나타와 시끌벅적한 '마카레나'만큼이나 멀다. 원상이 절대 누군가를 행복하게 해줄 수 없는 사람이라면, 윤식은 "절대 자기 거를 잃어버릴 사람이 아니"다.

     어차피 게임이 안 된다는 걸 처음부터 인정하는 수밖에 없다. 애인을 뺏은 것도 모자라 관심을 가진 두 번째 여자도 빼앗아버린 연적에게, 사회적으로도 물리적으로도 자신보다 가진 게 많은 남자에게, 그 많은 것을 가지고도 자신마저 획득해버리려는 인간에게 원상이 느끼는 '질투'는 어딘가 다르다. 롤랑 바르트가 『사랑의 단상』에서 말한 "배타적인, 공격적인, 미치광이 같은, 상투적인" 질투와 반대 지점에서 원상은 순응적이고, 유연하며, 잔잔하고, 예측 불가능한 질투를 시작한다. 마침내 원상의 질투는 그를 파괴하는 독이 아니라 '나의 힘'이 된다.

준비해온 이력서를 제대로 읽지도 않은 채 자기 할 말만 늘어놓는 지루한 교감 선생, 다른 남자를 향한 열렬한 마음을 들켜버리고도 당당한 여자 친구, 정황을 듣지도 않고 일단 소리부터 쳐대는 거만한 편집장, "매일 똑같은 말을 친절하게 대답해주는 게 자기 일인 줄도 모르"고 심드렁하게 응대하는 도서관 사서, 불쑥불쑥 사적인 영역을 침범해 들어오는 하숙집 딸까지, 이원상은 그 무례한 사람들 앞에서 좀처럼 폭발하지 않는다. 그저 체크무늬 셔츠의 단추를 목 끝까지 잠그고 두 입술과 이를 힘주어 앙다문다. 차오르는 분노의 압력을 고스란히 손으로 옮겨 제 방 바닥을 천천히 쓸고 닦는다. 상실과 결핍의 시대를 통과하는 불안한 20대 청년의 본질을 배우 박해일은 첫 주연작이라는 사실이 믿기지 않을 정도의 집중력으로 체화해낸다. 찻집 의자를 앞뒤로 삐걱거리며 전 애인의 변명을 묵묵히 듣던 원상이 돌연 그 움직임을 멈추는 찰나, 화기애애한 분위기에서 소주잔을 주고받던 윤식이 전 애인에게 전화를 걸어보라고 장난스럽게 부추기는 순간, 친밀감과 선망으로 미소 짓던 그의 입매는 날카롭게 변한다. "정말 보고 싶으세요?"라는 말과 함께 애써 숨겨두었던 단도 같은 눈을 순식간에 꺼내 든다. 긴장감 속에 대치할 뿐 절대 휘두르지 않는 그의 눈과 입이 다시 칼집으로 들어가기까지, 이 영화의 장르는 지리멸렬한 멜로에서 스릴러로 변주된다. 그렇게 가진 것이라고는 "탄식밖에" 없는 무력한 젊은이를 주인공으로 내세운 영화는 배우 박해일과 함께 서스펜스의 기운을 획득하고 무시무시한 활기를 채운다.

유학을 포기하고 윤식의 집으로 들어가는 원상의 결정은 보는 이에 따라 투항일 수도, 성장일 수도 혹은 반격을 위한 매복일 수도 있다. "그냥 한번 낯선 곳에서 살고 싶다"는 그의 희망은 영국에서 목적지만 바뀌었을 뿐 어쩌면 실현된 듯도 보인다. 아무도 없는 포식자의 집에서 몰래 영역 표시를 했던 젊은 남자는 윤식의 딸에게 "우리 앞으로 잘 지내보자"라는 의미심장한 인사를 건네고 방을 나간다. 한번 생수를 마시기 시작한 사람은 다시 수돗물로 돌아갈 수 없다. 그 대신 생수가 흐르는 그 집을 언젠가 차지할지도 모른다. 애초에 경고했듯이 원상은, 알고 보면 무서운 자식이다.

영화 〈질투는 나의 힘〉(2003)

원상은 이제 막 이별했다. 이별의 원인을 제공한 한윤식은 문학잡지사 편집장이자 "로맨스가 내 (생애) 남은 목표"라고 주장하는 매력적인 유부남이다. 처음엔 호기심 반, 질투 반 윤식의 주위를 배회하던 원상은 엉겁결에 그의 잡지사에 입사하게 되고, 그곳에서 사진기자로 일하게 된 박성연(배종옥)을 만나 호감을 느낀다. 그러나 성연 역시 며칠 만에 한윤식과 여관으로 향하고 만다. 자유분방한 성연은 윤식과의 일회적인 관계에서도 즐거움을 느끼지만, 원상의 순진한 구애에도 마음이 동한다. 원상의 접근 의도를 알 리 없는 윤식은 젊지만 별 야망도 꿈도 없어 보이는 원상을 편애한다. 자꾸 마시다 보니 괜찮아진 "싸구려 양주"같이 언제라도 취할 수 있는 부담 없이 편한 존재로 자리 잡는다. 자동차 키를 내어주고, 집 문을 열어준다. 원상의 정체를 모두 알게 된 이후에도 새로운 미래를 함께하자고 청한다. 이상하게도 원상 역시

윤식을 거부하지 않는다. 아니, 거부할 수가 없다. 질투로 시작되고 선망으로 유지되던 두 남자의 관계는 아슬아슬한 동행의 결의로 마무리된다. 영화 〈질투는 나의 힘〉은 단편 〈셔터맨〉〈있다〉〈느린 여름〉 등을 통해 주목받던 감독 박찬옥의 장편 데뷔작이다. '나의 생은 미친 듯이 사랑을 찾아 헤매었으나 단 한 번도 스스로를 사랑하지 않았노라.' 기형도의 시 '질투는 나의 힘'에서 "아직 자기 자신을 사랑하지도 인정하지도 못하는, 결핍이 동력인 젊은 남자"를 떠올린 박찬옥 감독은 〈젊은이의 양지〉의 몽고메리 클리프트를 비롯해 〈태양은 가득히〉〈죄와 벌〉〈심판〉 등 영화와 소설 속 주인공들의 모습에 덧대어 이원상을 그려나갔다. 〈질투는 나의 힘〉은 제7회 부산국제영화제 뉴 커런츠 상을 시작으로 제24회 청룡영화상 각본상, 제32회 로테르담 국제영화제 경쟁 부문 그랑프리인 타이거상을 수상했다.

CHARACTER APPROACH

"질투와 선망이라는 두 감정을 온몸의 세포에 새겨두면서"

배우 박해일이 말하는 이원상 캐릭터 구축의 비밀

"처음에는 아… 발을 뺄까 싶을 정도로, 무시무시한 곳에 발을 담갔다는 생각이 들었어요. 〈와이키키 브라더스〉를 제외하고 영화 경험이 전무한 신인을 청년필름과 명필름이 장편 상업 영화의 주인공으로 캐스팅한 거잖아요. 지금 생각해보면 참 고맙고 운이 좋았지만, 맹목적으로 선택을 당한 신인 배우 입장에서는 과연 내가 해낼 수 있을까, 걱정이 이만저만 큰 게 아니었죠. 다행이라면 제가 좀 무디기도 하고, 일단 결정했으면 끝을 보자는 입장이어서 죽지 않을 만큼만 기를 쓰며 해냈던 것 같아요. 저는 솔직히 그래요. 이원상은 충분히 매력적인 청년이지만, 제가 연기했음에도 곁에 없었으면 하는 사람이기도 하거든요. 이해는 하지만 참 힘들게 살잖아요. 환경보다는 그 사람 머릿속 말이에요. 게다가 당시엔 원상이 하는 선택과 행동이 이해가 되지 않았어요. 감정 역시 완벽하게 다 알지 못했고요. 반이면 많을 정도였죠. 남녀 혹은 남남 관계에서의 '선망'은 어느 정도 알겠는데, '질투'는 제가 태생적으로 크게 갖지 않는 감정이란 걸 뒤늦게 깨닫게 됐어요. 하지만 어떻게든 방법을 찾아서 연기해내야 하잖아요. 섬세하고, 심각하고, 염세적인 청년, 이원상은 인간의 본질을 사실적으로 건드리는 부조리 소설 속 인물 같았어요. 그 인물을 연기하는 저는 감정의 과잉 없이 관계를 설명해야 했고, 그 안에서 생기는 감정에 대한 물음을 관객에게 잘 답해줘야 했죠. 결국 계속 물어서 가기도 했고, 될 때까지 갈 수밖에 없었어요. 질투와 선망이라는 두 감정을 온몸의 세포에 새겨두면서 끝까지 버텨보려고 했던 것 같아요. 박찬옥 감독님은 처음부터 저를 근거리에서 관찰하면서 A부터 Z까지 이원상과 내가 어떤 부분이 맞닿아 있고, 어떤 부분을 더 당겨줘야 할까를 고민하셨죠. 신인 감독이지만 이 작품을 완전히 컨트롤하겠다는 어떤 '결기'가 느껴졌어요. 이원상과 박해일이, 〈질투는 나의 힘〉이 실패하지 않도록 온 힘을 다해 집요하게 붙잡아주셨어요. 가장 세밀한 감정에서 얻어지는 밀도 있는 오케이를 찾기 위해서, 필름 시대였지만 무한 회차로 테이크를 갈 수밖에 없었어요. 완전히 체험의 현장, 교육의 현장, 공포의 현장이었죠. 육체적으로나 정신적으로나 모든 걸 다 내던진 캐릭터이자 영화이기도 했고요. 영화란 이런 것인가? 앞으로도 계속 이렇게 해나가야 하는 거라고? 엄살이라고 할 수도 있겠지만, 이런 생각에 공포심까지 들 정도로 무시무시한 경험이었어요. 〈질투는 나의 힘〉은 이후 〈연애의 목적〉을 함께 한 박용수 촬영감독의 데뷔작이기도 한데, 나중에 저희끼리 이런 이야기를 나눈 적이 있어요. 오히려 제대로 센 영화로 시작해 이후에 어떤 힘든 현장도 버틸 수 있었다고, 우리가 아주 무지막지한 신고식을 치렀다고."

2 박현규

<살인의 추억>   박현규, 영구 미제 사건

"하여튼 난 안 당해, 절대 안 당해."

이름 박현규. 주소 경기도 화성군 태령읍 진안1리 32번지. 기찻길 옆 낡은 슬레이트 지붕 아래 세 들어 살고 있는 하얀 얼굴과 부드러운 손을 가진 20대 남성이다. 군대에서 제대한 후 1986년 9월부터 동네 공장 사무실에서 일했다. 텔레비전도 없는 좁은 하숙방에 기거하며 대형 배터리를 고무줄로 동여맨 트랜지스터라디오를 듣는다. "태령읍에서 외로운 남자가 보냅니다. 비 오는 밤 꼭 틀어주세요." MBC FM 라디오 프로그램 <저녁의 인기 가요>에 꾸준히 사연과 신청곡을 보낸다. 유재하의 '우울한 편지'를 꼭 비 오는 날 틀어달라고. 공교롭게도 그의 신청곡이 방송된 날 밤이면 어김없이 동네에서 여자들이 처참하게 살해되었다. 정황상 그가 이 동네로 온 이후 "사건들이 줄줄이 일어난 셈"이다. 결국 형사들은 태령읍 부녀자 연쇄살인의 가장 유력한 용의자로 박현규를 지목하고 그를 지하 취조실 의자에 앉힌다.

부릅뜬 8개의 눈이 한 방향을 향한 채 맹렬히 반짝인다. 하지만 반대편에 앉은 회색 터틀넥 스웨터를 입은 청년의 두 눈에는 어떤 감정의 동요도 읽히지 않는다. 그저 오른손 검지로 왼쪽 볼을 무심하게 긁다 손등으로 쓱 닦을 뿐이다. 스스로를 범인 잡는 "무당 눈깔"이라고 자신하는 박두만(송강호) 형사는 그 작은 얼굴에서 티끌 같은 단서라도 찾아내겠다는 듯 눈도 깜박이지 않고 쳐다본다. 박현규는 손을 보여달라는 요구에도, 신상 정보를 묻는 질문에도 순순히 응한다. 하지만 서태윤(김상경) 형사의 질문이 점점 자신을 범인으로 몰아가는 방식이라는 걸 인지하는 순간 옅은 한숨을 내쉰다. 거기다 신청곡 엽서까지 들이밀며 사건 당일 밤의 행적을 집요하게 추궁하자 "아저씨들 죄 없는 사람들 잡아다 족치는 거 동네 애들도 다 안다"며 일말의 물러섬 없이 호통을 친다. 죄 없는 사람도 이유 없이 주눅 들게 마련인 어두운 취조실에 끌려와서도 침착하고 서늘하게 경찰의 폭력적인 수사 방식에 일침을 가하는 이 청년의 등장으로 긴박감 넘치게 달려오던 범죄 드라마는 큰 혼란에 빠진다. 급기야 저토록 해맑고 강직한 얼굴로 과연 그토록 잔인하고 비겁한 범죄를 저지를 수 있을까 하는 근본적인 의심마저 든다. 형사들뿐 아니라 관객의 판단마저 교란한다.

　　DNA가 일치하지 않는 미국발 유전자 검사 결과를 받아 들고 망연자실한 형사들을 뒤로한 채 박현규는 터널을 향해 걸어간다. 총을 맞아 비틀거리는 걸음에, 수갑을 찬 불편한 두 손과 입에선 피가 철철 흐른다. 하지만 그는 절대 뛰어서 도망가지 않는다. 오히려 천천히 한 번 그리고 두 번 뒤돌아보며 서서히 검은 동굴 같은 암흑 속으로 사라진다. "그래, 내가 죽였다. 내가 다 죽였다!" 미치도록 범인을 잡고 싶었던 형사들은 끝내 이 말을 듣고 싶었을 것이다. 그랬다면 관객도 속이 좀 시원했을 터다. 하지만 박현규는 마지막 순간까지도 진실을 알려주지 않는다. 아니, 줄곧 진실만을 말하고 있었을지도 모른다. 어쩌면 그는 비 오는 날 밤이면 끔찍하게 여성들을 죽인 연쇄살인범일 수도, 무분별한 수사와 야만의 시대가 낳은 희생양일 수도 있다. 가까스로 죽음을 면한 언덕 위의 여자가 "참 부드러웠다"라고 진술한 그 희고 긴 손으로 엽서만 썼는지 사람 목도 졸랐는지는 알 수 없다. 서태윤의 말대로 "애초부터 미친 새끼", "괴물, 짐승"일지도 모르고, 아니면 21세기의 소녀가 본 것처럼 그저 "뻔한 얼굴"을 가진 "평범"한 생김새의 남자일 수도 있다. 지금도 밥은 먹고 다니는지는, "씨발, 모르겠다". 〈살인의 추억〉에서 배우 박해일은 1시간 28분쯤 처음 등장한다. 전체 러닝타임의 3분의 2가 넘어선 지점에 나타나 겨우 20분 남짓 출연한 것이 전부다. 하지만 이 짧은 시간 속에 배우 박해일은 누구도 잊을 수 없는 강력한 몽타주를 남겼다. 그와 동시에 이 몽타주만으로는 그 무엇도 확신할 수도, 특정할 수 없다는 무력감도 안겨주었다. 공소시효가 적용되지 않는 얼굴, 물증과 심증을 무력화하는 연기, 박해일은 영화 〈살인의 추억〉이 남긴 영구 미제 사건이다.

〈살인의 추억〉(2003)

'미치도록 잡고 싶었습니다. 당신은 누구십니까?' 김광림의 희곡 〈날 보러 와요〉를 원작으로 한 봉준호 감독의 영화 〈살인의 추억〉은 1980년대 중후반 대한민국 전역을 공포에 휩싸이게 한 화성 연쇄살인 사건을 소재로 만들어졌다. 1986년 한 지방에서 젊은 여인들이 무참히 강간당한 후 살해당한 시체로 발견된다. 살인의 대상과 수법이 동일한 연쇄살인이다. 토박이 형사 박두만은 타고난 직감과 동물적 본능을 따라 수사를 진행하고, 서울에서 내려온 엘리트 형사 서태윤은 "서류는 거짓말 안 한다"는 신념 아래 합리적이고 논리적인 수사를 진행한다. 하지만 이런 수사 방법에 아랑곳없이 형사들을 비웃기라도 하듯 연쇄살인은 계속된다. 사건 현장에 털 오라기 하나 남기지 않는 범인 때문에 수사는 점점 미궁을 향해간다. 마침내 범인이라고 확신하는 청년의 목을 쥐어트는 순간을 맞이하지만, 심증은 있으나 물증이 없는 상황에 무력하게 그를 떠나보낼 수밖에 없다. 영화를 찍기에 앞서 봉준호 감독은 연쇄살인이 이어질 수 있었던 당시의 상황을 담당 형사의 무능이나 범인의 천재성이 아닌 "1980년대라는 시대 자체가 가진 무능함과 조악함"으로 결론짓고 시나리오를 발전시켜나갔다. 그리고 "경운기가 범인의 발자국을 지우는 아수라장 개판의 1980년대 한국 농촌과 아주 미국적인 장르인 스릴러가 충돌하는 가운데 만들어지는 영화적 긴장"으로 〈살인의 추억〉이라는 걸출한 '농촌 스릴러'를 탄생시켰다. '살인'과 '추억'이라는 결코 어울릴 것 같지 않은 단어를 조합한 〈살인의 추억〉은 이 영화를 관통하는 가장 적확한 제목이기도 하다. 영화는 관객을 정면으로 바라보는 박두만의 얼굴로 마무리된다. 결코 추억이 될 수 없다는 느낌의 마침표다.

CHARACTER APPROACH

"감독님, 저 범인 아니죠?"

**배우 박해일이 말하는
박현규 캐릭터 구축의 비밀**

"연쇄살인 사건의 용의자라니, 처음엔 장르적으로
받아들이기도 했어요. 포악함과 광기를 과시하듯
드러내는 연쇄살인마가 등장하는 영화가 꽤 많잖아요.
하지만 본능적으로 이 인물은 그렇게 다가가기가 되게
조심스러웠죠. 실제 사건을 영화화한 데다 촬영 당시엔
범인이 잡히지 않은 상황이었으니까요. 사실 제가 범인이
아닐 수도 있잖아요. 취조실 장면만 봐도 공권력의 폭력에
찬물 한번 쫙 끼얹은 역할로 보이기도 했죠. 거기엔 제
스스로 빌런 역할이 안 어울린다고 생각한 것도 한몫한
것 같아요. 또 영화 전체가 얘를 향해 달려온 느낌이 있다
보니 첫 등장 신에 대한 부담이 어마어마했어요. 즉 실화의
무게, 진범 여부의 모호성, 스스로에 대한 의심, 캐릭터의
주목도, 이런 총체적 고민이 내부에서 충돌하고 있었죠.
취조실 신은 여태껏 발에 진물 나게 달려온 형사들이 저
한 사람과 마주하는 장면이잖아요. 드러내지는 않지만
명확한 중심이 없으면 못 버틸 것 같았어요. 저한테 제일
중요한 신인데, 감독님은 정확하게 못을 박아주지 않으셨죠.
촬영은 다가오는데 답답하고 딱 미치겠더라고요. 그래서
묻고 또 물었어요. 감독님, 저 범인 아니죠? 아닌 거죠?
결국엔 이렇게 귀띔을 해주시더라고요. '해일아… 그럼…
그냥 네가 범인이 아니라고 생각하고 연기해봐. 그래도
넌… 결국엔 좆나 더 범인 같을 거야….' 아… 어떻게 가도
결론이 같다면 그때부터 나는 범인이 아니라고 생각하기로

했어요. '난 억울하게 누명을 쓴 피해자들의 대변자다' 하고
속으로 외치면서 촬영을 해나갔죠. 터널 장면 역시 같은
톤을 끝까지 가져가려 했고요. 사천 터널에서 한 열흘 정도
계속 비를 맞으면서 찍었어요. 추운 겨울에 햇빛도 들지
않으니 살수차에서 비를 뿌리면 그 물에 레일이 얼어서
연출부와 제작부가 부탄가스로 일일이 녹여가면서
촬영했죠. (송)강호 형 말대로 머리가 쪼개지는 것 같았죠.
아직도 겨울이 올 무렵이면 그때 생각이 나면서 뼈가
시릴 정도예요. 아, 몸이 먼저 기억해서 신호를 주는구나.
(웃음) 박두만이 '밥은 먹고 다니냐?'라고 말하기 전에 제
쪽을 먼저 찍는 컷이었어요. 갑자기 가슴속에서 뭔가가
훅 올라왔어요. 비는 내리고, 날은 너무 춥고, 억울함과
분노가 막 올라오는데, 레디 액션 하는 신호와 동시에
소리를 확 질렀어요. 오디오에 잡혔을지 모르지만 아마
'대한민국 공권력 씨발!' 하는 맥락이었던 것 같아요. 제
나름대로 이 촬영을 버텨내기 위한 준비운동, 기합 같은
거였겠죠. 그렇게 소리 한 번 크게 지르고 박두만 형사를
딱 노려봤는데 그 순간이 카메라에 잡힌 거죠. 따로 준비된
대사가 아니었으니까 강호 형도 듣고 뭐 이런 미친 새끼가 다
있어 하셨을 거예요. 아마도 이어지는, '씨발 모르겠다' 같은
대사에도 영향을 주지 않았을까 싶어요. 봉 감독님이 그
얼굴을 묘하게 좋아하셨던 기억이 나요."

3 김진국

〈인어공주〉   **김진국, 나의 한글 선생님**

> "제가 가르쳐드릴게요.
> 연순 씨 이름 쓸 수 있을 때까지
> 같이 공부해요."

김진국은 섬마을 하리의 우체부다. 항상 웃는 얼굴로 빨간 "자전차"를 타고 동네 이곳저곳을 다니며 편지를 배달한다. 주민 모두가 사랑하는 "김체부"를 특히 오매불망 기다리는 사람이 있으니, 바로 스무 살 해녀 연순(전도연)이다. 띠링 띠링 띠링. 진국의 자전거 종소리가 멀리서 들려올라치면 연순은 한걸음에 마당으로 달려 나간다. 진국은 다리도 겁나 길고, 아는 것도 겁나 많고, 무엇보다 겁나 착한 남자다. 그는 고된 일상과 어린 남동생 뒷바라지에 멈춰 있던 연순의 삶에 힘찬 페달을 달아준다.

    "이름 쓸 수 있을 때까지 같이 공부"하자는 진국의 약속과 함께 글을 읽을 줄도 쓸 줄도 모르던 섬 처녀는 가나다라를 깨우치는 동시에 사랑에도 눈을 뜬다. "오라~아~이." 마침내 자신의 허리춤을 잡은 연순을 자전거에 태우고 따뜻한 해풍을 맞으며 시원하게 내달릴 때, 이 길이 영원히 끝나지 않기를 바라는 건 비단 연순만이 아니다. "한 번만 마음 주면 변치 않는" 이 남자는 "사랑하는 우리 님과 한 백 년" 살고 싶다. 하지만 동화 『인어공주』와 달리 물거품이 되어 사라질 위험에 봉착한 것은 왕자님이다. 갑작스럽게 뭍으로 전근 발령을 받은 진국의 마음은 착잡하다. "많이 보고 싶을 거예요." 언덕 위에 앉아 휘파람을 불어보지만 안타까운 마음은 좀처럼 섬 밖으로 날아가지 않는다.

    까막눈 인어공주를 문맹으로부터 구하는 섬마을 왕자, 하얀 이, 환한 미소와 함께 공책과 지우개와 연필을 건네주는 고마운 "선상님", 아픈 연인을 위해 신비의 바닷물을 밤새 지게로 퍼 나르는 순정의 사나이. 진국은 마치 외로운 처녀 연순을 위해 용왕님이 보내신 선물 같다. 현재의 아버지가 보여준 주눅 든 어깨에 찌든

63

얼굴을 떠올리지 않는다면, 과거의 진국은 판타지 속 남성에 가깝다. "나가 말여요. 다시 태어난다면 울 엄니하고 헤어지고 싶덜 안 해요. 물질도 하고 싶덜 않고요." 부모 없이 어린 동생 뒷바라지를 하며 매일 테왁을 메고 바다로 나가 숨비 소리를 내뿜는 해녀 연순의 구체성과 현실성에 비해 젊은 우체부 진국의 개인사와 서사는 실제적으로 드러나지 않는다. 대부분 연순 혹은 과거로 떨어진 딸 나영(전도연)의 시선 속에 존재한다. 하지만 배우 박해일은 너무 이상적이어서 자칫 납작해지기 쉬운 인물에 숨과 생기를 불어넣는다. 행간에 숨어 있는 혹은 시나리오가 명시하지 않은 사소한 행동과 대사의 뉘앙스를 통해 진국을 보다 입체적인 인물로 만들어간다. 그렇게 직업인으로서 보이는 성실함과 반듯함 이면에 귀여운 장난기와 능청스러움까지 드러내는 바다의 왕자님은 점점 현실의 연인으로 다가온다. 진국은 동네 아주머니들이 먹인 낮술 한 잔에 거나하게 취해 우체부 모자를 뒤집어쓴 채 비틀비틀 자전거를 몰고 내려온다. 실실 새어 나오는 웃음을 참지 못한 채 "연순아-" 하고 부르는 그 허술하고 엉성한 모습은 우리가 모두 아는, 영락없이 첫사랑에 빠진 젊은이의 그것이다.

"아, 오라이요? 그거 미국 말이에요." 직진과 후진에 모두 사용할 수 있다며 "오라이"의 유연한 활용법을 시치미를 뚝 떼고 앞뒤로 움직이며 알려주던 진지한 몸짓, 입이 터질 듯 짜장면을 먹는 연순의 빈 그릇 위로 조용히 단무지와 면을 올려주며 키득대던 장난꾸러기 같은 입매, "한 번 쓴 공책은 버려요. 제가 얼마든지 사줄게요." 다 쓴 공책을 밤새 지우개로 지워 온 미련한 학생의 행동에 속상해하던 다정하지만 단호한 목소리, 물질을 끝내고 돌아오는 고된 연인의 어깨를 토닥거리고 찬 몸을 꼬옥 안아주던 따뜻하고 너른 품. 배우 박해일은 진국의 내면을 너무 달지도 느끼하지도 않게, 당분을 줄이고 유분을 걷어낸 맑고 푸른 물로 백 퍼센트 꽉 채워낸다. 싱겁지도 짜지도 않게 간을 기막히게 맞춘 연기를, 차지도 뜨겁지도 않은 36.5°체온으로 데워 관객에게 내어놓는다. 언제 마셔도 좋을, 아니 평생을 마셔도 질리지 않을 진국이다.

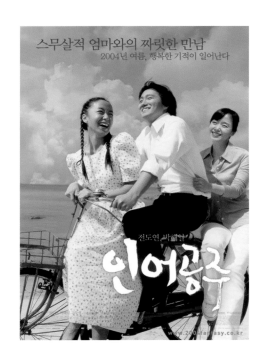

〈인어공주〉(2004)

우체국에서 일하는 나영은 차라리 고아였으면 좋겠다. 대중목욕탕에서 때밀이로 일하는 엄마 연순(고두심)은 궁상맞고 억척스럽고 돈밖에 모른다. 그 반면에 아버지 진국(김봉근)은 너무 착해서 가까운 사람들을 힘들게 만든다. 빚보증을 잘못 서 딸 대학 등록금까지 날린 아버지 때문에 나영은 모든 것을 "나중에"로 미뤄둔 삶을 살아야 했다. 그런 나영이 손꼽아 기다리는 것은 이 집을 벗어날 유일한 기회인 회사 해외 연수다. 하지만 남몰래 큰 병을 앓던 아버지가 갑자기 사라진다. 결국 나영은 아버지를 찾아 뉴질랜드행 비행기 대신 엄마의 고향으로 향하는 배에 오른다. 부모님이 처음 만난 그곳에 도착한 나영은 젊은 아버지를 꼭 닮은 우체부 진국이 가리키는 곳에서 자신을 똑 닮은 스무 살 해녀 연순을 발견한다. 마법처럼 부모님의 젊은 날 속으로 들어온

나영은 "바다 냄새만큼 싱그러운" 사랑의 목격자가 된다. 때로는 급한 전보를 핑계로 엄마 아빠의 만남을 이어주는 사랑의 오작교가 되어주기도 하고, 때로는 차마 부치지 못한 마지막 편지를 대신 전하는 운명의 우체부를 자처하기도 한다. 절대로 엄마처럼 살지 않겠다고 다짐하고 또 다짐했던 딸은 어느덧 엄마의 삶과 사랑을 이해하게 된다. 〈나도 아내가 있었으면 좋겠다〉(2001)로 처음 만난 박흥식 감독과 배우 전도연은 〈협녀, 칼의 기억〉(2015)으로 가는 신뢰의 돌담을 〈인어공주〉로 쌓아 올렸다. 딸 나영과 엄마 연순의 젊은 시절까지 일인이역을 맡은 전도연은 일상에 지친 도시 여성의 피로와 첫사랑에 설레고 아파하는 섬 처녀의 마음을 유연하게 오가며 스펙트럼 넓은 연기를 펼쳐놓는다.

CHARACTER APPROACH

"그저 전도연이란 촉매를 따라 반응하면 되었죠."

**배우 박해일이 말하는
김진국 캐릭터 구축의 비밀**

"대부분의 촬영을 제주도 우도에서 했어요. 사실 시나리오를 받기 직전에 우도 여행을 다녀온 터라 운명인가 하면서 받아들였죠. 저는 촬영 팀보다 먼저 내려가서 그 공기에 자연스럽게 적응하려고 했던 것 같아요. 우도 청년회 회원분들과 친해져서 같이 낚시도 하고, 직접 회칼로 회 떠서 술도 많이 마셨죠. 누군가 '청년회장 같다'라고 할 만큼 마을 어른들하고도 금세 친해졌고요. 제주도는 무척 평화롭고 아름다운 곳이지만 촬영하는 입장에서는 이보다 더 까다로운 곳이 있을까 싶은 곳이에요. 하루에도 수십 번 바뀌는 날씨 때문에 촬영이 취소되는 날이 엄청 많았거든요. 배우들과 모든 스태프가 하염없이 기다리는 날의 연속이었어요. 이렇게까지 긴 기다림 끝에 한 작품을 찍다니, 로케이션 촬영의 진면목을 피부로 아주 제대로 느꼈죠. 연순이와 자전거를 타고 내려오던 바닷길 장면만 여수 금오도에서 찍었어요. 그 하나의 풀 숏을 찍기 위해 배를 타고 다녀온 거죠. 거긴 풍광이 또 다르거든요. 녹록지 않은 촬영 여건 속에서도 최대한 인공적인 느낌을 배제하고 자연의 질감을 고수한 박흥식 감독의 집념이 있었기에 완성할 수 있었던 영화라고 생각해요. 이 영화에는 비하인드 스토리가 있어요. 완성된 영화에는 연순과 다른 해녀들이 물속에서 헤엄치면서 엔딩 크레디트가 흐르는데, 사실 필리핀 세부에서 찍은 엔딩이 따로 있었어요. 저는 우체부 유니폼 입고, (전)도연 누나는 해녀 옷을 입고 둘이 10미터 바다 밑 돌에 앉아서『인어공주』동화책을 읽는 장면이었죠. 다이빙 팀이 같이 내려갔다가 숏이 들어오면 산소통을 떼고 쑥 빠졌어요. 게다가 공기 방울이 사라지기까지 몇 초 더 기다려야 했죠. 엔딩 음악까지 나온다는 가정하에 둘 다 숨을 참고 최대한 버틸 수 있을 때까지 버텨야 했는데, 그야말로 진기명기가 따로 없었어요. 결국 편집에서 잘려 나가 아무도 볼 수 없게 되었지만요. (웃음) 지금 생각해보면 〈인어공주〉는 참 무서운 영화예요. 해가 갈수록 더 그런 것 같아요. 현재의 아버지를 김봉근 선생님이 정말 미친 듯이 사실적으로 연기해내셨잖아요. 저도 이제 한 집안의 가장이고, 나이가 든다는 건 참 외롭고 쓸쓸한 일이란 걸 아는 나이가 되었으니까요. 하지만 우리가 연기한 젊은 시절 역시 훼손할 수 없을 만큼 예쁘고 아름다웠다는 게 더 명확하게 느껴지는 것 같아요. 촬영 내내 전도연이라는 존재는 제게 너무나도 큰 촉매제가 되었고, 진국을 표현하는 데 아주 많은 재료를 제공해주었어요. 귀엽고 매력적이면서도 어딘가 서글픈 연순이라는 인물, 전도연 배우가 연기한 이 캐릭터의 인간적인 면모가 젊은 진국에게 많은 영향을 끼쳤죠. 쉽게 말하면 저는 도연 누나의 연기에 자극을 받아가며 연기한 거죠. 연순의 액션을 보며 리액션을 만들어갔으니 진국은 그렇게 상대를 마주 보며 연기하는 가운데 점점 더 풍부해진 인물이죠."

4 야구모자

〈짐승의 끝〉 　　　　　　　　　　　　　　　**야구모자, 모든 걸 보는 존재**

"난 모든 걸 봐, 그러니까 무리한 짓 하지 마."

앞에서 보면 대문자 M, 뒷면에는 '1969 CHAMPION'이란 글자가 수놓인 오렌지색 야구 모자를 쓴 그는 파란색 노스페이스 경량 패딩 점퍼를 입고 왼쪽 겨드랑이에 유아용 담요 한 장을 낀 채 택시를 세운다. "태령이요." 뒷좌석에 앉은 임부 순영(이민지)은 낯선 이의 갑작스러운 합승 제안을 어쩐지 거절하기 힘들다. 황량한 겨울 논길을 지루하게 달려가던 택시 안 공기가 순간 기이한 긴장감으로 바뀐다. 다짜고짜 순영에게 뭘 자꾸 보느냐며 예민하게 따져 묻다가도 "볼 수도 있지 뭘 그래"라고 싱겁게 바람을 빼는 그는 어딘가 이상하다. 택시 기사(김영호)의 종교를 물으며 자신은 "공기도 좋고, 밥도 완전히 건강식"인 절을 더 좋아한다며 묻지도 않은 취향을 늘어놓을 때는 그저 오지랖 넓은 사람인가 싶다. 하지만 돈도 신용카드도 없는 주제에 처음 본 순영에게 뻔뻔하게 돈을 빌려달라고 요구하는 태도는 상당히 무례하다. 그러다 순영이 건넨 라이터가 헤어진 남자 친구 거라는 사실을 알고, 택시 기사의 성장 환경과 가정사, 현재 부인과의 관계까지 줄줄 읊어대기 시작하면 이 남자가 점점 불편해지기 시작한다. 급기야 순영의 소심하고 주눅 든 성격을 타박하며 "병신같이 사니까 이때까지 그 모양 그 꼴이지"라고 쏘아붙이고, 원조 교제까지 들먹이며 타인의 치부를 들춰내는 지경에 이르면 분노에 찬 택시 기사처럼 물을 수밖에 없다. "너 뭐야?"

　　그는 무엇인가? 자신의 정체를 묻는 물음에 "신"이라 대답하고 금세 "농담이야"라고 정정한다. 이 존재는 특별한 이름이 없다. 신인지 악마인지 사람인지 알 수 없다. 그렇다고 "역학 같은 거 하시는 분"이거나 "도사" 같아 보이지도 않는다. 타고난 동안에 얼굴의 피지를 기름종이로 야무지게 닦아내는 이 그루밍족 남성은

71

어딜 봐도 상상하던 신의 모습과 거리가 멀다. 그와 순영은 이미 두 번이나 만난 적이 있다. 한 번은 같은 식당의 다른 테이블에 앉아 있었다. 식당 안의 사람들을 하나씩 둘러보던 그는 수첩 위에 사다리 타기 게임판을 하나 그린다. 거기에 자기도 모를 "의지"를 더하기 위해 옆 테이블 학생에게 "짝대기"를 몇 개 더 그려달라고 부탁한다. 볼펜의 움직임이 향하는 곳이 3번 테이블에 앉은 장순영이었다. 그렇게 새 생명을 잉태할 대상으로 당첨된 순영은 운 없는 희생양 혹은 신에게 간택된 운명적 인간이 된다. 두 번째 만남에서는 순영에게 잊을 수 없는 기억과 결과를 안겨주었다. 와인색 니트 스웨터의 후드를 쓴 채 순영의 방 텔레비전 앞에 앉아 첼시와 "바르샤"의 축구 중계를 보고 있던 그는 천천히 순영의 얼굴 앞으로 다가와 묻는다. "'가' 라고 한 글자만 말하면 나는 갈 거야…. 갈까?" 놀라서 얼어붙은 순영의 눈은 그의 부드러운 목소리에 점점 풀리고 "나 어때?"라는 질문에 슬며시 녹아내린다. 담배를 입에 물고서 "피우지 말라면 안 피운다"라고 말하던 야구모자는 언제나 당신들에게 선택의 권리를 먼저 주었다고 말한다.

야구모자는 또렷한 가운데 모호하고 구체적으로 무심한 박해일의 이미지를 극단으로 활용한 캐릭터다. 느닷없이 변주하는 리듬과 좀처럼 규정할 수 없는 영역을 오가는 이 배우의 특징을 마침내 탈인간으로까지 넓혀나간다. 불확실한 인생에 대해 불평하지도, 해준 게 뭐냐고 따지지도 말라고 냉정하게 선을 긋는 신의 전언을 배우 박해일은 얄미우리만큼 절망적으로 전달한다. "나중에 꼭 딴소리들" 하는 인간들을 향해 너희를 진심으로 사랑하지만 "어항 속에 손을 넣어서까지" 챙겨줄 수 없다며 비정한 자연의 섭리를 말한다. 하지만 늘 확신에 차고 무덤덤하던 그가 처음으로 의문부호를 붙여 자문하던, "내가 가끔 운이 좋을 때가 있는데… 나는 네가 아기를 지우지 않을 거란 걸 알고 있었던 걸까?"라는 대사의 뉘앙스는 그래서 흥미롭게 들린다. 박해일은 신이 인간에게 허락한 아주 작은 의지의 영역에 대해 말할 때만큼은 자신의 목소리를 불확실하지만 다정한 인간의 기운으로 잠시나마 채워 넣는다. 인간에게 깃든 신 혹은 짐승에게 깃든 인간, 야구모자는 그 교집합의 목소리를 정교하게 구현해내는 인물이다.

〈짐승의 끝〉(2011)

"1등급 돼지와 10가지 한약재의 절묘한 만남. 신선하고 쫄깃하며 담백한. 야유회, 등산, 체육대회 등 단체 주문 환영…." 택시 뒷좌석에 앉은 여자가 광고 전단지 문구를 혼이 나간 듯한 목소리로 중얼거리고 있다. 갑자기 야구 모자를 쓴 남자가 택시에 탑승하고 그의 이상한 예언과 함께 눈앞이 캄캄해진다. '아가야… 지금 완전 인크레더블한 일이 일어났어….' 눈을 떠보니 세상은 믿을 수 없는 상태다. 전기는 끊기고 통신은 두절되고 인적 없는 시골길 한가운데에서 차는 움직이지 않는다. 택시 기사는 도움을 구하러 간다는 쪽지 한 장을 남기고 사라져버렸다. 택시 기사와 야구모자, 빈집에서 만난 소년, 고장 난 승용차의 젊은 남녀, 자전거를 끌고 온 아저씨 등 순영이 순차적으로 혹은 반복해서 만나게 되는 사람들은 모두 평범한 듯 이상하고, 나쁘고 또 무심하다. 그리 멀지 않다는 태령 휴게소로 가는 길은 험난하기만 하다. 아니,

애초에 그런 휴게소가 있기는 한 걸까? '아무도 믿지 마…. 이대로만 가면 돼.' 지도 한 장과 전 남자 친구가 사준 짝퉁 명품 백을 손에 들고 영원히 끝나지 않을 것 같은 악몽 속을 걸어가는 순영 앞에 다시 야구모자가 나타난다.

〈짐승의 끝〉은 단편 〈남매의 집〉으로 주목받은 후 〈늑대소년〉〈탐정 홍길동: 사라진 마을〉〈승리호〉까지 익숙한 동화와 판타지 세계를 낯설게 가로지르며 자신만의 길을 만들어가는 중인 조성희 감독의 장편 데뷔작이다. 개봉 당시 박찬욱 감독은 "엉뚱하고 그로테스크하고 황량하고 쓸쓸하고 수상한 영화"라고 〈짐승의 끝〉을 소개하며 "묵시록적인 비전을 담은 영화 중 이것보다 더 잘 만든 영화가 언뜻 떠오르지 않을 만큼 그 비전이 철저하고 완결성을 가지고 있다"라고 평했다.

CHARACTER APPROACH

"달콤하고 새콤하고 매콤한 대사의 맛"

배우 박해일이 말하는
야구모자 캐릭터 구축의 비밀

"〈이끼〉 촬영 후반부에 한 달 정도 세트 교체를 위해 잠시 쉬는 기간이 생겼어요. 그 무렵 이 영화의 프로듀서가 보낸 메일을 받았죠. 영화 아카데미 졸업생의 작품인데 바쁘신 건 알지만 이 시나리오를 한번 읽어봐달라, 우리는 케빈 스페이시 같은 배우를 원한다는 내용이었어요. 그런데 이건 하지 말라는 얘기잖아요. (웃음) 제가 어딜 봐도 케빈 스페이시 같은 배우는 아니니까. 그런데 읽어보니 시나리오가 참 황당하더라고요. 완전히 개념이 다른 우주로 간다고 할까? 그래서 감독이나 한번 만나보자 싶었어요. 물론 한 작품에 온전히 에너지를 잘 모아야 하고, 원래 성격상 작품 할 때 다른 영화를 고려하지 않는데, 지나고 나서 보니까 놓치고 싶지 않았나 봐요. 아니, 결과적으로 하고 싶었나 봐요. 그럴 만큼 묘한 작품이었어요. 제가 살던 동네 근처에서 처음 만난 조성희 감독님도 시나리오만큼이나 묘했어요. 워낙 젊기도 했지만 갖고 있는 톤이 희한하게 다른 사람이었죠. 작품 설명을 막 유려하게 하는 편이 아니었는데, 계속 듣다 보면 할 얘기를 정확하게 하는 분이었죠. 그럼 일단 한번 생각해봅시다 하고 화장실에 갔는데, 제가 거울을 보면서 혼자 대사 연습을 하고 있더라고요. (웃음) 화장실이니까 되게 울리잖아요. 극중에 야구모자가 원 신 원 컷으로 하는 15분짜리 굉장히 긴 대사가 있거든요. 시나리오를 한 번 보았을 뿐인데 최대한 외우고 싶었고, 그 장문의 대사를 입 밖에 내보는데 되게 곱씹는 재미가 있더라고요. 희한하네…. 지금까지 맛본 적 없는 맛이라고 할까. 달콤하고 새콤하고 매콤하고. 연극 할 때 생각도 나고. 말하자면 이 작품은 제 의지라기보다는 그냥 함께 할 수밖에 없는 영화였어요.

야구모자는 이미 시나리오에 주도면밀하게, 말하자면 정밀 회로도를 다 만들어놓은 캐릭터이기 때문에 제가 의견을 낼 게 없었어요. 모든 것이 잘 짜여 있고, 각각이 잘 연결되어 있기 때문에 만약 배우가 어떤 한 부분을 바꾸면 처음부터 납땜질을 다시 하게 되는 거라고 할까? 게다가 그런다고 해서 기능이나 역할이 더 나아질 것 같지도 않은 작품이었죠. 함께 길을 만들어가는 영화도 아니고, 어쩌다 얻어걸리는 요행을 기대할 수도, 제 캐릭터를 이해하려는 의지도 없었던 것 같아요. 그저 배우가 텍스트를 명확하게 잘 수행하기만 하면 재미와 완성도가 보장될 정도로 잘 쓰인 시나리오였어요. 그렇다면 저는 제 길만 잘 찾아가면 되겠다고 생각했죠. 물론 촬영은 녹록지 않았지만, 그런 모든 상황을 상쇄할 만큼 충분히 재미있는 이야기였어요. 그 추운 날 화성 벌판에서 모든 걸 다 던져 연기한 이민지 배우를 포함해 참 좋은 동료 배우들이 있었고요. 본 적 없는 세계로 들어가 아무도 안 해본 걸 새롭게 해보는 재미가 있는 작품이었어요."

5 이적요

〈은교〉

이적요, 노인의 몸에 날아든 청년의 영혼

"은교가 왔구나."

이적요는 국민 시인이다. 좀처럼 대중 앞에 모습을 드러내지 않는 은둔자로서 살아왔지만, "서정시와 리얼리즘을 미학적으로 통합하여 시를 돌처럼 단단히 조립"한 "이 시대의 진정한 시인"으로 칭송받고 있다. 이적요의 자전적인 시 '동백꽃'은 교과서에 수록되며 전 세대 독자들에게 사랑을 받았고, 어느덧 자신을 "아버지"라 부르는 후배 작가들의 존경과 지지 속에 문학관 건립이 논의될 정도. 하지만 빛나는 문학적 명성을 걷어낸 인간 이적요는 그저 숲속 외딴집에서 홀로 살아가는 70대 노인이다. 그의 삶은 단조롭고 조금은 쓸쓸하다. 늦은 밤 책을 읽다가 서재의 낡은 나무 의자에 앉아 쪽잠을 자기 일쑤고, 아침으로는 밥통에 얼마 남지 않은 말라붙은 밥을 퍼서 물에 말아 김치에 몇 술 뜨는 게 고작이다. 옷을 갈아입기 위해 선 전신 거울 앞에서 마주하는 것은 검버섯이 잔뜩 핀 피부와 흘러간 시간이 나이테처럼 새겨진 주름지고 탄력 없는 노신이다. 초라하게 달린 성기를 내려다보며 옅은 한숨을 내뱉던 노인은 푸른 새벽의 산으로 느리게 산책을 나선다.

소멸을 향해 천천히 부식해가던 이적요의 삶 속으로 어느 날 불쑥, 은교(김고은)가 왔다. 그리고 새로운 세상이 열렸다. 열일곱 여고생 은교의 등장으로 커다란 관처럼 어둡고 축축한 시인의 집은 찬란하고 밝은 여름 숲으로 바뀌고, 느려지던 노인의 맥박은 다시 힘차게 고동친다. 하지만 가슴팍에 창공을 나는 자유로운 새 모양을 문신으로 새긴다고 해서 가는 세월을 따라잡을 수 없고, "헐" 같은 아이들의 유행어를 따라 한다고 지난 시간을 복구할 수도 없다. 눈부시게 발광하는 은교의 젊음이 가까이 다가오면 다가올수록 이적요의 늙음은 더욱 뚜렷하고 선명하게 만천하에 드러난다. 새처럼 지저귀는 은교의 목소리는 세이렌의 주문처럼 늙은 육신에 갇힌 이적요의 젊은 영혼을 불러낸다. 하지만 뒤늦게 세상 밖으로 나온 노인의 영혼엔 면역성이 없다. 스승의 일탈을 목도한 제자는 그의 껍데기가 칠십 넘은 "노인"임을 다시금 일깨워준다. 결국 이적요는 어차피 "추문" 혹은 "더러운 스캔들"로 수식될, 타인에 의해 지리멸렬하게 사멸될 것이 뻔한 자신의 마음을 다시 늙은 몸뚱이에 가두고 자물쇠를 굳게 걸어 잠근다.

"너의 젊음이 너의 노력으로 얻은 상이 아니듯이, 내 늙음도 내 잘못으로 받은 벌이 아니다"라고 통탄과 비애를 꾹꾹 눌러 담아 말하던 이적요는 예감하고 있었을 것이다. "메마른 대지 위에 내린 단비" 같던 존재, "이토록 아름답고 더 진솔하고 더 충만한" 마음이 남은 생에 다시 올 리 없다는 것을. 그래서 마침내 다시 찾아온 반가운 사람을 차마 뒤돌아 안지 못한다. 잘 가라, 은교야. 더 이상 나의 것이 아닌 청춘아. 흘러간 세월도, 찬란한 젊음도, 한 번의 포옹으로 되돌릴 수 없다는 것을 이미 알아버린 자는 슬픈 체념을 홀로 끌어안고 모로 웅크려 누워 조용히 눈물을 흘릴 뿐이다.

"나 이적요는 늙었습니다." 촬영 당시 서른다섯의 배우 박해일은 본인 나이의 곱절이 넘는 인물을 연기한다는 불가능에 가까운 사명을 받아들였다. 장시간의 분장을 거쳐 일흔이 넘은 인간의 나무껍질 같은 거죽을 얻고, 굽은 등과 느린 걸음걸이로 노령의 더딘 삶의 속도를 체화했다. 평생 집요하게 원고지를 채워온 문학인의 완고하면서도 풍부한 음성을 찾기 위해 책상 위에 수북이 쌓인 연필밥처럼 목소리를 깎고 또 깎아나갔다. 그와 동시에 아무도 구출해줄 수 없는 시간의 동굴 안 적막한 고독감, 거스를 수 없는 시간 속에 노쇠해가는 육신을 넋 없이 지켜보아야 하는 무력감, 그럼에도 어쩔 수 없이 주름을 뚫고 불쑥불쑥 튀어나오는 노여움과 분노까지 빠짐없이 방출해냈다. 벌처럼 받아 안은 늙음으로 그려낸 노시인의 초상, 이적요는 배우 박해일의 얼굴 위에 씌워진 가면이 아니다. 어느 청년 배우의 떳떳한 노력으로 얻은 영화의 상像이다.

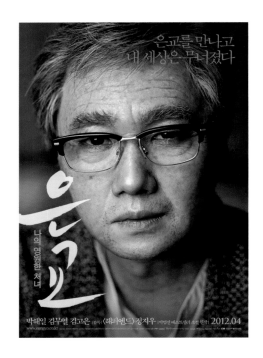

〈은교〉(2012)

홀로 사는 노시인 이적요의 집에 집안일을 돕기 위해 여고생 은교가 찾아온다. 하지만 절대적 존경과 사랑으로 긴 세월 이적요의 곁을 지키던 제자 서지우(김무열)는 은교의 등장이 탐탁지 않다. 자신에게는 좀처럼 마음을 열지 않고 꼿꼿하기만 하던 스승이, 열일곱 꼬맹이 앞에서는 한없이 부드럽고 풀어진 모습을 보이는 것이 낯설고 질투 난다. 은교의 천진하고 깃털 같은 발걸음은 두 남자의 관계에 점점 균열을 일으킨다. 어느 날 우연히 은교에 대한 시인의 비밀 원고를 발견한 서지우는 자신의 이름으로 소설을 발표해버린다. 이 우발적 행동은 이적요가 만들어준 서지우의 거짓 명성을 흔드는 일대 사건의 발화점이 된다. 영화 〈은교〉는 박범신 작가의 소설『은교』를 〈해피엔드〉〈사랑니〉〈모던보이〉를 연출한 정지우 감독이 스크린으로 옮긴 작품이다. 소설과 얼마나 유사한지 묻는 질문은 당연한 수순이지만 동시에 무의미하다. '거울'이, '별'이, '연필'이 각자에게 다른 의미를 가지듯 박범신과 정지우의 '은교'는 서로 다를 수밖에 없다. 소설『은교』가 '납으로 된 옷'을 입고 죽음을 향해 걸어가던 시인 이적요의 폭풍 같은 사랑과 쓸쓸한 소멸을 후일담으로 회고한다면, 영화 〈은교〉는 이적요와 은교 그리고 서지우의 관계를 현재적 멜로드라마로 풀어놓는다. 복원할 길 없는 젊음, 공유할 수 없는 관계의 역사, 훔칠 수도 따라잡을 수도 없는 재능, 이적요와 은교와 서지우는 각자 서로를 질투하고 욕망하고 또 사랑하며 낭떠러지를 향해 뒤엉켜 굴러간다. 너무 늦게 쓰인 노인의 연서, 그것을 너무 일찍 읽어버린 소녀, 답장 없는 편지를 평생 써온 미련한 청년, 그들에게 불어닥친 짧지만 강렬했던 폭풍이 잦아든 자리에 남는 것은 쓸쓸함과 외로움이다.

CHARACTER APPROACH

"그냥 연기라고만은 할 수 없는 이상한 경험"

배우 박해일이 말하는
이적요 캐릭터 구축의 비밀

"이적요는 여러모로 도전이었어요. 그럼에도 이 모험에 뛰어든 이유는 결국 제 성격이겠죠. 부담감보다 호기심이 컸고, 그렇게 해서 나온 결과물을 스크린으로 보고 싶다는 열망이 더 컸어요. 특수분장도 견딜 수 있을 만큼 큰 호기심이었어요. 결과적으로 촬영, 조명, 미술, 의상, 특히 송종희 감독을 포함해서 분장 스태프들이 제일 고생을 많이 하셨죠. 저는 그래도 누워 있기라도 했지, 좁고 한정된 공간에서 줄곧 허리와 무릎을 굽힌 자세로 한 올 한 올 눈썹을 심거나, 정확한 위치에 정확한 피스를 붙이고, 컴프레서로 페인팅 하는 작업을 해야 하는데, 날씨가 추워 문도 열기 힘들었으니까요. 노인 분장을 받으려면 전날 와서 밤부터 누워 있어야 하고, 연기를 하려면 앉아 있거나 천천히 걸어야 했어요. 자연스럽게 활동량이 줄어들고 행동이 느려지죠. 불편한 점이 많았어요. 식사도 분장한 입에 넣을 수 있는 작은 크기의 김밥 같은 걸 만들어야 했죠. 그러다 보니 스태프들을 기다리게 만들기도 하고, 표현이 느려진다든가, 본의 아니게 뚱해 있는 상황도 있었죠. 촬영 중간쯤에 정지우 감독이 괜찮으냐고 묻더라고요. 사람이 너무 우울해 보인다고, 일주일 정도 촬영을 좀 쉬자는 거예요. 그래서 '저는 괜찮은데요' 했는데 아니래요, 딱 봐도 제 상태가 아주 좋지 않다고. 장시간 두꺼운 분장을 하고 있으면 불편하고 이물감이 커서 피로하거든요. 어느 순간 그게 만성적인 피로로 몰려오는데, 물리적으로 몸 상태가

노인과 흡사해져요. 노인이 된다는 건 실제로 겪어보지 않으면 절대 모를 경험이었어요. 분장을 해체하고 제 얼굴로 돌아와 집에 있어도 계속 분장을 하고 있는 듯한 기분으로 몇 달을 살았죠.

눈 오는 날 창문을 마주 보고 '은교가 왔구나'라는 대사를 하면서 잠시 무너졌던 기억이 나요. 그 테이크를 찍고 한 30분간 촬영을 못 했죠. 그동안 하나하나 쌓인 감정일 수도 있는데, 그 상황에서는 아예 주체가 되지 않더라고요. 그 이후부터는 마음을 더 놔버린 것 같아요. 다가오는 느낌들을 붙잡으려 하지 않았고, 지금 이대로, 그 기분을 유지하며 그냥 가보자고 생각했어요. 마지막 장면은 6~7분 이어지는 롱테이크였는데, 벽을 바라보고 눈을 감은 채 누우니 뒤에서 은교가 들어오는 소리가 들렸죠. 반가운 마음도 있지만, 이적요의 몰골을 보여주고 싶지 않더라고요. 그래서 돌아보지도 못하겠고, 눈도 못 뜨겠고, 취한 척이든, 자는 척이든 이 아이가 내가 못 듣고 있다고 느끼게 하고 싶었죠. 그렇게 문 닫는 소리를 들은 후에 입에서 제일 먼저 신호가 왔어요. 그래서 그 순간 '잘 가라, 은교야'라는 대사를 내뱉었죠. 그게 그날의 첫 대사, 첫 테이크였어요. 한동안 말을 안 하다 보니 목이 잔뜩 잠긴 상태로 터져 나온 거죠. 그런데 그 톤이 또 묘하더라고요. 그건 말이죠. 그냥 연기라고만은 할 수 없는 이상한 경험이었어요."

6 이순신

　　　　　　　　　　　　　　　　　　　이순신, 붓으로 활을 쏘다

"아니다. 더 나아가자. 지금 우리에겐 압도적인 승리가 필요하다."

1592년, 마흔여덟의 조선 수군 이순신은 전라좌수영을 지휘하는 수군절도사다. 그는 먼저 말하기보다 일단 듣는 사람이다. 심지어 자신을 의심하는 동료 앞에서도 감정을 드러내기보다는 언젠가 그 의심을 뒤집을 때를 기다린다. 왜적을 피해 평안도 의주까지 도망친 임금의 행차 소식에도 순간 분노하기보다는 파천의 진짜 의중을 읽는다. 그는 어머니의 가르침대로 "장수 된 자의 충"이 향해야 할 곳이 백성을 버리고 도망간 임금이 아니라 백성 그 자체임을 안다. 전략과 전술을 짜기에 앞서 "적장의 기질"을 먼저 파악하고, 일본군 포로 준사(김성규)가 "분명 다른 뜻이 있는 자"임을 분별해내며, 아무리 적의 목숨이라도 쉬이 거두지 않는 인본주의자다. 또한 총상 입은 왼쪽 어깨를 부러 돌리며 부하들을 간 떨어지게 만드는 실없는 "농"도 잘 치는 동료다.

　　든든한 지원군인 노장 어영담(안성기)의 표현에 따르자면 "지독한 상관"인 이순신은 적장 와키자카 야스하루(변요한)의 말대로 누구에게도 결코 "만만한" 상대가 아니다. 밤마다 홀로 활쏘기를 연마하며 흐트러진 마음의 초점을 과녁을 향해 맞추는 이순신은 명확하고 날카로운 장수다. 전술을 설명하며 지도 위에 닿는 손가락 끝의 움직임까지도 매섭고 단호하다. 그는 어떤 순간에도 모호한 대답을 내놓지 않는다. "대체 이 전쟁은 무엇입니까"라고 묻는 포로의 질문에 이것은 "나라와 나라와의 싸움이 아니"라 "의와 불의의 싸움"임을 분명하게 알려준다. 전함 안택선(아타케부네) 의자에 앉아 전세를 조망하던 적장 와키자카가 일어나 화포를 잡고, 칼을 들고, 급기야 조총까지 집어 드는 것과 달리 이순신은 처음부터 끝까지 판옥선 위 누각에 두 다리로 단단하게 선 채 한 치의 움직임도 없다. 이순신은 설사 이 전쟁에서 패한다고 해도 "마땅히 이 땅 안에서 함께 죽어야" 한다는 무거운 말을 덤덤하게 내뱉는다. 그에게 죽음은 눈물을 머금고 다짐하는 비장한 각오라기보다는 무관으로 살아가는 자가 마땅히 받아들일 운명이기 때문이다. 그는 어떤 순간에도 비겁하게 도망치지 않는 참군인이다. 적의 병사가 스스로 무릎 꿇고 부디 자신을 거두어달라고 고개 숙이게 만드는 힘은 무력이나 강압에서 나오지 않는다. 제 목숨을 걱정하기보다 자기 사람을 구하기 위해 기꺼이 날아오는 화살을 맞은 이순신의 행동이 이끌어낸 자발적 복종이다.

〈한산: 용의 출현〉의 진정한 하이라이트는 출정이 예정되지 않았던 거북선의 위풍당당한 등장이 아니다. 바로 이순신의 입에서 "발포하라"라는 네 글자의 명령이 떨어지는 순간이다. 그는 전장 위에 "최종 수"를 놓기까지 좀처럼 기보를 들키지 않는 장수다. 발포 명령을 기다리는 병사들이 초조하게 바라보거나, "저자가 대체 무슨 생각을 하는 것이야. 적들이 코앞인데"라며 다른 장수들이 재촉하는 가운데, 적군의 뿔 나팔 소리가 울리고 백 보, 오십 보, 적의 함선이 가까이 다가오는 와중에도, 이순신은 고요히 "진을 완성"할 바로 그, 때를 기다린다. 적들이 월선을 시도할 만큼 가까이 다가온 순간 마침내 천둥 같은 명령을 내린다. 그리고 침착하게 활을 집어 도망치는 적장의 등을 향해 마지막 화살을 날린다. 과연 지장이요, 국수이며, 신궁이다.

이순신은 "땅에서 승리하는 쾌감"을 운운하는 원균처럼 피 냄새를 쫓는 싸움꾼이 아니다. 오로지 불의에 패배하지 않기 위해 끝까지 두 눈을 부릅뜨고 맞서는 전사다. 그에게 승리한 전투는 있을지언정 쉽게 끝날 전쟁은 없다. 어느덧 거짓말처럼 고요해진 먼바다를 바라보며 이순신은 말한다. "이제 이곳 앞바다 견내량은 우리의 최전선이 될 걸세. 이곳 한산이 진정 큰 산이 되어 이 산천을 지켜낼 수 있기를 바래보세나." 어떤 싸움이 다가온다 해도 변함없이 이 바다를 지켜내겠다는 의지, 그러나 결코 장담할 수 없는 나라의 운명에 대한 여전한 근심이 담긴 목소리다. 마지막 장면에서 이순신 혹은 박해일이 짓는, 이제 시작이라는 듯한 표정은 조선이 맞이할 7년간의 전쟁에 대한 가장 구체적인 스포일러다.

〈한산: 용의 출현〉(2022)

〈한산: 용의 출현〉은 이순신 장군과 그의 대표적인 전투를 21세기 스크린으로 재현하려는 감독 김한민의 불굴의 기획력이 탄생시킨 영화다. 〈명량〉(2014)과 〈노량: 죽음의 바다〉(2023) 사이를 잇는 허리와 같은 작품으로 역사적 순서로 보자면 1편 명량대첩(1597)과 2편 노량해전(1598) 이전에 치른 한산대첩(1592)을 배경으로 한다. 이순신을 연기한 배우 박해일 역시 같은 인물을 연기한 최민식, 김윤석보다 젊다. 하지만 각 배우의 출연 당시 나이로 보자면 모두 해당 전투 시 이순신의 연령과 비슷하다. 실존 인물을 다른 연출가의 시각을 통해 다른 세대 배우들이 연기하는 경우는 드물지 않지만, 동일한 실존 인물을 한 명의 감독이 동시대 다른 배우를 캐스팅해 연이어 연출하는 사례는 우리나라뿐 아니라 세계 영화사에서도 그 예를 쉽게 찾아볼 수 없을 정도다. 매우 실험적이면서도 위험한 선택이었지만, 10년에 걸쳐 제작한 '이순신 3부작'은 의미 있는 결과를 남겼다. 〈명량〉이 이룩한 1761만 3682명이라는 관객 수(2024년 4월 기준)는 역대 한국 영화 박스오피스 1위 자리를 철옹성처럼 지키고 있다. 또한 〈명량〉에서 쌓은 제작 경험을 바탕으로 〈한산: 용의 출현〉과 〈노량: 죽음의 바다〉는 바다에 배를 띄우는 대신 실제 비율로 제작한 판옥선과 안택선을 초대형 스튜디오에 띄워 400여 년 전 해전을 완벽하게 구현하면서 한국 영화의 VFX(시각특수효과) 기술을 진일보시켰다. 특히 "용장勇將 최민식, 지장智將 박해일, 현장賢將 김윤석"으로 구분되는 세 배우의 서로 다른 해석을 통해 광화문 네거리의 동상으로 굳건하게 서 있던 성웅 이순신을 다각도의 입체적 인물로 부활시키는 데 성공했다.

CHARACTER APPROACH

"내면의 기운을 최대한 끌어올려 치열하게 파고들었죠."

배우 박해일이 말하는
이순신 캐릭터 구축의 비밀

"처음 제안을 받자마자 김한민 감독님께 물었어요. '제가 장군감인가요?' 일단 물리적으로 나라는 사람이 이순신이 되는 데 대한 믿음이 쉽게 생기지 않았어요. 너무 무리한 선택이 아니냐고 재차 물었죠. 거듭 아니라고 하시니, 결국 시나리오까지 읽게 되었어요. 강한 부정으로 시작했지만 만약 이 인물을 연기할 수 있다면, 어떤 지점에서 호기심을 느낄까, 어디서 능동적인 에너지가 생길까 꼼꼼히 따져봤죠. 우선 제가 근접전을 별로 좋아하지 않는데 이 시나리오에는 그런 장면이 없더라고요. 또한 승리한 전투이다 보니 정확한 전략과 전술을 우선적으로 보여준다는 점, 또 이순신 혼자가 아니라 수군과 함께 이 대승의 전략을 만들어간다는 점이 좋았어요. 일본군의 기세가 역사적 사실보다는 좀 더 강력하게 그려지긴 했지만, 영화적으로 보면 전투의 에너지가 보다 팽팽하게 담기겠다는 기대가 생겼죠. 무엇보다 이순신 장군이 무인과 선비의 기질을 동시에 가진 점이 흥미로웠어요. 그 치열한 전쟁 속에서도 일기를 쓰고 시를 쓴, 눈물도 많은 사람이란 걸 알았죠. 이런 분이 전투라고 우락부락하게 임했을까 싶었어요. 다만 제가 기존에 가진 배우적 기질보다는 좀 더 선이 굵어야 한다는 생각이 들었죠. 그저 표면적, 물리적으로 크고 대단한 것이 아니라 혜안, 통찰력, 대담성, 유비무환의 자세 같은 내면의 기운을 최대한 끌어올려야겠다는 생각이었어요. 그렇다면

나라는 사람도 이순신을 연기할 수 있지 않을까 하는 용기를 갖기에 이르렀고요. 한편으로는 아주 많이 고생해야겠구나, 큰 도전이 되겠다 하고 예감했지만요. 그래도 해볼 수 있는 데까지 해본 것만으로도 충분히 가치가 있을 거라고 믿었고, 최민식, 김윤석 선배에게 누는 끼치지 말자는 마음으로 출연을 결심하게 되었어요.

김한민 감독과는 〈한산: 용의 출현〉까지 하면 벌써 세 작품째 함께 하는 거라 서로의 기질을 누구보다 잘 알기 때문에 각자의 빈틈을 메우고 다듬을 수 있는 방식을 빠르게 찾아나갔어요. 특히 시나리오에 허점이 보인다 싶으면 놓치지 않고 치열하게 파고들었죠. 단지 캐릭터에 국한하지 않고, 거북선의 등장 시점까지 같이 고민했을 정도로요. 그저 감동을 주기 위한 인위적 타이밍이 아니라 구선이 나오는 명확한 계기를 찾고, 그 원인을 우리가 전사에서 만들어야 되지 않겠느냐 하는 식이었죠. 특히 '의와 불의의 싸움'이라는 대사는 매우 중요한 테마였어요. 일본과 조선에 대해선 침략자와 침략당한 자, 선과 악의 개념이 있잖아요. 하지만 단순히 그렇게 평가하기보다 더 본질적인 부분에 초점을 두고 보니 영화 전체의 방향에 더 깊이 수긍되더라고요. 결론적으로 〈한산: 용의 출현〉은 그 어떤 영화보다 제 의지를 겉으로 제일 많이 드러낸, 제 캐릭터를 가장 적극적으로 만들어간 작품이 되었어요."

7 장해준

> "저 폰은 바다에 버려요.
> 깊은 데 빠트려서 아무도 못 찾게 해요."

해준은 부산서부경찰서 소속 경감이다. "살인 사건이 좀 뜸하네. 요즘 날씨가 좋아 그런가?" 그는 아내 정안(이정현)의 말대로 "살인이랑 폭력도 같이 있어야 행복한" 천생 강력계 형사 체질이다. 냄새에 예민해서 피 많은 현장은 무섭지만, 시신이 감지 못한 눈으로 마지막으로 보았을 범인을 꼭 잡겠다는 약속을 실어 모든 걸 "언제나 똑바로 보려고 노력"한다. 그 덕에 안구건조증을 달고 살지만, 불면증에 시달리는 잠 못 이루는 밤을 잠복근무로 승화할 만큼 진정한 직업인이다. 잠복이 취미, 추격이 특기인 삶이지만 언제나 슈트를 입고, 비교적 구두처럼 보이는 단정한 운동화를 신는다. 단골집에서 맞춰 입는 양복엔 주머니가 많다. 상의에 12개, 바지에 6개. 그 속에는 민트 캔디, 선글라스, 티슈, 핸드크림, 립밤, 인공 눈물 외에도 수사와 증거물 수집에 필요한 수갑, 철사 장갑, 실리콘 장갑, 손전등, 집게 등이 들어 있다. 같은 옷을 평일, 휴일 상관없이 입고 다닌다. 휴일이라고 사람들이 살인 안 하는 게 아니니까. 물론 여러 벌 맞춘, 같은 디자인의 옷을 계속 갈아입는 것이다. 해준은, 깨끗하다.

    바다 해海가 이름에 들어가고, 바다가 있는 부산에서 근무하는 해준은 해군 출신의 바다 사나이다. 서래(탕웨이)가 "지혜로운 자는 물을 좋아하고, 인자한 자는 산을 좋아한다(知者樂水 仁者樂山)"는 공자의 말을 언급하며 자신은 바다가 좋다고 할 때, "응, 나도"라고 속삭이는 해준은 서래와 같은 종족이라 기쁘다. 해준은 서래라는 바닷속으로 서서히 잠겨 들어가면서 눈도 코도 생각도 없는 해파리처럼 달콤한 잠에 빠진다. 하지만 "기쁘지도, 슬프지도, 아무 감정도 없어요. 물을 밀어내면서 오늘 일을 밀어내요"라는 서래의 주문은 끝내 통하지 않는다. 해준은 서래와 함께 다시없을 생의 환희를 느꼈고, 비통하게 붕괴되었으며, 밀어내려 해도 도저히 밀어낼 수 없는 감정의 격랑에 휩쓸리고 만다.

    "처음부터 좋았습니다. 날 책임진 형사가 품위 있어서." 서래가 느낀 것처럼 해준은 품위 있고 "자부심 있는 경찰"이다. "보들보들"한 손과 달리 꼿꼿한 품새를

지닌 그는 범인을 추격하고 대치하고 마침내 체포하는 데 한 치의 주저함도 없는
현장의 사나이다. 해준을 몰래 미행하던 서래는 야생성으로 번뜩이는 해준의
눈빛을 보고 흥미롭다는 표정을 짓는다. 칫솔에 치약을 짜주던 세심하고 친절한
형사라서 좋았지만, 자신을 지켜줄 만큼 강한 남자라는 사실 또한 확인한 것이다.
아마도 해준이 "패턴"을 물어보는 순간 서래를 보는 눈빛이 달라졌다면, 서래 역시
해준의 피 묻은 얼굴과 마주친 순간 진정한 관심이 시작되었을 것이다. "죽은 사람이
올라간 길이고 우린 경찰이니까" 하고 외치며 기도수(유승목)가 떨어진 바위산을
굳이 거꾸로 거슬러 올라가는 해준은 답답할 만큼 자신만의 원칙과 고집을 지키는
사람이다. 하지만 그 원칙은 사랑하는 사람을 의심하는 순간에도 여지없이 적용된다.
서래가 간병하는 '월요일 할머니'의 작동을 멈춘 핸드폰에서 예외적으로 기록된
'138층' 높이의 활동을 본 이후, 해준은 실제 서래가 올라간 길을 그대로 따라가면서
그날의 유죄를 쓰라린 마음으로 입증한다.

　　　제임스 스튜어트 혹은 케리 그랜트 같은 클래식 누아르의 주인공들을 떠올리게
만드는 해준은 부정할 수 없이 배우 박해일의 조각들로 만들어진 캐릭터다. 이름의
유사성뿐 아니라 인간 박해일이 가진 꼿꼿함과 〈덕혜옹주〉 등의 작품에서 보여준
정중한 품위는 장해준을 만드는 단단한 뼈대가 되었다. 〈살인의 추억〉의 부드러운
손을 가진 남자 용의자는 어느덧 반대편에 앉아 굳은살 밴 손을 가진 여자 용의자를
심문하는 형사가 되었다. 여기에 "원전 완전 안전"이라는 구호를 뜬금없이 외치는
엉뚱함, 좋아하는 여자 앞에서만 나오는 아이 같은 얼굴, 그러다 툭툭 튀어나오는
능글맞은 말투 등은 배우 박해일을 오래 지켜본 이들이라면 반가움을 느낄 만한
요소다. 장해준은 한 배우의 시간이 만들어낸 다채로운 모래로 쌓아 올린 단일한
모래성이다.

〈헤어질 결심〉(2022)

헤어질 결심

박찬욱 감독
탕웨이 · 박해일
2022.06.29

바위산 정상에서 추락한 변사체가 발견된다. 사망한 남성의 이름은 기도수. 예순 살에 산악 유튜버로 활동하고 있고, 퇴직 전 출입국 사무소에서 입국 심사를 담당하던 공무원이었다. 이 사건을 수사하게 된 형사 장해준은 기도수의 사체를 확인하러 온 아내 송서래를 처음 보는 순간부터 묘한 감정을 느낀다. 중국 출신의 젊은 아내는 죽은 남편의 모습을 확인하면서도 크게 감정의 동요를 보이지 않는다. 서래는 수사 초반 용의자로 의심받지만 죽은 남편에게 지속적으로 가정폭력을 당했다는 증거와 주변의 증언, CCTV 영상 등의 알리바이를 입증하며 수사선상에서 제외된다. 결국 기도수 사건은 자살로 종결되고, 그사이 서래에 대한 의심이 관심으로 물들어간 해준과 품위 있고 친절한 형사의 심장을 가지고 싶었던 서래는 애틋한 만남을 이어간다. 하지만 우연한 계기로 해준은 기도수가 죽던 날 서래의 실제 동선을 파악하게 된다. 사건의 진범을 확인한 해준은 자신을 속인 서래에 대한 배신감에 휘청이고, 평생 지켜온 형사로서의 자부심을 잃은 채 "완전히 붕괴"되고 만다. 〈아가씨〉 이후 6년 만에 개봉한 박찬욱 감독의 열한 번째 장편 〈헤어질 결심〉은 시나리오 작가 정서경, 미술감독 류성희, 분장 감독 송종희, 음악감독 조영욱 등 오랜 동료들과 다시 한번 합을 맞추어 완성한 영화다. 구스타프 말러의 교향곡과 더불어 정훈희가 홀로 혹은 송창식과 함께 부른 노래 '안개'는 이 영화의 정서를 안타깝고 구슬프게 축약한다. 2022년 제75회 칸 영화제에서 박찬욱 감독이 감독상을 수상한 이후 주연배우 탕웨이와 박해일까지 청룡영화제, 대종상, 백상예술대상 등 대부분의 국내 영화상을 휩쓸었다.

CHARACTER APPROACH

"무중력 상태에서 모든 것이 사라지면서 해결되었죠"

배우 박해일이 말하는
장해준 캐릭터 구축의 비밀

"해준은 데뷔 이후 처음 맡은 형사 캐릭터예요. 이 사람이 최연소 경감이잖아요. 사실 저희 장인어른이 형사였어요. 강력계 반장을 거치고 나중엔 경감까지 지내셨죠. 그런데 우리가 영화에서 흔히 봐온 형사가 아니라 그야말로 교감 선생님 같은 분이셨어요. 문학을 좋아하는 분이기도 하고요. 그 모습이 박찬욱 감독이 생각하는 해준의 이미지와 많이 비슷해서 그런 형사라면 나도 해볼 수 있겠다 싶었죠. 해준이 형사로서 가장 활동적인 모습을 보여주는 액션 장면이 초반에 나오잖아요. 이지구(이학주)와 옥상에서 싸우는 신을 앞두고 어떻게 찍으면 좋을지 아이디어를 내보라고 하셨어요. 박 감독님은 액션 연출에 워낙 뛰어난 분이지만 아이러니하게도 최대한 액션을 안 찍고 싶어 하세요. (웃음) 최대한 뭘 안 하고 담백하게 찍기를 바라시죠. 원래는 해준의 옷 주머니에 뭐가 많으니까 그중에 손에 잡히는 걸 감아서 칼을 잡는 거였는데 이러면 컷이 좀 복잡해지겠구나 싶었죠. 저도 액션이 과도하게 많아지는 걸 힘들어하니까요. 그러다 장인어른께 받은 장갑 생각이 났어요. 칼날을 잡아도 손이 베이지 않는 철사 장갑 있잖아요. 정육점에 가면 쓰는 거. 은퇴하면서 보관하던 그 장갑을 저에게 주셨어요. 삼단봉이랑. 그래서 '감독님, 혹시 이 장갑을 꺼내서 활용할 수도 있지 않을까요?' 하고 슬며시 던져봤죠. 그랬더니 '해일이 한 건 했네' 하시더라고요. (웃음) 〈헤어질 결심〉이 프랑스에서 개봉했을 때 현지

언론이 중세 기사들이 쓰던 마검 장갑과 연결해서 해준의 캐릭터에 '기사도'라는 레이어를 하나 더 씌워 해석하기도 했다더라고요. 물론 그만큼 큰 의미를 담은 건 아니지만 액션 촬영을 최소화하고 상황을 담백하게 표현하는 데는 썩 괜찮은 선택이었다고 생각해요.
후반부 바닷가 장면은 촬영 내내 무거운 숙제로 남아 있었어요. 마치 이 장면을 찍기 위해 영화 전체를 달려왔다고 느껴질 만큼. 배우로서 난도가 가장 높은 장면이었죠. 게다가 촬영 조건 역시 까다로웠어요. 파도가 위험할 수 있기 때문에 정신을 바짝 차려야 했고, 제작진 말에 따르면 만조로 바닷물이 차고, 파도가 적당한 날이 많지 않기 때문에 이번 촬영에 실패하면 한두 달 있다가 다시 찍어야 한다는 거예요. 여러모로 부담이 컸죠. 그 장면 촬영을 마침내 끝낸 기분을 제 표현으로 이야기하자면 이랬어요. '무중력 상태에서 모든 것이 사라지면서 해결되었다.' 참으로 다행이었죠. 정말 별 5개 표시해놓고 끙끙대던 숙제를 털어낸 희열감, 무식하리만큼 고민하고 또 고민하던 것이 해결됐을 때의 후련함을 느꼈죠. 영화 제작 환경을 생각하면 매번 이만큼 집중하는 방식을 고수할 수 없다는 걸 알지만, 이런 장면을 끝내고 나면 할 수만 있다면 제 느리고 무식한 방식을 계속 유지하고 싶어져요. 찍고 나서 감독님도 저도 만족한 장면이에요."

비트^{Beats}?

연기의 목적을 달성하는 행동의 조각. 러시아
연출가이자 연기 교육자였던 콘스탄틴
스타니슬랍스키^{Konstantin Stanislavsky}가 정의한 연기
행동^{action}의 최소 단위, 러시아어 'кусóк(한 조각)'은
이후 스타니슬랍스키의 초기 시스템과 방법론을
적용한 미국 현대 영화인들에 의해 'beat' 혹은
'bit'로 번역되어 사용되었다. 배우가 구현한 연기의
성취에 접근하기 위해 액톨로지^{Actorology}(배우학)는
연출, 카메라 혹은 편집의 단위인 신^{scene}과 숏^{shot}
대신 '비트'를 연기 분석의 단위로 삼는다. 각
비트의 구분점은 연구 대상(배우)을 기준으로
나뉜다. 하나의 신과 숏에 여러 개의 비트가
존재하기도 하고, 하나의 비트가 여러 신과 숏에
걸쳐 구현되기도 한다. 연구자의 연기 비트 분석은
연출자의 목적이나 배우의 해석과 다를 수 있다.

BEATS

아무튼, 투철한 직업 정신
〈극락도 살인사건〉

피는 진하다
〈고령화 가족〉

누가 죄인인가
〈남한산성〉

00:09:22~00:11:21

Beat #4

"아, 근데 펭귄은 찾으셨어요?"

아무튼, 투철한 직업 정신

〈극락도 살인사건〉

전라남도 진안군의 극락도는 겨우 17명의 주민이 살고 있을 뿐이지만 "풍광 좋아,
인심 좋아, 음식 좋아, 그래서 극락도"라고 불리는 아름다운 섬이다. 지난해에 이어
올해도 "낙도 우수 마을"로 지정되었고 포상으로 받은 설탕 포대가 마을 어귀에 잔뜩
쌓여 있다. 이장(최주봉)은 이 모든 공을 "얼굴도 잘생기고 능력도 좋은" 보건소장
제우성(박해일)에게 돌린다. 우성은 정기적인 혈액검사를 통해 마을 주민 한 명 한 명의
건강 상태를 빠짐없이 관리하는 성실한 의사다. 이웃의 아이들이 남매처럼 자라고, 서로
집안 대소사나 가족 내력까지 속속들이 꿰고 있는 섬사람들은 그저 성만 다른 하나의
대가족 같다. 동네 최고 연장자인 김 노인(김인문)의 팔순 잔칫날에도 극락도 주민들은
청사초롱 아래 반딧불이처럼 모여든다. 이장과 그의 장남 상구(박원상)가 분주하게
술과 안주를 나르는 가운데 공사 때문에 섬에 들어온 송전 기사들이 한쪽에서 화투를
치고 있다. 동네 주민 춘배(성지루)와 판수(박길수)가 함께 앉은 평상에는 이미 막걸리에
거나하게 취한 우성이 대자로 엎드려 잠들어 있다.

춘배	"진짜랑께요. 극락전에 열녀 보살 눈깔 돌아가는 거 나가 봤당께요."	1	눈을 똥그랗게 뜬 춘배가 극락전에서 목격한 믿을 수 없는 일에 대해 이야기한다. 판수는 그저 헛것을 보았다고 여긴다. 하지만 춘배는 정말이라고, 자기 말을 믿어달라고 한다. 쓰러져 자고 있던 우성이 갑자기 벌떡 일어나더니 비몽사몽인 채 의료용 손전등을 꺼내 춘배의 동공 반응을 확인한다. 판수는 이 와중에도 진료 의무를 잊지 않는 우성이 경이롭기만 하다.
판수	"그게 다 기가 허해서 그런 거다. 밤에 그림 들여다본다고 너무 진 빼지 말아라."		
춘배	"그것 땜시 아니라 참말로 열녀 보살이 요렇게, 요렇게!"		
우성	"저기! 잠깐 보겠습니다."		
판수	"아무튼 우리 의사 선상 직업 정신 투철한 건 알아줘야 혀."		

우성	"밤에 잠 못 주무세요?"	2	자못 진지한 표정과 걱정스러운 목소리로 춘배의 건강 상태를 조목조목 확인하는 우성. 춘배는 뭔가 큰일이 난 듯 심각하지만, 판수는 대수롭지 않다는 듯 막걸리 주전자를 들어 술을 따라준다.
춘배	"거시기, 거 요새 맴이 요상시리 불안하고 당최 잠이…."		
우성	"그런 증상이 얼마나 되셨죠?"		
춘배	"한… 며칠 됐어야."		
우성	"열은 없으시죠?"		
춘배	"야…, 설마 큰 병은 아니겠지라."		

판수	"오매 거 죽을병이네. 헛것까지 보이면 인생 쫑 난 건디. 자, 그냥 처묵고 그냥 뒈져부려라, 응 뒈져부려."	3	판수의 반어법 농담에 웃으며 아무 일 아니라는 듯 춘배를 안심시키는 우성. 판수는 문득 우성이 오늘 따라 평소 못 마시던 술을 마신 특별한 이유가 있는지 궁금해한다. 우성은 얼버무리며 대답을 피한다.
우성	"괜찮습니다. 그냥 드시고 푹 주무시면 됩니다."		
판수	"그나저나 의사 선상 괜찮소? 생전 못하던 술까정 마시고 뭐 좋은 일 있어?"		
우성	"… 아이, 뭐…."		

우성	"아, 근데 펭귄은 찾으셨어요?"	4	우성이 갑자기 춘배에게 펭귄의 행방을 묻는다. 춘배와 우성이 나누는 암호 같은 대화를 판수는 이해하지 못한다.
판수	"뭔 소리다냐, 그게?"		
춘배	"그것이 그렇게 저 아직 찾고 있구먼유."		

우성	"그래도 너무 집착하지 마세요. 그러다 진짜 병납니다."	5	다시 별일 아니라는 듯 미소 지으며 건강에 대해 주의를 주는 우성. 춘배는 알겠다고 하면서도 자신이 본 괴상한 눈에 관한 이야기를 멈추지 않는다. 듣다 못한 판수는 귀신 이야기를 막을 요량으로 술을 따르라고 말한다.
춘배	"알았어라. 근디 열녀 귀신 눈깔 돌아가는 거 나가 진짜로, 참말로 봤당께요."		
판수	"아따, 알았다, 아그야. 그만허고, 술이나 쪼까 따라봐라."		

하얀 셔츠에 하얀 가운을 입고, 하얀 이를 활짝 드러내며 해맑게 웃고 있지만, 박해일이 연기하는 제우성은 사실 희고 맑은 속내를 가진 사람이 아니다. 그의 실체는 극락도 주민을 상대로 개발 중인 신약을 인체 실험 중인 미친 과학자다. 서울의 한 제약 회사에서 진행하던 연구에 브레이크가 걸리자 제우성은 불로장생의 꿈을 이뤄줄 약품 개발을 혼자서라도 마무리 짓기 위해 이 작은 섬 극락도로 들어왔다. 그에 관한 진실은 영화 후반부에 이르러서야 밝혀진다. 그래서 극 초반(09:22~)에 배치된 이 장면은 춘배와 판수 그리고 우성이 나누는 그다지 대수롭지 않은 대화처럼 보인다. 게다가 곧이어 숨 넘어가기 직전의 김 노인을 우성이 살려내는 극적인 사건이 기다리고 있기 때문이다. 우성이 목이 막힌 김 노인의 입을 쩍 벌려 손가락을 집어넣어 목구멍에 막힌 요깡(양갱)을 빼내는, 그야말로 혼을 쏙 빼는 장면을 본 이후 잔칫날 세 사람이 나눈 대화는 까맣게 잊어버릴 정도다. 그저 눈이 돌아가는 열녀 초상화를 등장시키며 으스스한 기운을 조성하고, 춘배가 정신이 살짝 나간 인물이라는 점을 강조하고, 우성의 투철한 직업 정신을 보여줄 목적으로 배치한 장면 같다.

하지만 모든 퍼즐이 맞춰진 후 이 신을 다시 보면 비트마다 다르게 설계된 우성의 의도를 읽을 수 있다. 비트 1에서 우성이 벌떡 일어난 이유는 춘배의 말이 환각에 의한 것인지 확인하고 싶었기 때문이다. 약을 섞은 설탕을 가장 많이 복용 중인 춘배에게 부작용과 이상 징후가 나타날 확률이 가장 높다. 하지만 비트 1의 동공 검진을 통해 이내 긴장을 푼다. 사실 우성은 그만큼 자신이 있었다. 술도 잘 못 마시는 사람이 이날만큼은 마음껏 취하고 싶었던 이유도 지난 1년 반에 걸친 실험이 성공적으로 마무리되고 있다는 확신이 있기 때문이다. 그사이 실성했던 김 노인이 말을 하기 시작했고, 섬 아이들의 인지력과 기억력이 월등히 향상되었으며, 동네 바보 춘배가 숨은그림찾기를 척척 해낼 만큼 "놀라운 인지력, 지각력 향상"을 보이고 있다. 자축하는 의미의 막걸리인 셈이다. 그래서 비트 4에서 숨은그림찾기 중 제일 찾기 어려운 '펭귄'을 찾았느냐는 질문은 가장 자랑스러운 실험 쥐 춘배의 능력이 그 와중에 어느 정도 향상되었는지 확인하고 싶은 궁금증에서 나온 것이다. 처음엔 멀쩡해 보였지만 알고 나서 다시 보면 이미 "눈깔이 돌아갔던" 비트다.

"마침내 실험이 성공한 걸까? 몹시 떨리고 흥분된다." 동네잔치를 신나게 즐기는 주민들을 흐뭇한 눈으로 쳐다보며 "아름답다, 세상이 아름답다"라고 감탄하는 우성은 일견 순수하고 집요한 연구자의 얼굴을 하고 있지만, 실상은 의료인의 윤리 기준을 넘어서는 순간에도 끝내 스스로를 멈추지 못한 괴물일 뿐이다. 그의 착각과 집착은 결국 섬마을 사람들을 모두 몰살시키는 엄청난 결과로 이어진다. 물론 이 비극은 우성의 말대로 이 실험과 무관한, 그저 "화투판의 살인이 빚어낸" 우발적 연쇄 사고일지도 모른다. 하지만 그렇다 해도 우성이 이들의 죽음으로부터 자유로울 수는 없다.

박해일은 패를 숨기는 데 능한 플레이어다. 〈살인의 추억〉의 박현규가 그랬던 것처럼 더 정확히 따지면 패를 숨길 생각이 없는 플레이어이기도 하다. 이 배우는 캐릭터의 진의를 속이거나 헷갈리게 하는 방식으로 관객들에게 머리싸움을 걸지 않는다. 아닌 척 능청을 떨어서 의심을 부추기거나, 수상쩍은 태도로 불안을 조성하지도 않는다. 오히려 그 진심을 스스로 철저하게 믿거나 착각해버리는 방식을 택한다. 자신의 행동이 더 큰 희생을 막을 공익을 위한 선택 혹은 남을 보호하기 위한 어쩔 수 없는 결정이라고 믿어버리는 우성처럼 말이다. 결국 관객이 받아 드는 것은 진실과 거짓의 비율조차 알아차리기 힘든 맑디맑은 설탕물이다. 마시지 않을 수가 없다.

01:36:54~01:40:45

Beat #4

"어, 죽을 수 있고 말고."

피는 진하다

〈고령화 가족〉

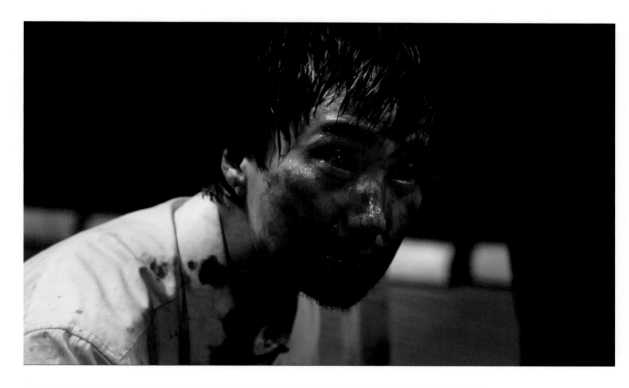

오한모(윤제문)와 오인모(박해일)는 형제다. "까막소를 수도 없이 들락거린" 백수 형
한모와 데뷔작 〈길 위의 여자〉의 실패 이후 커리어의 내리막길을 걷고 있는 영화감독
인모, 이혼하고 갈 곳 없는 막내 여동생 미연(공효진)은 엄마(윤여정)의 아파트에 다시
모여 살게 된다. 평균연령 47세의 고령 남매는 만나면 늘 치고받고 싸우기 바쁘지만,
끼니때만큼은 머리를 맞대고 된장 뚝배기에 숟가락을 섞는 평범한 가족이다. 어느
날 한모는 집 나간 후 실종된 미연의 딸 민경(진지희)을 찾기 위해 한물간 조폭,
약장수(유승목)와 손을 잡는다. 하지만 곧 그 거래가 함정이라는 걸 눈치채고 한몫 챙겨
이 나라를 떠나려 한다. 약장수는 한모를 다시 잡아들이기 위한 볼모로 인모를 납치한다.
"자, 우리 개새끼 산보 갈 시간이다!" 약장수의 부하들은 각목으로 흠씬 두들겨 맞아
만신창이가 된 인모를 두목 앞으로 질질 끌고 간다.

약장수	"일으켜봐…. 아까참에 나한테 뭐 할 말 있다고 그랬지? 그려, 인자 한번 해봐."	1
인모	"처음엔 다 얘기해주려고 그랬는데… 근데 마음이 변했어. 왜냐하면 내가 자존심이 상했거든. 니들처럼 배운 게 없는 놈들은 잘 모르겠지만, 원래 사람을 이렇게 다루면 안 되는 거야. 우린 위대한 문명을 창조하고 최소한의 존엄성을 지키면서 살도록 제도를 발전시키며 살아왔거든! 니들이 무슨 짓거리를 하고 살아도 절대 그 사실 잊어서는 안 돼, 이 양아치 새끼들아."	
약장수	"냅둬! 오함마(오한모)가 영화감독 동생 입에 침이 마르게 자랑하던데, 똑똑하네."	

약장수 앞에 대자로 엎어진 채 누워 있는 인모. 약장수 부하들에 의해 일으켜지다가 휘청거리며 무릎이 꺾인 채 주저앉는다. 그러더니 숨을 색색 힘들게 몰아쉬며 낮고 담담한 목소리로 일장 연설을 늘어놓는다. 맞은 눈이 따가운지 연신 찡그리면서도 약장수를 똑바로 쳐다보며 이야기를 이어간다. 그 말을 기막혀 하며 듣던 약장수는 일제히 각목을 드는 부하들을 손을 들어 제지하고 인모의 훈계를 비아냥대기 시작한다.

인모	"더 들어, 이 새끼야."	2

호통치듯이 약장수의 말을 자르고 욕을 하는 인모. 약장수는 멋쩍어한다.

인모	"니들은 날 짐승처럼 다뤘어. 그건 단지 나 개인을 두들겨 팬 게 아니라 인류가 수천 년 동안 피 흘리면서 이룩한 위대한 유산을 짓밟은 거야. 인간의 존엄성을 짓밟은 거라고!"	3
약장수	"존엄이고 자시고. 그러니까 결론은 오함마를 대신해서 죽겠다는 거 아니여, 응? 잘 생각해봐. 아무리 형제지만 그 쓰레기 때문에 여기서 죽을 필요 있을까?"	

차오르는 분노를 최대한 꾹꾹 눌러 담는 말투다. 점점 격앙되어가는 감정에 씩씩대며 눈에는 눈물도 살짝 고인다. 약장수는 더 이상 듣기 싫다는 듯 결론을 내려 한다.

인모	"어, 죽을 수 있고 말고. 니들한테 졸라게 맞으면서 든 생각인데…. "	4

약장수의 질문에 잠시 생각하던 인모는 이내 확신에 찬 답을 내놓는다.

인모	"내가… 내가 오함마한테 참 좆같이 했더라고. 그 인간은 날 위해서 빵까지 갔는데도, 난 그 인간을 위해서 뭐 아무것도 해준 게 없어."	5

고개 숙여 흐느끼며 형에 대한 미안한 마음을 토로하는 인모의 얼굴에서 피와 눈물과 침이 섞여 뚝뚝 흘러내린다.

인모	"이렇게 빚 갚는 것도 괜찮네. 또 시작해라, 응. 이 남대문에서 약이나 팔던 이 쓰레기 같은 약장수 새끼야."	6
약장수	"이런 씨발, 아주 형제가 약장수를 입에 달고 다니네."	
인모	"이 약장수 새끼야."	
약장수	"그려? 야, 죽여라."	

인모는 모든 것을 내려놓은 듯 다시 약장수를 도발하고 이를 활짝 드러내며 놀리듯 웃기 시작한다. 약장수는 더 이상 참지 않고 부하들에게 인모를 끝장내라는 지시를 내린다.

BEATS

너무 많이 맞다 보면 정신이 나간다. "위대한 문명"이니 "존엄성"이니 거창한 단어를 늘어놓는 인모의 말은 모진 구타를 견디다 나온 괴상한 발악처럼 들리기도 한다. 하지만 박해일은 비트 2에서 유승목의 말을 리드미컬하게 끊고 들어가며 판세를 뒤집는다. 매로 때리는 자와 말로 때리는 자의 헤게모니가 뒤바뀐다. 비슷한 이야기를 늘어놓는 것 같지만 비트 1과 비트 3이 향하는 방향은 묘하게 다르다. 비트 1이 자신을 개 패듯이 팬 "양아치 새끼들"을 향한 짜증이라면, 비트 3은 남자로서 영화감독으로서 인간으로서 자신의 존엄을 지켜주지 않는 세상을 향한 분노다.

하지만 "배운 게 없는 놈" 운운하던 인모는 비트 4, 5를 거치며 자신이야 말로 인생에서 아무것도 배운 게 없는 놈이라는 것을 처절하게 자각한다. 일 없이 엄마에게 얹혀사는 주제에도 "헝그리 정신"도 없이 예술가병에 걸려 자존심만 세우던 자신이야말로 진짜 "양아치"일지도 모른다고 생각한 것일까? 물론 "그 쓰레기 때문에 여기서 죽을 필요 있을까?"라는 약장수의 질문은 일견 합당해 보인다. 누가 봐도 무식한 전과자 한모의 목숨은 엘리트 영화감독 인모의 목숨과 등가교환 할 가치가 없어 보인다. 사실 한모는 동생 죄를 대신 뒤집어쓰고 감옥까지 갔다 온 형이다. 인모가 자기 아내와 바람난 남자를 죽기 직전까지 때렸을 때, 한모는 "어차피 난 전과자고 별 하나 더 달아봐야 차이도 없어"라며 기꺼이 가해자가 되어주었다. "우리 집안 유일한 대졸 출신"인 작은오빠와 큰오빠는 다르니까 "차별 대우"는 당연하다는 여동생 미연의 말에 내심 동의했는지도 모른다. 가장 가까운 가족의, 모든 인간에게 공평해야 하는, 존엄성을 무의식적으로 짓밟으면서도 큰 자각 없이 살아온 것이다. 그래서 비트 5에서 쏟아내는 감정의 방향은 오로지 한모를 향한다. 자신이 얼마나 오만하고 비겁한 짐승이었는지 비로소 깨달은 참회의 눈물이다. 그리고 비트 6은 드디어 빚을 갚을 수 있어 다행이라는 안도의 웃음이다. 박해일은 4분가량 이어진 6개의 비트를 통해 형을 향한 뒤늦은 사과문을 드라마틱하게 완성한다. 어쩌면 매서운 각목 세례가 인모를 정신이 번쩍 들게 만들었는지도 모른다. 어떤 깨달음은 맞아야 온다.

01:10:45~01:13:59

Beat #2

"누군가는 책임을 져야 하지 않겠느냐?"

누가 죄인인가?

〈남한산성〉

1636년 겨울은 유독 추웠고 산하에는 눈이 많이 내렸다. 조선의 왕 인조(박해일)는
무서운 기세로 쳐들어오는 청나라 군에 밀려 남한산성의 행궁으로 피신한 상태다.
어느덧 새해를 맞이하지만 매서운 추위와 기약 없는 고립 속에 곤궁해지는 것은
수라상만이 아니다. 군사들을 먹일 식량에 대해 "아껴서 오래 먹이되 너무 아끼지는
말아라"라는 임금의 명은 너그러운 듯 모호하다. 군마들이 하나둘 굶어 쓰러지는 가운데
군사들의 사기 역시 바닥으로 떨어진다. 기다리던 팔도 근왕병의 소식은 감감한 와중에
청나라 황제 칸(김법래)이 조선으로 향하고 있다는 비보가 들려온다. 이때 군을 이끄는
체찰사 김류(송영창)는 남한산성 북문 쪽 청나라 군 진영이 허술하다며 "정예 군사로
적들을 기습"하겠노라 장담한다. 결국 김류는 수어사 이시백(박희순)과 300명의
군사들을 이끌고 호기롭게 성 밖으로 나간다. 그러나 치밀하지 못한 전략 탓에 홍이포를
내세운 청군의 함정에 빠져 전군이 전멸하기에 이른다. 다시는 성으로 돌아가지 못하게
된 병사들의 시체 위로 무심하게 눈이 내려앉는다.

		1	전장에서 마지막 숨을 내뱉는 사슴의 검은
인조	"성첩에서 그들의 시신이 보이는가?"		눈동자에 인조의 허망한 얼굴이 이어진다.
김류	"눈에 묻혀 있을 것이옵니다."		인조는 시신조차 제대로 거두지 못한 군사들을
인조	"시신이라도 거두어 땅에 묻어주어야 하지 않겠는가?"		걱정한다.

		2	전투를 제안하고 대패한 채 돌아온 김류가
김류	"전하, 죽은 군사들의 일은 소신에게 맡기시고 성심을 편히 하소서."		태평한 위로만 늘어놓자 인조는 비통하고 언짢은 마음을 숨기지 않는다.
인조	"성심을 편히 하라? 군사 삼백이 모두 죽었다. 누군가는 책임을 져야 하지 않겠느냐?"		

		3	김류는 자신의 과오를 인정하는 척하면서도
김류	"소신에게 패전의 책임을 물으신다면은 죽음으로써 달게 받겠사옵니다. 허나 소신의 책임이 죽음을 면키 어렵다면 죽어가는 우리 군사들을 구하러 가길 거부한 자와 제때 군사를 물리지 못한 자의 책임 또한 죽음으로써 물어야 마땅할 것입니다."		패전의 모든 책임을 상관의 명을 따르지 않은 이시백에게 전가한다. 김류에게 전투 상황을 처음으로 전달받은 인조는 화를 누른 목소리로 그날의 정황을 취조하듯 묻는다. 억울한 이시백은 명령을 따르는 것과 상관없이 전세가
인조	"그자들이 누구냐?"		이미 돌이킬 수 없이 기운 상황이었다고
김류	"수어사 이시백과 그가 거느린 초관이옵니다. 수어사 이시백에게 구원할 군사를 보내라 명하였으나 따르지 않았사옵니다."		반박한다. 인조는 더욱 무거운 목소리로 재차 사실관계를 묻는다. 김류는 비장의 증언까지 구해가며 참패의 연유를 이시백의 불복종으로 몰아간다.
인조	"사실이냐?"		
이시백	"이미 때가 늦었다고 판단했사옵니다."		
김류	"죽어가는 우리 군사들을 구하는 것에 때가 있겠사옵니까. 또한 형세의 불리함을 살피고 퇴각하라는 신호를 보냈음에도 초관이 군사를 제때 물리지 못하여 일이 이 지경에 이르렀습니다. 수어사와 초관을 참수하여 군의 기강을 다시 세우시고 다시는 이런 일이 없도록 하시옵소서."		
인조	"그 말이 사실이냐?"		
김류	"소신과 함께 있던 비장이 모두 지켜보았사옵니다."		
비장	"예, 영상 대감의 말씀이 틀림없는 사실이옵니다."		

최명길 "전하, 아뢰옵기 송구하오나 신이 아는 수어사
　　　　이시백은 절대로 그런 사람이 아니옵니다."

김류　"이판은 어릴 적 수어사와 동문수학한 사이라고
　　　　들었소. 전하, 이판은 지금 사사로운 정으로 정사를
　　　　흐리고 있사옵니다."

김상헌 "수어사는 이미 여러 차례 싸움에 나아가 공을 세운
　　　　장수이옵니다. 지금 그를 참하시면 성첩을 지키는
　　　　군사들이 크게 동요할 것이옵니다."

김류　"전하, 군율의 지엄함을 보이셔야 하옵니다."

인조　"싸움에서 군사를 모두 잃은 장수는 어떤 변명으로도
　　　　그 책임을 피할 수 없다. 수어사 이시백을 중곤장
　　　　서른 대로 벌하고, 초관 이두갑은 참수하라."

이시백 "전하, 초관 이두갑은 명령을 따랐을 뿐입니다. 그를
　　　　살리시고 신의 목을 베어주소서."

인조　"또한 영의정 김류는 그 책임을 물어 체찰사의 직을
　　　　삭탈한다. 지금부터 군을 관장하는 체찰사의 직은
　　　　예조판서 김상헌이 수행토록 하라."

김상헌 "전하."

인조　"어명이다. 더 이상 이 일은 재론하지 말라."

4　상황을 묵묵히 지켜보던 최명길이 조심스럽게
이시백을 두둔하자 김류는 그저 친분에 의한
편들기라고 일갈한다. 하지만 김상헌 역시
이시백이 장수로서 이룩한 공적을 언급하며
그를 처벌했을 때 일어날 군사들의 동요를
예견하며 임금의 이해를 구한다. 기세가
살짝 밀린다는 느낌을 받은 김류는 더욱 강한
어조로 임금에게 엄정한 처벌을 내릴 것을
간청한다. 모든 정황을 묵묵히 지켜본 뒤 내린
인조의 어명은 확고하고 구체적이다. 군사를
죽음으로 내몬 장수들에게 내리는 벌은
이시백에게도 김류에게도 공평하게 적용된다.

BEATS

인조의 대사는 모두 의문문으로 끝난다. 마지막 비트에 내리는 어명을 제외하고는 "… 물어주어야 하지 않겠는가?" (비트 1), "… 책임을 져야 하지 않느냐?"(비트 2), "그자들이 누구냐?", "그 말이 사실이냐?"(비트 3) 하고 계속 묻기만 한다. 다른 장면에서도 상황은 크게 다르지 않다. 흔히 김상헌 역의 김윤석과 최명길 역의 이병헌이 펼치는 설전舌戰으로 평가하는 영화 〈남한산성〉에서 박해일이 연기하는 인조는 대부분 "예판은 어찌 생각하는가?", "병판의 생각은 어떠한가?" 하며 그들에게 발언 기회를 공평히 배분하는 역할을 한다. 임금은 모두의 말을 듣는다. 그리고 거듭 묻는다. 결코 대답하지 않는다. 감히 질문하는 신하에게는 "내가 그런 것까지 너에게 일러주랴?" 하며 또 묻는다.

이 많은 의문문 중에 "누군가는 책임을 져야 하지 않겠느냐?"(비트 2) 하고 물을 때 박해일은 말끝을 "냐-아?"라며 살짝 꺾이듯 풀리는 발음으로 내뱉는다. 찰나에 보이는 이 변주는 무척 흥미롭다. 말하는 입이 발달한 다른 캐릭터들과 달리 모든 이의 이야기를 들어야 하는 인조는 듣는 귀가 남다를 수밖에 없다. 어질고 의롭고 현명한 임금은 아닐지라도 그 귀로 충신과 간신을 올바로 구별해낸다. 죽은 병사들에 대한 어떠한 측은지심도 없이 임금의 "성심"을 운운하는 김류가 충신이 아니라는 사실 또한 말이다. "성심을 편히 하라? 군사 삼백이 모두 죽었다"라고 말하며 애도하듯 아래를 보던 박해일의 눈동자는 다음 대사를 말할 때는 정확하게 김류에게로 향한다. 책임을 져야 하는 "누군가"가 누구인지 명백해진다. 특히 말끝의 독특한 뉘앙스를 통해 진범을 재차 저격한다.

누가 죄인인가? 인조는 북문 전투의 책임을 구체적인 형벌을 통해 모두에게 나누어 지게 한다. 하지만 패전의 최종 책임을 지는 자는, 타국의 왕 앞에서 머리를 조아리며 삼궤구고두례를 바쳐야 하는 사람은, 누구도 아닌 임금이다. 인조는 백성들에게 존경받고 사랑받는 성군도 아니고, 카타르시스를 살릴 수 있는 폭군도 아니다. 〈최종병기 활〉에서 박해일이 연기한 남이는 "나라도 백성도 버린 그 임금은 이미 큰 죄인"이라고 인조를 평한다. 그리고 6년 후 업보처럼 그 "죄인"을 연기하게 되었다. 우유부단한 결정으로 백성들을 고난과 죽음으로 내몬 굴욕적인 왕을 연기한다는 건 배우로서 그리 달가운 제안은 아니었을 것이다. 하지만 이 역할을 거듭 거절했다는 박해일을 삼고초려 끝에 설득한 황동혁 감독의 선택은 탁월했다. 일견 좌와 우의 치열한 싸움처럼 보이는 역사를 모두가 충신이고 모두가 최선을 다했지만, 결국은 굴욕과 치욕으로 마무리된 역설로 그려낸 〈남한산성〉은 거의 강박에 가까운 균형으로 설계된 영화다. 최명길과 김상헌이 등장하는 신의 수와 대사 길이, 극 중 무게감까지 한 치의 오차도 없이 공평히 배분되어 있다. 그리고 그 가운데 인조가 추상같이 앉아 있다. 이병헌과 김윤석 사이에 얼핏 다른 배우가 끼어들 틈이 보이지 않는다. 하지만 박해일은 양방향에서 쏟아지는 에너지를 버티거나 나누는 대신 그 둘을 모두 흡수해낸다. 그리고 이 팽팽한 힘의 충돌을 전쟁으로 만들지 않고 균형으로 완성하는 조화를 부린다. 박해일은 애초부터 전의가 없는 플레이어다. 그는 인조의 에너지를 최명길, 김상헌과 33.33%씩 나눌 의지가 없다. 오히려 이병헌과 김윤석이 온전히 50과 50을 쓸 수 있도록 철저히 0이 되는 길을 택한다. 이런 박해일의 방식은 연기의 본질을 새삼 깨닫게 한다. 본디 연기란 승패를 나누는 대결이 아님을, 배우 각자의 독립적 비트들을 조화롭게 쌓아 함께 완성해가는 화음이라는 사실을 말이다.

ANALYSIS

FACE & BODY

박
해
일
의

몸
은

꼿
꼿
하
다

"긴장하지 않으면서 그렇게 똑바른 사람은 드물다"라는 〈헤어질 결심〉의 서래에 대한
묘사는 "같은 종족"인 해준에게도 동일하게 적용된다. 그의 곧은 품새는 일본 장교 제복으로
위장한 독립투사의 옆모습에서도, 성웅 이순신의 태산 같은 뒷모습에서도 변함없이
단단하게 유지된다. 〈은교〉의 노시인은 까까머리 청년이 되어 벅찬 가슴으로 숲을 내달린다.
〈소년, 천국에 가다〉의 소년은 하루를 1년처럼 늙어간다. 그의 몸에는 소년과 청년 그리고
노인의 시간이 비선형으로 흐르고 있다. "잘생겼잖아요." 경주의 관광 안내소 직원의 눈에도,
군산의 칼국숫집 주인의 눈에도, 경성의 모던 보이가 스스로 평하기에도, 박해일은 잘생긴
남자다. 그러나 이 배우의 생김새에 대해 구체적으로 물으면 약간 난감해진다. 누구와
닮았느냐고 물어도 딱히 떠오르는 사람이 없다. 〈살인의 추억〉의 형사는 그의 눈을 뚫어져라
쳐다보며 "씨발… 모르겠다"하고 읊조린다. 〈군산: 거위를 노래하다〉의 치과의사는 "선과
악이 같이 있네"라고 진단한다. 모호模糊를 붓으로 묶어 그린 것 같은 이목구비는 순한 듯
날카롭고 분명한 듯 흐리다. 그 얼굴 위에서 쫓기는 자와 쫓는 자가 각자의 목적을 이루려
맹렬히 내달리는 중이다. 박해일의 몸과 얼굴. 나는 그것이 '박해일 씨'에 대해 많은 것을
말해준다고 생각한다.

부처의 눈, 구도자의 몸

"이 사람의 눈이 나한테 지금 얘기를 하는구나."

전영욱

현장 스틸 작가

영화 〈남한산성〉

영화 〈나랏말싸미〉

영화 〈헤어질 결심〉

도서 『헤어질 결심 포토북』

'스튜디오 사진, 숯'의 전영욱은 〈순수의 시대〉를 시작으로 〈사도〉 〈아수라〉 〈불한당: 나쁜 놈들의 세상〉 등 치열한 영화 현장을 포착해온 포토그래퍼다. 곤룡포에 익선관을 쓴 〈남한산성〉의 피로한 왕, 삭발에 승복을 입은 〈나랏말싸미〉의 꼿꼿한 승려, 단정한 슈트로 무장한 〈헤어질 결심〉의 품위 있는 현대인까지, 전영욱의 카메라에 담긴 박해일의 얼굴과 몸은 온전히 이 배우의 눈을 중심축으로 따라간 기록이다.

"저는 유독 눈에 집착하는 포토그래퍼고, 박해일은 특히 눈이 욕심나는 배우예요. 가만히 있을 때는 더없이 선한 인상이지만 눈에 어느 정도 힘을 주는가에 따라 한순간에 매섭고 강한 얼굴로 바뀌죠. 그래서 이 배우를 카메라 앵글에 잡을 때는 동작이나 행동의 변화보다 눈의 변화를 기다리며 계속 좇게 돼요. 특히 에너지를 집중적으로 쏟을 때 불현듯 눈의 흰자가 더 많이 보이는 순간이 있거든요. 〈헤어질 결심〉 속 옥상에서 대치하던 홍산오(박정민)가 가위로 자기 목을 겨누고 있을 때 해준(박해일)이 두 눈을 부릅뜨고 바라보는데, 그 눈이 아주 강렬하고 무서워요. 〈남한산성〉에서도 〈나랏말싸미〉 때도 그렇게 한순간에 뒤집어지는 눈을 몇 번 목격한 기억이 나요. 하지만 이내 고요해진 그 눈은 마치 부처의 그것처럼 보이기도 해요. 특히 길게 빠진 눈꼬리나 눈 아래 라인이 독특한데, 가만 보면 불화나 탱화에 그려진 부처의 눈매와 겹쳐지는 부분이 있죠. 박해일의 오른쪽 귀가 어떤 모양인지 아시죠? 처음엔 귀를 뚫었던 흔적인가? 아니면 귀를 다친 적이 있나? 이런 생각을 하면서 사진을 몇 번이나 확대해서 보았어요. 그러다 귓불이 주름처럼 살짝 접힌 모양이라는 걸 발견하게 되었고, 이걸 아는 사람은 몇 없겠구나 하며 비밀처럼 간직했어요. (웃음)

현장에서 박해일 선배님을 보면 주차장에서 촬영장이 아무리 멀어도 그냥
산책하듯 슬슬 걸어 다니고, 촬영 세팅이 오래 걸려도 의자에 앉아 묵묵히
기다리세요. 시끄럽게 떠들거나 목소리를 높여 화 내는 걸 본 적도 없죠. 이 배우의
남다른 기운이 가장 크게 다가온 건 〈나랏말싸미〉 때였어요. 마치 템플스테이를
하듯 현장에서 기거하고, 틈만 나면 백팔배를 하고, 인사할 때도 합장하는 모습이
되게 인상 깊었죠. 절할 때 몸이 그렇게 90도로 꺾이는 자세가 나오는 사람은
드물어요. 몸짓, 말투, 사소한 행동까지 딱 승려 같았어요. 그렇게 조용하고
고요한데도 아무리 기운이 센 배우 옆에서도 밀리지 않는, 누구도 함부로 방해할
수 없는 강한 아우라가 온몸에서 뿜어 나와요.

박해일 배우의 손에 대한 잊지 못할 기억도 있죠. 〈헤어질 결심〉 때 콘티에도
없는 컷을 찍고 싶다고 감독님과 PD님께 간곡히 요청한 적이 있어요. 경찰서로
가는 차 안에서 서로 수갑으로 연결된 서래와 해준의 손을 따로 찍고 싶었거든요.
불면증을 앓는 해준이 마침내 서래를 만나 잠이 들고, 서래는 해준을 다시 만나
반갑고 미안한 마음을 담아 손끝이 아주 살짝만 닿는 모습을 꼭 담고 싶었어요.
그날이 〈헤어질 결심〉의 마지막 촬영 날이었는데, 두 배우 모두 고맙게도 제
의도를 잘 이해하고 흔쾌히 찍어주셨죠. 이후 그 사진이 홍보에 쓰여 내심 얼마나
기뻤는지 몰라요.

〈헤어질 결심〉에서 해준이 서래를 찾아 바다로 뛰어 들어가는 장면은 추운 겨울인
데다 눈도 오고 해가 지는 밀물 시간이라 숏을 여러 번 갈 상황이 아니었어요.
게다가 앵글이 꽤 넓은 편이어서 촬영 카메라에 걸리지 않는 선에서 최대한 배우
가까이에서 찍을 만한 위치를 찾았죠. 조금만 움직이면 카메라 앵글에 노출될
만한 곳에 아슬아슬 서 있었던 기억이 나요. 그렇게 숨죽이며 한 컷 한 컷 찍으면서
내심 바라고 있었어요. 해준의 몸이 파도에 흠뻑 젖었으면 좋겠다고. 그 순간
거짓말처럼 해일 선배님의 몸이 파도에 휩쓸려 무릎이 꺾이면서 넘어졌어요.
그토록 꼿꼿하던 남자의 몸이 완전히 무너져 물거품이 돼버리는 찰나를 포착했을
때의 짜릿함이라니! 박해일은 한 신을 설명하는 가장 완벽한 한 장의 컷을, 그런
결정적인 한순간을 반드시 만들어주는 배우예요."

캐릭터에 기꺼이 내어준 몸

정주연
_____
스타일리스트
_____
2003~
_____

스타일리스트 정주연은 작품마다 변하는
배우 박해일의 미묘한 몸의 차이를 가장
빨리 알아채는 동료다. 지난 20년간
이 배우가 가진 남다른 고집과 고민을
품고 읽어내며 매번 난제처럼 던져지는
박해일의 몸을 자신만의 해법으로
풀어내고 있다. 정주연이 박해일에게
입히는 것은 외부를 치장하는 화려한
날개가 아니라 한 배우의 내면을 지켜내는
든든한 갑옷이다.

©코스모폴리탄, 이재철

"처음 해일이를 만난 게 황인뢰 감독의 〈한뼘 드라마〉 '어느 새의 초상화를 그리려면' 때였어요. 공원 벤치에 계속 앉아 있는 캐릭터였는데, 마치 의상을 입은 것처럼 세팅해서 회사 대표님 방 소파에 옷만 앉혀달라고 하더군요. 그 느낌을 떨어져서 보고 싶다고. 그렇게 해일이는 처음부터 패션으로 다가가는 것이 아니라, 당시에 자기가 연기하는 캐릭터에 맞는 옷을 요구하는 배우였어요. 피팅의 개념이 다른 배우들과 확연히 달랐죠. 어떤 행사나 자리에 가기 위해 스타일링을 준비할 때도 옷 자체보다는 그곳에 가는 자기의 '취지'가 중요한 사람이에요. 20년을 같이 일해도 그 점은 절대 바뀌지 않아요. 그래서 가끔 스타일링을 거치지 않은 상태로 시사회나 영화제에 간 기사가 뜰 때마다 심장이 덜컹 내려앉을 정도예요. 어떤 날은 하와이안 셔츠를 입고 모자에 안경까지 쓰고 갔더라고요. 자기는 그냥 영화만 보러 간 거래요. (웃음) 정말이지 한시도 방심할 수 없는 친구예요. 그럴 때마다 잔소리를 하는 게 제 역할이 되어버렸죠.

영화 촬영에 들어가면 처음과 중간쯤 전화를 해요. 누나, 나 요즘 이런 영화 찍고 있어, 홍보할 때 옷은 이런 방향이 면 좋겠어, 이런 식으로 단어 한두 개 툭 던지고 끊어요. 〈살인의 추억〉 찍을 때도 전화가 왔어요. "누나, 사전에 바빠서 못 만날 것 같으니까 단어로 줄게. 위성도시의 백수야." 그러면 저는 그때부터 '위성도시', '백수' 같은 단어를 파고들어야 하는 거죠. 촬영이 끝나고 홍보활동을 시작할 때까지 대화를 아주 많이 해야 해요. 작품 관련 인터뷰 때도 마냥 멋진 옷을 고르는 것이 아니라 영화 속 감성의 포인트를 살리는 게 중요한 배우예요. 패션에 관심이 없는 것처럼 보이지만 옷의 디테일을 보는 눈이 매서워 가끔은 제 숨은 의도를 세심하게 읽어주기도 해요. 〈남한산성〉 홍보 때는 옷 느낌이 산성을 표현한 것 같다고 좋아해주기도 하고, 가끔은 제 무의식 속의 의도까지 알아채는 경우도 있어요. 〈한산: 용의 출현〉 홍보 때만 해도 네이비 슈트에 기하학적 패턴의 셔츠를 골랐는데, "이건 갑옷을 표현한 거야?" 하고 묻더라고요. 그래서 해일이의 스타일링은 어렵기도 하고 또 그만큼 재밌어요.

ⓒ코스모폴리탄·이재철

긴 시간 영화 촬영 현장에서 함께 있는 매니저들과 달리 저는 홍보할 때 두세 달 집중적으로 만난단 말이에요. 그때마다 이전 작품 때와 완전히 다른 사람이 되어 있다는 걸 피부로 느끼죠. 단지 살이 찌거나 몸무게가 줄어드는 것이 아니라 역할마다 몸의 부분 부분 형태가 미묘하게 변해요. 〈은교〉 찍고 만났을 때가 제일 충격적이었어요. 딱 노인네 같은 몸이 되었더라고요. 걸음도 완전히 팔자걸음에 뒷짐 지고 다니고, 몸도 할아버지 같달까. 직전 작품이던 〈심장이 뛴다〉 때만 해도 상의 95에 하의 허리둘레 30을 입던 사람이, 〈은교〉가 끝났을 땐 상의 105에 허리둘레 34 사이즈가 된 거예요. 근육을 키운 몸은 아니지만 호리호리하고 평생 뱃살이라고 없던 배우인데, 그 영화 한 편 찍으면서 배가 나오고 엉덩이가 퍼진 걸 보니 실로 충격적이었어요. 그러니 매번 작품 끝나면 바뀐 몸 상태에 맞춰가며 스타일링해야 하는 고충이 얼마나 크겠어요. 하지만 매번 인정할 수밖에 없어요. 넌 천생 배우다. 딴 거 못 하겠다. 아니, 배우라니, 얼마나 다행이에요. (웃음)"

내 손으로 빚은 것 중에
이만큼 아름다운 것이 있었나

©톱클래 최지훈

송종희 / 분장 감독

영화 〈인어공주〉 김진국

영화 〈괴물〉 박남일

영화 〈모던보이〉 이해명

영화 〈은교〉 이적요

영화 〈나의 독재자〉 김태식

영화 〈헤어질 결심〉 장해준

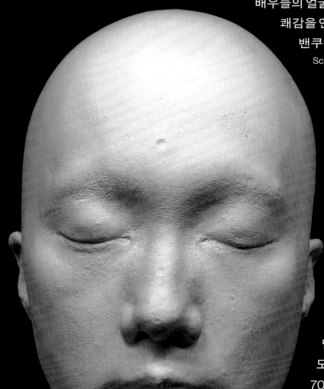

한국 영화의 중요한 순간에는 늘 송종희의 손길이 깃들어 있다. 〈공동경비구역 JSA〉부터 〈헤어질 결심〉까지의 박찬욱, 〈해피엔드〉〈모던보이〉〈은교〉의 정지우, 〈괴물〉의 봉준호, 〈밀양〉의 이창동, 〈만추〉의 김태용 등, 송종희 분장 감독은 한국 영화 르네상스를 구축한 가장 핵심적인 일꾼이자 최민식, 송강호, 전도연, 이병헌, 이영애 등 익숙한 배우들의 얼굴을 낯설게 빚어내며 짜릿한 쾌감을 안겨준 독보적 아티스트다. 밴쿠버필름스쿨Vancouver Film School, VFS에서 유학을 마치고 돌아온 후 〈은교〉와 〈나의 독재자〉를 통해 보여준 결과는 대한민국 특수분장의 가능성을 새롭게 열었다. 〈콘크리트 유토피아〉의 이병헌, 넷플릭스 시리즈 〈마스크걸〉의 염혜란과 안재홍의 분장은 인물 창작의 예술을 새로운 주소지로 옮겨놓았다. 지난 20년간 "솔직히 해일이 와이프보다 더 많이, 더 오래 이 배우의 얼굴을 만졌을 것"이라는 송 감독의 말은 과장이 아니다. 경성의 모던 보이, 섬마을 우체부 청년, 70대 노시인, 품위 있는 현대인의 얼굴을 입은 박해일은 송종희 감독의 손을 잡고 한강으로, 재개발 지역으로, 산으로, 바다로 미지의 여행을 떠났다.

〈인어공주〉진국

진국은 누가 봐도 호감 가고 반할 수밖에 없는 남자, 덧씌워진 것 하나 없는 순수한 청년의 이미지에 포커스를 맞췄어요. 연순(전도연)의 입장에서는 보자마자 마음 떨리는 대상이고, 특별한 리액션도 없는데 볼 때마다 심장이 부풀어 오르게 만드는, 이 세상에서 가장 멋진 남자잖아요. 그렇다면 직업적인 리얼리티보다는 이 인물이 가진 외형을 일단 매력적으로 만들어야 한다고 생각했어요. 일단 거기에서부터 관심과 사랑이 싹트는 거니까. 그 대신 시대의 트렌드나 일반적인 조건 등을 다 배제하고 박해일 배우가 원래 가진 고운 선이 자연스럽게 드러날 수 있는 가장 친근감 있고 정직해 보이는 외형으로 만들어나갔죠.

형. 선. 결.

해일이의 얼굴은 참 '잘' 생겼어요. 그냥 핸섬하다는 의미가 아니에요. 하나도 빠지는 구석이 없어요. 얼굴형도 반듯하고, 두상도 예쁘죠. 눈썹의 균형도 잘 맞고 귀, 눈, 코, 입술, 인중까지 전체적으로 이루는 얼굴의 선이 아주 고급스러워요. 심지어 온몸의 털마저 얼마나 반듯한지 몰라요. 결을 만들면 만드는 대로 나와서 분장 때 기본만 탄탄히 잡아주면 되죠. 사실 고집 세고 말을 듣지 않는 머리털이나 눈썹을 가진 배우도 많거든요. 결을 잡는 데만 시간이 엄청 걸리기도 하고. 그런데 해일이의 털들은 배우를 닮아 되게 반듯하고 착해요.

이면 裏面

평상시에는 누구에게나 깍듯하고 말도 쉽게 놓지 못하는 사람이 카메라 안에서 순간 돌변하는 지점이 있어요. 갑자기 능글맞아지기도 하고 거침없이 반말을 하기도 하고. 그러다가 정신이 다시 돌아오면 자연스레 원래 모드로 바뀌죠. 스스로 인지하는지는 모르겠는데 매 작품, 쟤 또 눈이 돌았구나, 싶은 순간을 목격하게 돼요. (웃음) 눈의 느낌이 확 전환되고 몸을 동물적으로 움직이는, 미처 상상하지 못한 해일의 얼굴을 맞닥뜨릴 때는 약간 섬뜩하기까지 해요. 그렇게 배우가 사라지고 캐릭터가 화면 속에서 피어나는 순간이면 모니터가 아니라 직접 현장으로 달려 들어가서 볼 수밖에 없어요. 육안으로 볼 기회를 절대 놓칠 수 없으니까요.

MAKEUP CASE 2.
〈괴물〉의 남일

남일은 조금 더 재밌게 해석하고 싶었어요. 이 친구의 고분고분하지 않은 성격과 세상에 계속 맞부딪히는 상황을 어떻게 분장 콘셉트로 가져오면 좋을까 고민했죠. 일단 헤어스타일이 힘 있게 뻗친 머리였으면 했어요. 밤송이처럼 여기저기 굴러도 끄떡없을 생명력 자체를 표현하고 싶었죠. 해일이의 실제 모발은 모질이 부드러워서 그걸 파워풀하게 만들기 위해서는 머리카락을 하나하나 매직스트레이트기로 펴서 올려 고정해야 했어요. 멜로 영화에서 사랑받았던 선하고 부드러운 이미지를 다 버리고 전투적인 캐릭터의 삐딱함을 보여주고 싶었죠.

심장

〈인어공주〉로 처음 만났을 때부터 아직 젊은 나이인데도 전체 현장 분위기를 챙기고 품는 어른스러운 사람이었어요. 평상시에 애정이나 감정을 뜨겁게 표현하는 친구도 아니고 어떤 면에서는 되게 무심한 사람이거든요. 그러다 어느 날 작은 것으로 사람들을 감동시키는 지점이 있죠. 〈인어공주〉에서 두 주인공이 자전거를 타고 언덕을 내려오는 장면을 금오도에서 촬영했는데, 해일이는 다른 스태프보다 하루 먼저 섬에 들어갔어요. 그냥 혼자 있는 시간이 필요한가 보다 했거든요. 그런데 다음 날 도착해보니 어디서 낚싯배를 빌려 혼자 학꽁치 수백 마리를 잡았더라고요. 아마 하루 종일 잡은 것 같은데… 어쨌든 해일이가 잡은 학꽁치로 전체 스태프 회식을 할 정도였죠. 얼마나 신선하고 맛있었는지 몰라요. 그때 전도연 배우가 몸이 좋지 않아서 회식 자리에 못 왔는데, 해일이가 한 상을 차려서 방에 넣어주기도 했죠. 잊을 수 없는 박해일과 학꽁치의 밤이었어요.

〈모던보이〉의 해명

제 분장의 모토는 특정 시대를 반영하는 것은 기본이지만, 관객에게 이질감을 주면 안 된다는 거예요. 조선 시대든 1930년대든 어떤 시대라도 현재 관객의 눈에도 그 인물이 세련되어 보이길 원하죠. 또 하나는 남녀 상관없이 섹시하게 보였으면 해요. 그것은 곧 캐릭터의 매력과 연관되니까요. 해명은 시대물 속 남성이지만 그의 스타일을 한 번쯤 따라 해보고 싶은 섹시한 남성으로 만들고 싶었어요. 초반에 여러 레퍼런스를 뒤지던 중 그 시대의 시인 백석의 모습을 찾아냈죠. 실제 이 시인의 삶도 그가 쓴 시도 되게 멋있잖아요. 그 점이 해명이라는 캐릭터와 맞아떨어진다고 생각했죠. 여기에 더해 언밸런스한 웨이브 스타일의 헤어까지도요. 당시 사진이 남아 있어 생뚱맞아 보이지 않고 충분히 재현 가능한 레퍼런스로 쓸 수 있었죠. 언밸런스하다는 것은 스타일에 그치는 것이 아니라 캐릭터를 보여주기도 하거든요. 정면 숏과 측면 숏이 아주 다른 느낌을 주죠. 한 여자를 만나 사랑에 빠지면서 성장하는 해명이라는 캐릭터를 다양한 각도로 보여줄 수 있겠다고 생각했어요. 여기에 의상까지 더해지면서 해명은 전무후무한 캐릭터로 완성되었다고 생각해요.

태도

박해일은 제가 아는 가장 품위 있는 배우예요. 품위는 사람들을 대하는 애티튜드에서 나온다고 생각해요. 이 사람의 행동에는 타인을 대하는 배려가 늘 배어 있어요. 그리고 자기 편의를 위해서 감독이나 상대 배우들에게 무언가를 먼저 요구하지 않아요. 모든 걸 참고 인내하는 편이죠. 사실 배우는 모두의 시선이 나에게 집중되기를, 모든 일이 'I'로 시작해 'me'로 끝나기를 바라는 마음이 강한 종족이죠. 해일이 역시 같은 마음을 가졌을 수도 있을 테고요. 그럼에도 매 순간 스스로를 컨트롤하고 타인에 대한 배려를 먼저 선택하는 모습을 보게 돼요. 동료 배우와 감독 사이를 조율하는 중재자 역할도 마다하지 않고요. 어떤 배우는 타인에게 긴장감을 조성하는 것으로 자신의 편안함을 획득하고, 반대로 모든 이를 배려함으로써 자신이 편안해지는 배우가 있거든요. 해일이는 아마 후자가 아닐까 싶어요. 오롯이 나에게만 집중하고 싶고, 맡은 일을 잘해내기 위해서 그 외의 것들에 대해서는 오히려 배려하고 참는 것이 아닐까 하는 생각도 들어요. 사실 제가 지켜본 해일이는 타인에게 영향을 받는 사람이 아니에요. 항상 자신과의 싸움에서 자극받고 도전 의지를 키우는 배우죠. 감독과 적극적으로 소통하지만 결코 이게 맞나요? 하는 식으로 질문하는 걸 본적이 없어요. 이견이 나오면 혼자 생각하는 시간을 갖고, 다시 다른 식으로 보여줄 뿐이죠. 연기에 정답이 있는 게 아니란 걸 명확히 아는, 하지만 그 답을 언제나 스스로 찾아야 하는 배우인 것 같아요.

〈은교〉의 이적요

〈은교〉 때 뜬 석고본이 지금도 제 작업실에 있어요. 처음 해일이의 얼굴이 틀에서 딱 나왔을 때 "아, 너무 아름답다" 하고 감탄했었죠. 다시 봐도 좌우 대칭이 잘 맞고 무척 평온한 얼굴이에요. 본을 뜨는 동안 자신을 둘러싼 암흑 속에서도 인상을 쓰거나 균형이 흐트러지는 법이 없어요. 사실 〈은교〉는 저에게도 박해일 배우에게도 큰 도전이었어요. 특수분장이 배우의 자연스러운 얼굴 움직임을 제한하는 걸 막고, 미묘한 감정의 변화를 고스란히 드러낼 수 있도록 실리콘을 여러 조각으로 나눠 얼굴에 붙여야 했죠. 테스트 촬영을 위한 분장을 10회 정도 진행했는데, 얼굴 전체를 빈틈없이 덮는 풀 마스크였고 12시간이 넘게 걸렸어요. 촬영 때에는 귀나 코처럼 일정 부분은 배우의 실제 피부가 드러나도록 했지만 평균적으로 6시간, 처음엔 8시간이 넘게 소요되는 작업이었어요. 일단 밤 12시에 집합해 분장을 시작하면 새벽 6시가 넘어야 끝났죠. 분장 의자에 앉으면 100명 중 95명 정도는 다 핸드폰 보거나 딴짓을 해요. 충분히 이해되죠. 얼마나 심심하고 갑갑하겠어요.

꼼짝도 못 하고 장시간을 버티다 보면 배우가 제정신일 수가 없거든요. 자는 것도 편하지 않고 깨어 있는 것도 편하지 않고. 하지만 분장 감독인 저로서는 무척 소중한 시간이잖아요. 배우가 너무 잘 자도 얄밉고 안 자도 얄밉죠. (웃음) 게다가 배우가 어수선하게 움직이기라도 하면, 그래 이 정도면 됐다, 빨리 해서 내보내자 싶어질 정도가 돼요. 그런데 해일이는 사람이 어떻게 이렇게 꼿꼿하지 싶을 정도로 명상하듯이 고요하게, 미동도 없이 앉아 있어요. 이 배우가 제 작업을 존중한다는 느낌을 받을 수밖에 없어요. 그렇게 6시간 넘는 분장이 마무리되면 해일이는 촬영이 시작되기 전에 단 10분이라도 혼자만의 시간을 갖고 싶어 했어요. 그 시간 동안은 그냥 조용히 걸어요. 아마도 분장하는 동안 살필 수 없었던 자기 내부를 들여다보는 것 같았어요. 저를 포함해 4명의 분장 팀과 해일이가 도를 닦는 기분으로 촬영에 임했던 것 같아요. 해일이의 눈 감은 얼굴을 부감으로 가장 긴 시간 내려다본 사람이 저라고 확신해요. (웃음) 총 60회 촬영에 분장 팀 4명이 각자 5천 시간 이상을 할애했으니 총 2만 시간 넘게 이 배우의 얼굴을 만진 셈이죠. 저 스스로도 대견했지만 해일이에게 고마운 지점이 많아요. 〈은교〉는 박해일 배우의 절대적인 헌신이 있었기에 가능한 작업이었어요.

MAKEUP CASE 5.

〈헤어질 결심〉의 해준

시간이 흐른 후 다시 만난 배우 박해일의 얼굴은 더욱 드라마틱하게 변해 있었어요. 세월을 자연스럽게 머금은 여러 굴곡도 자리 잡고 있었죠. 그 얼굴이 아주 편안해 보였어요. 하지만 한편으로는 오랜만에 만난 '우리 해일이'에게서 지난 세월을 지우고 싶었어요. 파리가 앉아도 미끄러지게, 반짝반짝 윤이 나게, 마치 새로 태어난 느낌으로 바꿔놓겠다는 욕심도 잠시 들었죠. 얼굴에 뭐라도 좀 맞자는 말도 조심스럽게 했어요. 물론 받아들여지지 않았지만요. 박해일 특유의 부드러운 카리스마로 진정성 있게 반대의 뜻을 어필하니까 받아들일 수밖에 없더라고요.

해준의 상황으로 보자면 결국 더 잘 어울리는 선택이었던 셈이죠. 특히 영화 후반부에는 스타일의 변화는 크지 않지만 얼굴의 변화를 보여주려 했어요. 저 남자의 가슴에 상처와 경험이 더 쌓이면서 삶의 결이 하나둘 더 늘어났을 테니까요. 이야기의 흐름에 따라 피부나 머리도 미세하게 톤과 결을 바꿔나갔어요. 눈에 띄게 단계를 세분화한 건 아니고 스며들듯이 달라지는 모습을 표현하고 싶었죠.

139

자세

해일이는 각 분야 전문가의 말을 최대한 들어주고 우리가 원하는 대로 자신을
마음껏 쓰게 내주는 배우예요. 다른 직업인을 존중하는 마음은 굳이 말로 하지
않아도 이 배우가 보여주는 바른 자세만으로도 알 수 있어요. 특히 분장은 사람과
사람이 직접적으로 교감하는 일이기 때문에 그 기운이 선명히 전달되거든요.
그래서 저 역시 박해일 배우를 대할 때는 같은 마음가짐을 갖게 되는 것 같아요.
항상 우리에게 최상의 애티튜드를 제공하는 그의 자세에 나의 자세를 맞춰주고
싶어지죠. 그를 분장하는 시간을 소중하게 여기고 정성을 다하게 되는 이유예요.
지금까지 누구에게도 얘기한 적 없지만, 해일이를 만나러 가는 날 아침이면
한결같은 마음으로 기도해요. 오늘도 그에게서 발견된 적 없는 새로운 얼굴을 찾을
수 있기를, 그 얼굴로 이 배우가 자신도 모르는 미지의 세계로 나아갈 수 있기를.

보고 싶은 얼굴

아주 오래 봐왔는데도 계속 기대가 돼요. 만약 저에게 또 기회가 주어진다면
캐릭터랑 따로 노는 파격이 아니라 캐릭터 안에서 충분히 도발 가능한 파격을
만들어보고 싶어요. 어디로 튈지 모르는 의외성은 젊은이들만 가진 특권은
아니잖아요. 그런 캐릭터는 중년이 돼도 충분히 소화할 수 있다고 생각해요.
물론 비교적 정제된 얼굴일수록 대중에게 호감을 더 불러일으킨다는 걸 알지만,
저로서는 더 리버럴 하고 동물적인 얼굴이 보고 싶어요. 예를 들어 〈레버넌트〉의
레오나르도 디카프리오 같은 얼굴이 해일이에게서 만들어보고 싶은 얼굴이죠.
마초성이 과도하게 부각되거나 지저분하게 거친 것이 아니라, 이 배우 속에 분명히
들어 있는 진짜 야생성을 드러내보고 싶어요.

VOICE

2004년에 출간한 책 〈우리시대 한국배우〉에서 나는 "박해일은

참

좋

은

목

소

리

를 가졌다"라고 썼다. "그것은 감미로운 유혹의 목소리도, 힘찬 선동의 목소리도 아니다. 나무둥치같이 건장한 목에서 울려 나오는 묵직한 음성. 그것은 누군가를 한없이 믿어버리게 만드는 목소리다. 그가 "사랑해요"라고 말하면 그것은 세상 끝까지 지켜질 굳은 약속처럼 들린다. 그가 "정말이야"라고 말하면 팥으로 메주를 쑨다 해도 의심할 여지가 없다. "편집장님하고 자지 마요. 나도 잘해요"라고 칭얼댈 때조차 정말 잘하나 보다, 믿고 싶어진다." 그로부터 20년이 지나도록 이런 믿음은 변함없이 이어졌다. "10분 후에 옹주님을 꼭 찾을 것입니다"라고 맹세하면 망부석이 되더라도 기다려야 할 것 같다. "제보자의 신원은 백 프로 보장"하겠다는 확신에 찬 대답에 힘든 용기를 내보게 된다. "완전히 붕괴됐어요"라는 꼿꼿한 토로에 마침내 함께 무너지고 만다.

"작품마다 어떤 식의 음성이 어울릴 것 같다는 생각이 아예 없는 건 아니지만, 그렇다고 특정 목소리를 만들려고 일부러 노력하지는 않는다"는 박해일은 "여러 면에서 합리적인 톤이 자연스럽게 내 안으로 들어오는 시점"이 생긴다고 설명한다. "작품마다 나가게 되는 출구가 조금씩 달라진달까? 늘 가는 혜화역 4번 출구가 편하지만 이번엔 1번 출구로도 가보게 되고, 다음엔 서울대병원 방향으로도 나가보는 식"이라는 박해일은 매번 익숙하고 호감도 높은 음성 출구만을 선택하지 않았다. 봉준호 감독의 가이드를 따라 〈괴물〉의 남일을 "기타 줄 1번" 같은 가벼운 피치로 튜닝해나갔고, 〈연애의 목적〉의 유림처럼 결과적으로 "최양락 톤"으로 기억되는 목소리를 남기기도 했다. 복도에서 벌서고 있는 여고생에게 다가가 "신비한 시간이지?"라고 쓱 말을 거는 〈좋지 아니한가〉 속 알쏭달쏭한 목소리, '실버 쌤 원적외선 마사지기'를 자신 있게 권하는 〈나의 독재자〉의 사기꾼 같은 설득도 모두 한 목에서 나왔다. 사람의 향기이자 힘, 직업인의 결심이자 최종 병기 그리고 끝내 관객의 추억으로 간직될 박해일의 목소리. 언제 들어도 그저, 좋지 아니한가.

정교하고 감도 높은 마이크가
지향하는 목소리

임형근

동시녹음 기사

영화 〈나랏말싸미〉

"대장경판의 주인은 임금도, 신하도, 중도 아니고 이 땅의 백성들이다. 굳이 가져가려면 주인의 허락을 받아 오라."
— 영화 〈나랏말싸미〉 중

영화 〈나랏말싸미〉의 신미는 언어의 진짜 주인을 온전히 가리고 섬길 줄 아는 승려다. 더불어 어금닛소리, 혓소리, 입술소리, 잇소리, 목소리를 선명하게 구분하고 산스크리트, 티베트, 파스파 등 만국의 언어를 자유롭게 오간다. 신미를 연기하는 박해일은 타국의 언어를 우리말과 다른 태도로 말하지 않는다. 발화 속도도 톤도 크게 다르지 않다. 임금과 어린 승려를 대할 때의 방식도 마찬가지다. 시종일관 단호하고 안정된 박해일의 목소리는 무엇에도 편견과 흔들림 없는 이 인물을 설명하는 가장 설득력 있는 도구가 된다. 이런 박해일의 목소리를 풍부하게 포획해낸 동시녹음 기사 임형근은 〈박수칠 때 떠나라〉부터 〈소원〉〈자산어보〉 〈올빼미〉까지 귀로 들리는 그 너머의 영역까지 세심하게 마이크를 드리우는 충무로 베테랑이다.

"박해일 배우의 목소리는 중저음에 한없이 부드럽게 느껴지지만 사실 상당히 세요. 힘이 좋다고 해야 할까요. 쉽게 말해 바깥으로 잘 뻗는 발성이고 두성과 흉성의 밸런스도 조화롭죠. 특히 입 부근 소리가 터지는 압이 넓게 그리고 골고루 퍼져 있어요. 하지만 힘이 좋은 목소리라고 다 좋은 건 아니거든요. 어떤 배우는 목소리의 압은 센데 짧은 숨에 후다닥 대사를 쳐버리는 바람에 오디오가 뭉개져 들어오는 경우가 있어요. 아무리 좋은 목소리를 가지고 있어도 배우에게 중요한 건 안정된 호흡이거든요. 호흡이 불안정한 배우 중에 준비한 대사를 한 번에 뱉어야 한다는 마음에 말의 속도가 급해지는 경우도 종종 보이거든요. 상황이나 감정에 따라서 호흡의 편차도 크고요. 반면에 해일 씨는 내뱉는 호흡이 늘 일정하고 굉장히 안정되어 있어요. 쫙 밀고 들어오는 소리가 좋은 동시에 발음도 굉장히 분명해요. 안정적인 호흡을 내뱉으면서도 자기가 가진 숨 안에서 주어진 대사를 충분히 운반할 수 있는 뛰어난 조절 능력까지 겸비한 진짜 좋은 목소리인 거죠.

144

〈나랏말싸미〉에서 박해일 배우에겐 젠하이저 MKH60이라는 모델을 사용했어요. 마이크와 배우 목소리의 합이 매우 중요해 촬영 앞두고 여러 개를 대보며 테스트를 했어요. 개인적으로는 MKH816 같은 모델도 선호하고, 영화 현장에서는 MKH416 시리즈를 주로 쓰거든요. 그런데 해일 씨 목소리는 MKH60과 상당히 잘 맞았고, 소리가 아주 힘 있게 들어오는 게 느껴졌어요. MKH60은 초지향성을 띠는 마이크인데, 각이 좁기 때문에 소리가 들어오는 주변 범위가 넓지 않아요. 상당히 까다롭고 감도 역시 높아 배우마다 적당한 거리를 파악하는 붐 맨의 능력과 정교한 기술이 요구되죠. 솔직히 어떤 배우들은 감정 변화를 표현하는 순간 갑자기 목소리를 높이거나 버럭 고함을 치는, 우리끼리 하는 말로 잔기술을 부리는 경우도 종종 있거든요. 그렇게 소리 크기가 제멋대로 왔다 갔다 하는 분들은 오디오 잡기가 상당히 힘들어요. 특히 붐 맨이 엄청나게 애를 먹죠. 깜짝깜짝 놀라기도 하고. (웃음) 그런데 해일 씨는 이런 잔기술을 쓰는 걸 한 번도 본 적이 없어요. 안정된 톤 안에서도 자신의 감정이 매우 격하다는 것, 그걸 어느 정도 억누르고 있다는 것까지도 충분히 표현해내는 배우죠."

VOICE

필모그래피 옆으로 나란히 난 목소리의 길

2001
영화 〈와이키키 브라더스〉 OST
3. 세상만사 / 5. 불놀이야 /
7. Come Back

"세상만사 모든 일이 뜻대로야 되겠소만" 어두컴컴한 노래방에서 마이크를 잡은 중년 남자의 절규가 교복 입은 소년의 우렁찬 목소리에 덮인다. 해사한 얼굴의 까까머리 고등학생은 갓 태어난 새끼 독수리 같은 부리로 '세상만사'를 열창한다. 나이 든 성우(이얼)가 부르는 앞 구절 가사 "그런대로 한세상 이러구러"에 오버랩되는 '충고 보이스' 리드 보컬의 "… 살아가오!"는 스크린을 통해 들려온 배우 박해일의 첫 음성이었다.

> "세상만사 모든 일이
> 뜻대로야 되겠소만."

2003
영화 〈질투는 나의 힘〉 '꽃잎'

"꽃잎이 피고 또 질 때면 그날이 또다시 생각나 못 견디겠네…" 원상은 술 취한 동료들의 산만한 분위기에 아랑곳하지 않은 채 또박또박 정직한 발음으로 '꽃잎'을 부른다. 가수 김추자의 목소리로 사랑받았던 '꽃잎'은 〈헤어질 결심〉에서 해준의 아내 정안을 연기한 배우 이정현의 데뷔작 〈꽃잎〉의 주제가이기도 하다.

> "꽃잎이 피고 또 질 때면
> 그날이 또다시 생각나
> 못 견디겠네…."

2003
영화 〈국화꽃 향기〉 OST
2. 희재를 처음 본 날
10. DJ 서인하의 마지막 방송

영화 〈국화꽃 향기〉 OST에 담긴 인하의 목소리는 찰나 같은 첫 만남의 순간을 온몸의 감각기관을 동원해 영원으로 그려내려는 한 청년의 간절한 기록이다.

> "처음 본 건 지하철에서였어요.
> 오늘처럼 바들바들 떨면서도
> 할 말 다하구. 저 선배 뒤에 있었어요.
> 그리구 지하철, 자판기 앞에서
> 동전 주울 때. 바람이 불었고, 선배
> 머리칼이 날리면서 국화꽃 향기를
> 맡았어요. 이런 향기도 나는구나…."

GRAPHY

노래, 독백, 낭독, 내레이션, 목소리 연기, 오디오 가이드까지
박해일의 음성을 따라가는 보이스그래피.

2004
영화 〈인어공주〉 '사랑의 DJ'

우체부 진국이 낡은 자전거와 튼튼한 두 다리로
사랑의 편지를 전달했다면, 배우 박해일은 친밀한
마이크와 신뢰 가는 목소리로 사랑의 사연을 전달했다.
〈인어공주〉 개봉 당시 진행한 '박해일이 전하는 세상의
모든 사랑 이야기' 이벤트는 영화 속 진국과 연순처럼
아름다운 부모님의 사랑 이야기를 공모했다. 홈페이지를
통해 도착한 1천여 건의 편지 중 선택된 러브 스토리는
5시간 넘는 녹음을 거쳐 청취자들에게 안전하게
배송되었다.

> "편지요! 여기 이름 좀 써주세요.
> 조, 연순 씨죠?"

2004
시 '어느 새의 초상화를 그리려면'

보조출연을 제외한 박해일의 단일한 TV 드라마
출연작은 MBC 〈한뼘 드라마〉의 마지막 화, '어느 새의
초상화를 그리려면'이다. 황인뢰 감독이 연출한 이
단막극은 한낮의 공원에서 만난 가수 전인권과 청년
박해일의 기묘한 조합만으로도 시종일관 흥미롭다.
드라마의 중심축이 된 자크 프레베르의 시는 박해일의
음성으로 낭독되어 음반 〈초콜릿 우체국... For You〉에
수록되었다.

> "우선 문이 열린 새장을 하나
> 그리세요. 그다음 뭔가 예쁜 것을,
> 무언가 단순한 것을, 뭔가 쓸 만한
> 것을 그리세요. 새를 위해."

2006
〈KBS 다큐멘터리〉 '스페셜-ID : 희망승일'

2002년부터 루게릭병으로 투병 중인 농구 선수
박승일이 안구마우스로 1분에 다섯 글자씩 써나간
희망의 메시지는 박해일의 내레이션을 통해 또렷이
시청자들에게 타전되었다.

> "오늘부터 난 여기에 매일같이
> 써나갈 것이다. 만약 내가 쓰지
> 못하는 날이 생기더라도 그것은
> 포기의 뜻이 아닌 잠시 몸이
> 불편해진 것이라 생각하면 된다."

2010
영화 〈맛있는 인생〉 '봉 감독'

전화 통화로만 등장하는 봉 감독은 무료한 일상을
깨우는 친구의 이야기에 호기심이 잔뜩 묻어나는 흥분된
목소리로 출생의 비밀을 캐묻는다.

> "오 마이 갓! 야, 이거 완전
> 영화네 영화. 그러니까 그 여자가
> 니 딸을 몰래 낳았고 그 딸이 거기
> 살고 있단 거야? 아버지가 나타나길
> 기다리면서?"

147

ANALYSIS

2014
영화 〈산타바바라〉 '교통 방송 기자'

폭우로 꽉 막힌 도로 위 라디오에서 들려오는 교통정보. 마지막에 내뱉는 이름이 아니었다면 쉽게 알아채지 못했을지도 모른다. 차 유리창 앞으로 힘차게 비상하는 닭 떼만큼이나 예상치 못한 곳에서 날아오른 박해일의 목소리.

> "… 56번 국도 동홍천 IC 부근에 빗길에 미끄러진 닭 운반 차량이 전복되어 닭 수백 마리가 도로 위로 쏟아져 나왔습니다. … MBS 뉴스, 박해일입니다."

2012
영화 〈내가 고백을 하면〉 '영화평론가'

라디오에 출연해 신랄한 인신공격성 리뷰와 함께 별 반 개를 안겨주는 영화평론가. 어느 감독의 불안한 심장을 향해 정확한 주파수로 전달된 박해일의 목소리는 날카롭고도 쓰다.

> "… 제작자 출신의 감독이 자신의 이야기를 가지고 손쉽게 만든 영화라고 볼 수 있습니다…. 자기 반영, 이거 아무나 하는 거 아닙니다. 이 영화는 그냥 먹고 마시고 놀다가 끝나는 영화예요."

2014
SeMA 비엔날레 〈미디어시티서울〉 2014: 귀신 간첩 할머니 오디오 가이드

박찬경이 예술감독으로 참여한 전시에서 박해일의 목소리는 미로 같은 전시를 안내하는 미더운 길잡이가 된다.

> "'적운'. 요네다 토모코 작품입니다. 2011년 3월 11일, 일본 역사상 가장 큰 자연재해로 기록된 지진이 일어나고, 이어서 후쿠시마 원자력 발전소에 폭발이 일어났습니다. … 작가는 이러한 비극을 통해 지역 공동체와 국가를 다시 바라보게 되었다고 합니다. 긴급 상황 속에서 보이지 않는 권위에 대한 복종의 의문을 갖게 된 거죠. …"

2015
〈SBS 스페셜〉 '해녀삼춘과 아마짱' 내레이션

〈SBS 스페셜〉 '해녀삼춘과 아마짱'에서 박해일은 깊은 바다 포말 하나하나에 숨겨놓은 해녀들의 이야기를 들려준다. 〈인어공주〉를 찍으며 한 계절을 우도에 머물렀던 박해일은 시간 날 때마다 해녀들의 물질을 지켜보았다. "마치 숨비 소리처럼 오래도록 남아 있던" 해녀들에 대한 잔상이 그를 마이크 앞으로 이끌었다.

> "할머니가 바다에서 돌아오지 못했습니다…. 삶과 죽음이 하나인 해녀들의 바다…. "

2017
〈KBS 다큐멘터리〉 '유일한, 독립을 말하다' 내레이션

유한양행의 창립자이자 조국의 독립을 위해 숨어서 활동한 유일한 박사의 삶은 독립운동가이자 조선의 마지막 옹주 덕혜의 고된 삶을 전하기 위해 숨은 노력을 이어간 〈덕혜옹주〉 속 김장한의 모습과 겹쳐진다.

> "그에게 나라는 그리고 독립은, 되찾아야 했고 지키고 싶었던 첫사랑, 목숨을 걸 만큼 뜨거운 사랑이었다."

2016
세종문화회관 〈꿈을 그린 화가, 호안 미로 특별전' 오디오 가이드〉

스페인을 대표하는 초현실주의 작가 호안 미로의 작품들은 박해일의 음성을 통해 현실의 관람객과 손을 잡았다. 개런티는 전액 발달장애 아이들을 위한 학교 설립에 기부되었다.

> "호안 미로의 작품에서 만나볼 수 있는 여인은 성별이 여성인 한 사람을 상징한다기보다 온 우주와 인류의 기원으로서 원시적인 여인을 표상한다."

VOICE

2012
광고 LG전자 '옵티머스 G' 시리즈

설레고, 실수하지만 또다시 호기심이 이끄는 도전을 반복하는 우리의 모습 위로 박해일이 말한다. 내가 곧 당신이라고. 핸드폰이 충실한 비서를 넘어 정체성까지 대리하는 시대. 모바일 디바이스는 가장 인간적인 목소리로 박해일을 선택했다.

> "나는 소년입니다. 늘 새로운 것에 설레고 더 많은 것을 경험하고 싶어 하는, 나는 당신입니다." "나의 호기심은 당신의 호기심입니다… 나를 보면 당신이 보입니다. 나는 당신입니다."

2012
〈팟캐스트 박해일의 책 읽어주는 남자〉

영화 〈은교〉를 알리기 위해 녹음된 팟캐스트 〈박해일의 책 읽어주는 남자〉는 총 5회로 구성된 오디오 북이다. 소설 〈은교〉에서 발췌한 주요 문장을 박해일이 직접 낭독하고 영화의 대사로 마무리 짓는 형식으로 구성되어 있다. 일흔 노인이 아니라 젊은 배우의 목소리로 듣는 이적요의 문장들은 주름도 검버섯도 찾아볼 수 없는 어느 시인의 영혼이다.

> "갸름한 목선을 타고 흘러내린 정맥이 푸르스름했다. 햇빛이 어찌나 맑은지 잘 보면 소녀의 내장까지 들여다볼 수 있을 것 같은 느낌이었다."

2012
영화 〈인류멸망보고서〉 '천상의 피조물'의 로봇 '인명'

옴니버스 영화 〈인류멸망보고서〉 중 김지운 감독이 연출을 맡은 '천상의 피조물' 편에서 박해일은 로봇 인명의 목소리를 연기했다. 모델명 'RU400745479ESQ', 애초에 천상사라는 절을 안내하는 해설자로 제작된 로봇은 깨달음을 얻으면서 승려들에게 설법을 전하는 경지에 이르게 된다. 당시 〈은교〉 촬영 때문에 유지해야 했던 파르라니 깎은 머리에 가부좌까지 틀고 녹음실에 앉은 박해일은 로봇 인명의 검은 눈동자에 구도자의 영혼을 불어넣었다.

> "이제 모두 거두십시오."

2018
영화 〈군산: 거위를 노래하다〉 노래 '님 떠난 군산항' 윤동주의 시 '소년少年'

영화 〈군산: 거위를 노래하다〉의 윤영은 유일하게 아는 노래인 '님 떠난 군산항'을 반주도 없이 부르게 되고 이 노래를 따라 즉흥적인 군산행 버스에 오르게 된다. "…가만히 하늘을 들여다보려면 눈썹에 파란 물감이 든다. 두 손으로 따뜻한 볼을 씻어보면 손바닥에도 파란 물감이 묻어난다." 사실 윤동주 같은 시인이 되고 싶었던 윤영의 꿈은 특별 제작한 홍보 영상에서 윤동주의 시 '소년'을 낭독하는 박해일의 푸른 목소리를 통해 실현된다.

> "정든 님 떠나가신 군산 항구에 끝도 없는 뱃길 따라 노을만 진다."

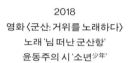

2022
광화문광장 오디오 가이드 '이순신에게 듣다. 나의 생애는'

신한은행이 서울시와 함께 광화문광장을 방문하는 시민들을 위해 제작한 오디오 가이드는 〈한산: 용의 출현〉에서 이순신의 삶을 담아냈던 박해일의 목소리 재능 기부로 완성되었다.

> "안녕하세요. 본관은 덕수, 자는 여해인 이순신입니다. 400년을 훌쩍 뛰어넘어 오늘 이렇게 시민들의 공간이 된 광화문광장을 보니, 감회가 새롭습니다. 음… 광장을 뛰어다니는 소년 소녀들을 보니 내 어릴 적 생각이 나는군요."

2024
다큐멘터리 영화 〈판문점〉 내레이션

정전 70년을 맞아 〈뉴스타파〉가 제작한 다큐멘터리 영화 〈판문점〉에서 박해일의 목소리는 판문점의 탄생과 그 후 베일에 둘러싸인 이 마을의 이야기를 들려준다.

> "판문점에 임시 건물을 세우고 협상을 시작한 지 70년. 잠깐일 거라 생각했던 분단 역시 70년 넘게 이어졌습니다. 긴 세월, 왜 우리는 영구적인 평화에 이르지 못했을까. 그 답을 이곳 판문점에서 찾아볼까 합니다."

박해일의 목소리

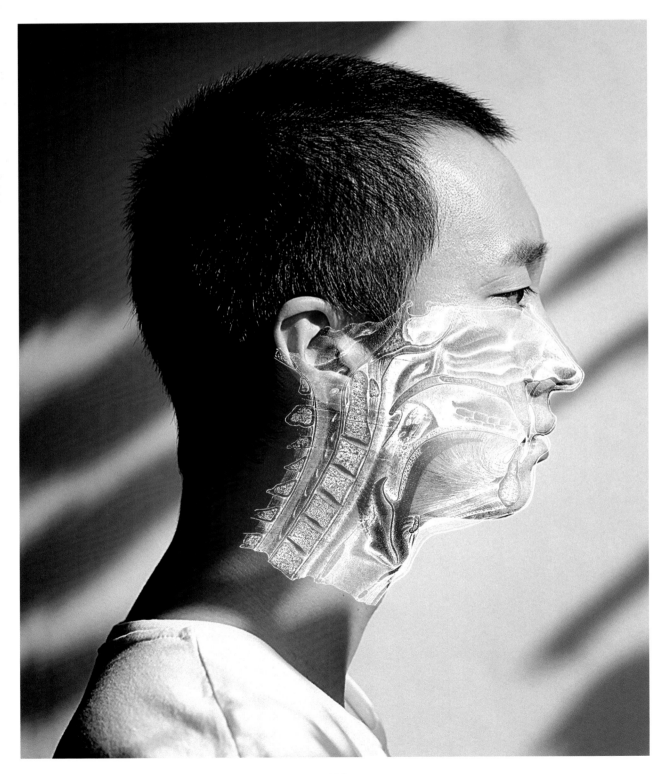

실험 제안	백은하 배우연구소
실험 총괄 및 분석	김형태 / 예송이비인후과·예송 음성센터 대표원장
검사 진행	강선정, 조인수, 이다비 / 예송이비인후과·예송 음성센터 음성언어 치료사
자문 및 협조	이경선 / 홍익대학교 공연예술학부 대학원 뮤지컬전공 전임교수

박해일은 어떤 목소리를 가지고 있을까? 그의 음성을 수식하는 '안정적이고 믿음직한', '부드럽고 다정한' 등의 수식 어구는 어떻게 실체로 증명될 수 있을까? 백은하 배우연구소는 배우 박해일의 음성에 구체적으로 접근하기 위해 예송이비인후과·예송 음성센터와 협력해 실험을 진행했다. 질환 여부 파악이 목적이 아니기 때문에 이 배우의 음성 상태가 의학적인 '정상값'에 근접한지를 진단하는 것은 무의미했다. 그 대신 박해일의 음성 특징과 발성 방식을 다수의 대조군과 비교해 지표별로 분석하는 실험을 설계했다. 대조군의 조건은 40대 남성인 박해일과 동일한 연령대와 성별로 설정했다. 모집 시 직업을 특정하지는 않았지만 8명 중 5명은 배우나 교사, 강사 등 직업적으로 목소리를 많이 쓰는 사람들이었다.

피험자	이름	나이 / 성별	직업	실험일
실험군	박해일	46 / 남	배우	2023년 12월 1일
대조군	A	43 / 남	기타	2023년 12월 26일
	B	39 / 남	기타	
	C	39 / 남	배우 / 교사	
	D	49 / 남	강사	
	E	40 / 남	배우	
	F	43 / 남	강사	
	G	43 / 남	배우 / 강사	
	H	44 / 남	기타	

실험에 앞서

목소리란?

조음기	입술, 혀, 입안 공간 등
공명기	인두, 비강, 구강
진동기	성대
호흡기	폐

발성의 방향 ↑

목소리는 호흡기, 진동기, 공명기, 조음기, 이 네 가지 기관을 거쳐 만들어진다. 폐에서 만들어진 공기가 성대를 진동해 주파수를 생성하고, 입안의 공명을 거쳐 음색을, 입술과 혀를 통해 발음을 입은 채 외부로 나오는 것이 목소리다. 즉 호흡, 진동, 공명, 조음의 각 단계가 잘 진행되고 전체가 조화롭게 어우러질 때 의학적으로 '좋은 목소리'라고 할 수 있다.

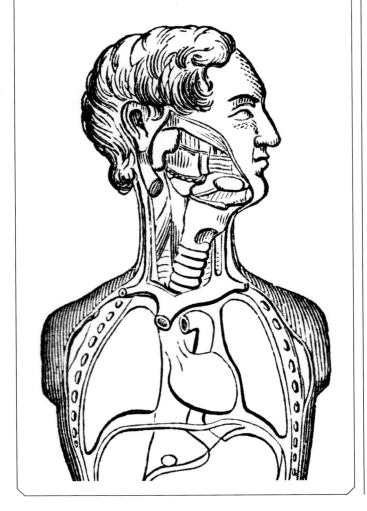

목소리 검사 단계

목소리 검사 역시 발성 단계를 근간으로 진행한다. 음성 검사는 크게 소리의 음질, 높이, 강도를 확인하는 음성 음향학적 검사, 폐의 기능과 호흡을 확인하는 발성 공기역학적 검사 그리고 성대의 움직임과 상태를 촬영해 눈으로 더 정밀하게 확인하는 후두내시경 검사로 나뉜다.

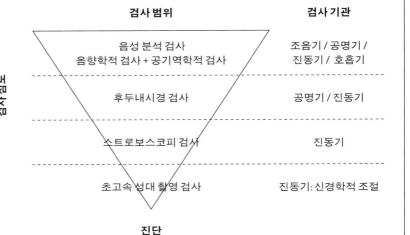

검사 범위	검사 기관
음성 분석 검사 음향학적 검사 + 공기역학적 검사	조음기 / 공명기 / 진동기 / 호흡기
후두내시경 검사	공명기 / 진동기
스트로보스코피 검사	진동기
초고속 성대 촬영 검사	진동기: 신경학적 조절

검사심도

진단

음성 음향학적 검사

"아-에-이-오-우-. 아-에-이-오-우-"

공기역학적 검사: 폐활량 검사

"파파파파파-"

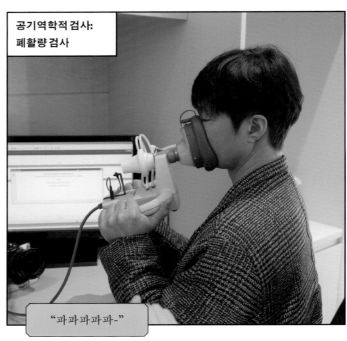

공기역학적 검사: 비음도 및 비강 통기도 검사

"과자랑 스케치북도 가져갔다."

후두내시경 검사

전자후두내시경 — 후두 스트로보스코피 — 초고속 성대 촬영

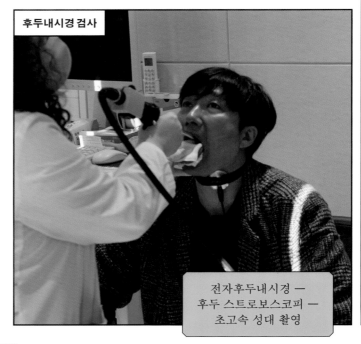

음성 음향학적 검사

음성 음향학적 검사는 성대 움직임과 공명을 통해 만들어진 소리의 특징을 나타내는 각 음성 지표(acoustic parameter)를 측정해 발성기관의 전반적인 발성 상태를 측정한다. 검사 기구로는 MDVP(Multi-Dimensional Voice Program), CSL(Computerized Speech Laboratory), RTP(Realtime Pitch)를 사용한다.

> "아-에-이-오-우-. 아-에-이-오-우-."

> "쓰다듬어놓은 듯한 완만함과 깎아 놓은 듯한 뾰족함이 어우러진 산등성이를 오르다 보면….."

> "스페이드 잭이 튀어나오고 귀에서 사이다를 분수처럼 내뿜게 할 수 있다고 내기를 걸어올 거야."

박해일을 포함한 피험자들은 기본 모음 발성을 시작으로 발성적으로 균형을 이룬 표준 문장과 수필, 안내문, 대본 등 다양한 문장을 반복해서 읽는다. 피험자의 문장 읽기를 임상 전문가가 직접 귀로 듣고 판단하는 청각 심리검사는 청지각적 조음 명료도와 정확도를 평가하는 조음 선별평가와 발성 패턴에서 흉성, 두성, 가성 등 성구聲區 영역에서 후두근육 사용의 조화도와 긴장도, 호흡 지지, 음질, 음역, 유연성 등을 평가하는 발성 패턴 선별검사로 나뉜다. 마이크를 통해 수집한 음성은 음성파일로 저장한 후 음성주파수, 스펙트럼, 히스토그램, 스펙트로그램 지표로 분석해 주파수 및 강도, 떨림, 끊김, 잡음, 화음 등을 진단한다.

공기역학적 검사

❶ 폐활량 검사:

> "파파파파파-."

빨대처럼 생긴 튜브가 삽입된 산소호흡기 형태의 특수 검사 기기를 통해 폐활량, 최대 발성 지속시간, 단위시간당 성대를 통과하는 공기의 양인 호기류, 성대 아래 공기압력인 성문하압 등을 확인한다. 이를 통해 성대 움직임의 효율성과 피험자의 호흡 사용 능력을 파악한다.

❷ 비음도 및 비강 통기도 검사

> "냄비, 냄비, 만두, 만두, 비행기, 비행기….."

> "과자랑 스케치북도 가져갔다."

비음 측정기를 머리에 착용한 상태에서 단어와 문장을 읽어 구강음과 비강음의 비율인 비음도를 측정한다.

후두내시경 검사

> 전자 후두내시경 — 후두 스트로보스코피 — 초고속 성대 촬영

전자 후두내시경은 굴곡되는 내시경 끝부분에 초소형 CCD 센서를 장착해 비강, 인두강과 후두의 움직임을 관찰해 피험자의 발성 구조를 파악한다. 성대는 일상적 대화에서 성인 남자 기준 1초에 100~150회 진동하기 때문에 육안으로는 자세한 진동 상태를 확인하기 어렵다. 후두 스트로보스코피는 이런 성대의 움직임과 진동, 후두의 움직임, 성대의 점막 파형을 선명한 영상으로 보여준다. 목에 센서를 부착해 성대의 진동주기를 관찰하고, 후두경에 달린 마이크로 목소리의 기본주파수를 전자파로 변환한다. 또 후두경과 연결된 제논 광원을 반복적으로 발광하게 해 성대를 관찰한다. 초고속 성대 촬영은 1초에 2천 회 초고속으로 성대 진동상을 촬영함으로써 더욱 정밀한 검사가 가능하다. 성대를 조절하는 뇌의 작용을 파악해 신경학적으로 진동이 부드럽게 조절되고 있는지를 파악할 수 있다. 또 비주기적 성대 진동과 성대 연축攣縮, 진동의 불규칙성과 성대근 수축에 따른 변화 양상과 긴장도, 비정상적 발성 패턴까지 측정 가능하다.

실험 결과

청각심리

문장 읽기를 평가하는 청각 심리검사에서 박해일은 음성 강도와 음도, 억양의 조절이 원활하고, 어음 명료도와 표현력이 양호한 것으로 관찰되었다. 발성 패턴 검사상 모음을 연장할 때 음이 미세하게 갈라지는 데 따른 음질 저하를 보였으나 문장을 읽을 때는 다시 편안하게 발성하며 음질 저하가 관찰되지 않았다. 연기를 할 때에는 복식호흡과 호흡의 지지가 원활하게 이루어졌다. 턱이 열리는 정도는 다소 적은 것으로 관찰되었다.

음성 데이터

	F0 기본주파수	Fs 음성 기본주파수	Fhi 최고 기본주파수	Flo 최저 기본주파수	STD 기본주파수 표준편차
박해일	**120.474**	**114.56**	**122.834**	**118.528**	**0.832**
A	109.473	122.42	119.366	103.554	1.846
B	112.005	126.83	121.683	100.842	3.172
C	111.939	100.56	118.693	106.62	1.142
D	115.54	112.11	119.85	111.328	1.362
E	95.772	113.7	98.718	92.628	1.03
F	94.57	114.86	96.814	92.609	0.746
G	83.31	99.35	85.444	81.573	0.695
H	90.023	100.89	92.906	87.628	1.028
평균값	101.58	111.34	106.68	97.10	1.38

단위: Hz

가장 편안한 상태에서 낼 수 있는 '아' 발성 시 목소리의 주파수를 기본주파수(F0)라 한다. 일반 남성의 기본주파수는 100~150Hz에서 형성된다. 보통 중음은 125~130Hz, 125Hz 이하는 중저음으로 간주한다. 전체 피험자의 기본주파수 평균값은 101.58Hz로 박해일을 포함해 모두 중저음으로 나타났다. 실시간 음성주파수 검사에서 박해일의 평균 주파수는 114.56Hz로 정상범위에 들어갔다. 음의 높낮이 표현의 풍부성을 의미하는 억양 변화율은 정상범위보다 높은 편으로 나타났다. 기본주파수에서 가장 저음(83.31)을 가진 비교군 G는 낭독 시에는 그보다 높은(99.35) 주파수를 보여주는데, 이후

MDVP, 히스토그램, 비강도 결과를 종합해볼 때 떨림, 잡음, 불안정한 목소리에 대한 보상 기전으로 기본주파수보다 톤을 낮춰 발성하는 경향을 띠는 것으로 볼 수 있다. B처럼 기본주파수(112.00)는 박해일보다 낮으나 주파수의 편차가 심한(3.172) 음성은 불안하고 불편하게 들릴 수 있다. 박해일은 피험자 중 가장 높은 기본주파수(120.474)를 가졌다. 하지만 높은 음과 낮은 음의 편차를 보는 기본주파수 표준편차(STD)에서는 평균(1.38)보다 낮은 값(0.832)를 보였다. 즉 자신의 주파수를 안정적으로 유지, 조절하며 균형 잡힌 발성을 하고 있다는 뜻이다.

VOICE

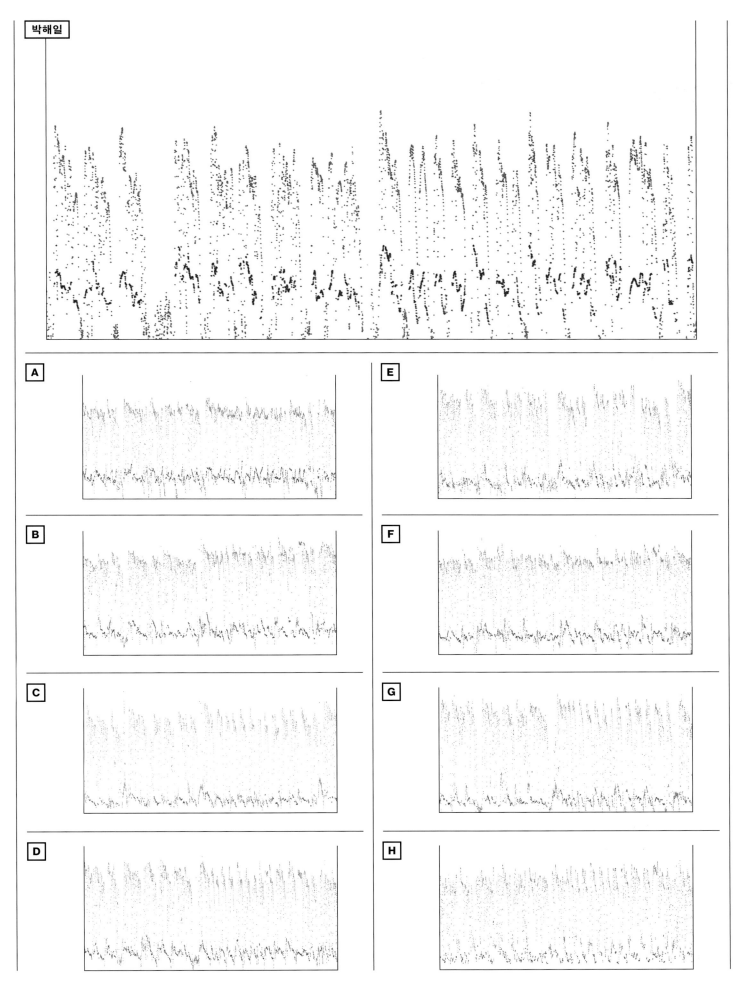

박해일

A

B

C

D

E

F

G

H

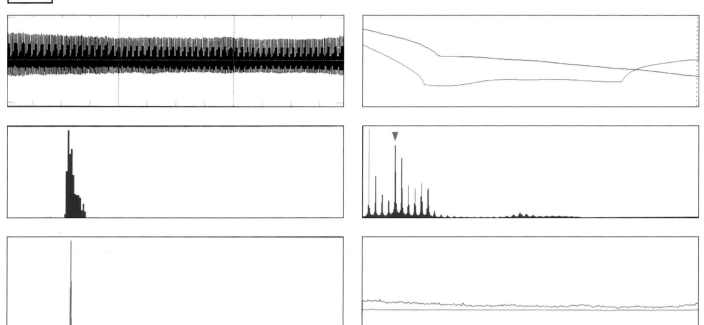

157쪽 왼쪽 히스토그램은 지속적인 발성 시 목소리 높낮이의 안정성과 목소리 강도의 안정성을 알아볼 수 있다. 또 목소리의 음향학적 하모닉스, 즉 화음이 섞이는 정도를 측정해 목소리의 색깔을 판단할 수 있다. 또렷하고 명확한 음성은 검은 막대기처럼 보이는데, 위아래로 보이는 흰색의 갈라진 틈은 불안정하게 떨리거나 호흡이 섞일수록 많이 나타난다. 이런 측면에서 비교군 B에 이어 A가 가장 명확하고 G와 H는 심하게 불안정하면서 호흡이 많이 섞인다. 박해일의 히스토그램은 비교적 안정적이고 선명하나 호흡이 약간 섞이는 것을 확인할 수 있다.

오른쪽 스펙트럼은 음성에 포함된 여러 주파수의 배음을 나타낸다. 공명의 조절 작용에 의해 배음이 강화되는 공명주파수를 포먼트formant,즉 '음형대'라고 한다. 주파수 높이에 따라 제1 음형대부터 제4 음형대까지 네 단계로 나타난다. 보통 남성은 제2 음형대를 안정적으로 낮게 유지하면 좋은 소리로 간주된다. 박해일의 스펙트럼은 배음이 넓은 주파수에서 형성되는 것을 볼 수 있고, 빨간색 화살표로 표시한 부분처럼 제2 음형대와 제3 음형대가 잘 형성되고 있음을 확인할 수 있다.

VOICE

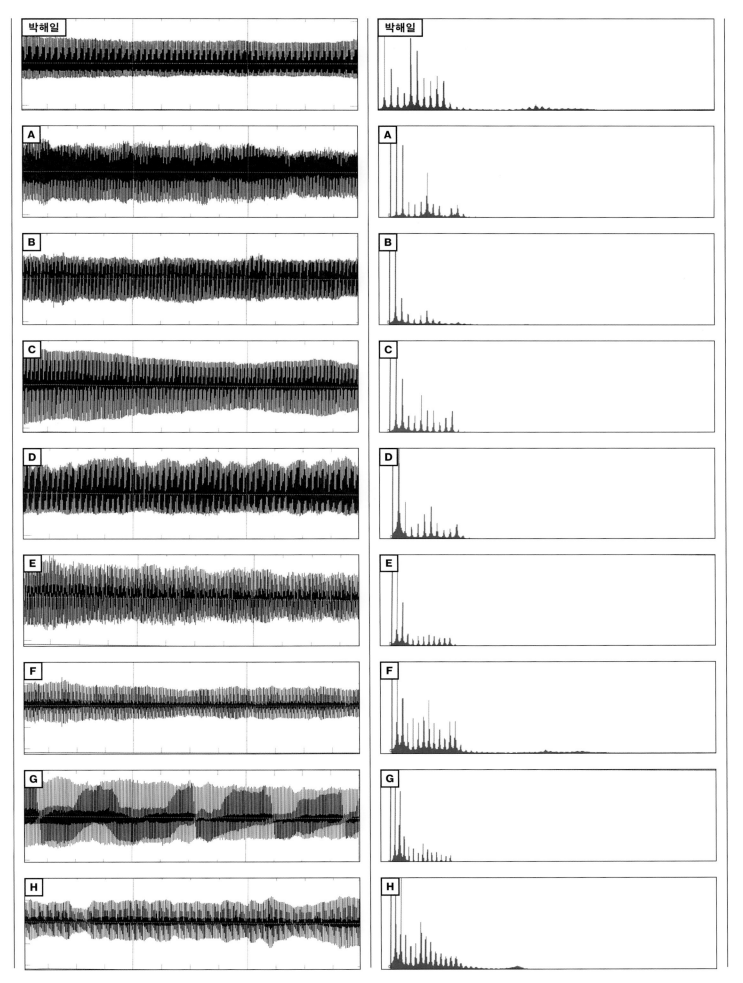

157

박해일

스펙트로그램은 소리의 에너지가 모이는 주파수의 대역을 확인함으로써 목소리의 명료도와 에너지 분포를 확인할 수 있다. 즉 공명강인 인두, 구강, 혀, 입술을 얼마나 적절하게 사용하는지를 보여준다. 화음이 조화롭고 소리의 배음이 잘 만들어지면 4개의 공명주파수 줄이 뚜렷하게 형성된다. 비교군 중 E가 가장 고르고 선명한 4개의 음형대를 보여준다. 그 반면에 제2 음형대가 희미한 C, 선이 뚝뚝 끊어진 F, 전반적으로 음형대가 불확실한 H처럼 4개의 줄이 모두 선명하게 생기는 경우는 많지 않다. 박해일은 4개의 공명주파수가 잘 형성되는 것을 볼 수 있다. 특히 발성에 호흡이 섞이는 구간에서 약간씩 끊어지는 부분을 제외하면 제2 음형대가 선명하게 이어져 있다.

VOICE

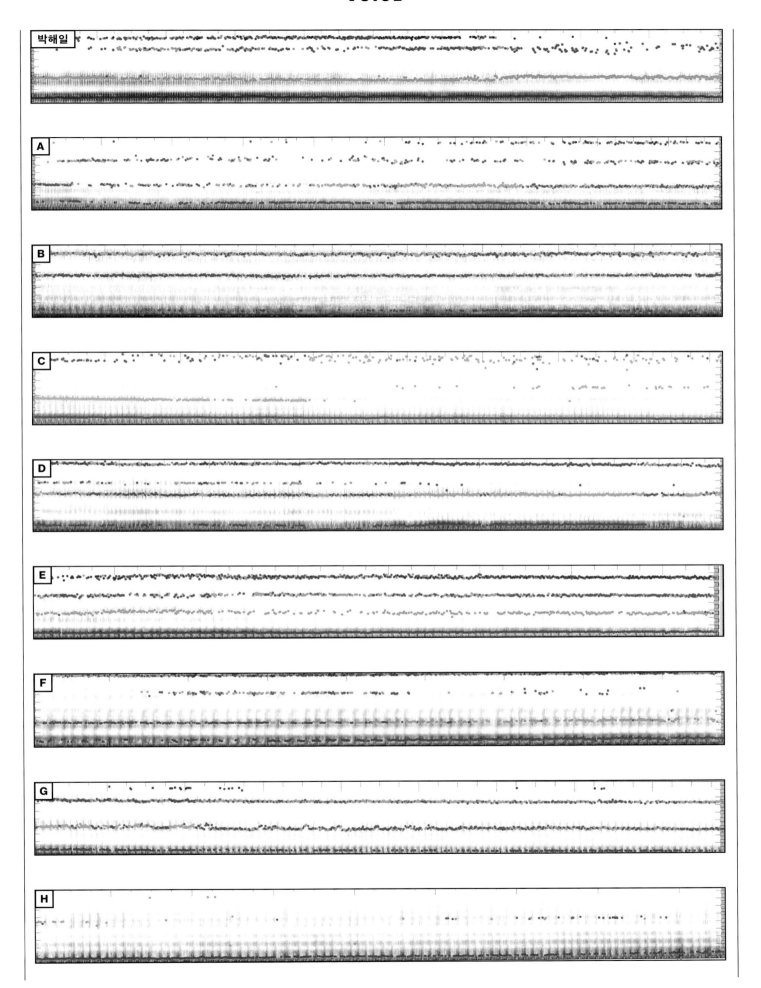

MDVP(Multi Dimensional Voice Program) 다차원 음성분석

161쪽에 나타낸 MDVP는 성대 움직임의 특징을 나타내는 각 음성 지표를 통해 목소리를 분석해 그래프로 한눈에 알아볼 수 있도록 표시한다. 초록색 원은 정상범위, 노란색 비정형 부분은 피험자의 음성 상태를 나타낸다. 각 음성 지표의 값이 초록색 원 안에 분포하면 정상범위에 있음을 보여주며, 초록색 원의 범위를 벗어나 빨간색으로 분포될 경우 정상범위를 벗어나 비정상임을 의미한다.

음성 지표 그룹	설명	해당 측정 지표
주파수 변화	목소리 주파수의 균일성을 나타내는 지표	Jita(Absolute Jitter) Jitt(Jitter percent) RAP(Relative Average Perturbation) PPQ(Pitch Perturbation Quotient) sPPQ(Smoothed Pitch Perturbation Quotient) vF0(Fundamental Frequency Variation)
강도 변화	목소리 강도의 균일성을 나타내는 지표	ShdB(Shimmer in dB) Shim(Shimmer percent) APQ(Amplitude Perturbation Quotient) sAPQ(Smoothed Amplitude Perturbation Quotient) vAm(Peak to Peak Amplitude Variation)
잡음 정도	목소리에 잡음이 섞인 정도를 나타내는 지표	NHR(Noise to Harmonic Ratio) VTI(Voice Turbulence Index) SPI(Soft Phonation Index)
강도와 떨리는 정도	목소리의 기본주파수와 강도의 떨림을 나타내는 지표	Fftr(F0-tremor Frequency) FTRI(F0-tremor Intensity Index) Fatr Amplitude Tremor Frequency) ATRI(Amplitude Tremor Intensity Index)
끊김 정도	성대의 진동이 일시적으로 끊겨 음을 생성하지 못하는 정도를 나타내는 지표	DVB(Degree of Voice Breaks) NVB(Number of Voice Breaks)
화음	기본주파수가 서로 다른 두 가지 음성이 포함되었는지를 나타내는 지표	DSH(Degree of Sub-harmonics) NSH(Number of Sub-harmonic Segments)
불규칙성	성대의 진동이 기본주파수를 형성하지 못하는 경우를 나타내는 지표	DUV(Degree of Voiceless) NUV(Number of Unvoiced Segments)

	Jita	Jitt	sPPQ	vF0	ShdB	Shim	sAPQ	NHR	SPI	DSH
박해일	**17.139**	**0.206**	**0.353**	**0.691**	**0.183**	**2.107**	**2.115**	**0.113**	**8.277**	**0**
A	195.638	2.141	1.311	1.687	0.416	4.789	4.606	0.117	38.018	0
B	273.454	3.06	2.062	2.832	0.342	3.982	4.731	0.105	39.689	0
C	60.491	0.677	0.634	1.02	0.132	1.502	2.368	0.122	28.501	0
D	67.03	0.774	0.788	1.179	0.309	3.525	6.154	0.168	36.238	0
E	77.825	0.745	0.729	1.075	0.433	4.937	5.219	0.11	58.194	0
F	68.748	0.65	0.506	0.789	0.365	4.257	5.095	0.15	14.333	0
G	48.307	0.402	0.587	0.834	0.253	2.918	4.678	0.111	33.877	0
H	43.588	0.392	0.823	1.142	0.297	3.348	8.718	0.122	12.337	0
평균값	104.39	1.11	0.93	1.32	0.32	3.66	5.20	0.13	32.65	0.00

박해일의 MDVP 결과는 빨간 영역 없이 각 음성 지표의 값이 모두 초록색 원 안에 자리 잡고 있다. 즉 한눈에 보기에도 피험자 중 가장 안정적인 음성을 가지고 있음을 확인할 수 있다. 주파수 변동을 보여주는 지터jitter와 강도 변동을 알 수 있는 짐머shimmer는 목소리의 안정성을 나타내는 지표다. 박해일은 9명 중 단시간과 장시간 모두 주파수 변화 폭[Jita(17.139), Jitt(0.206), sPPQ(0.353)]이 가장 균일했다. 그 반면에 비교군 B는 가장 큰 주파수 변화 폭[Jita(273.454), Jitt(3.06), sPPQ(2.062)]을

보였다. 이는 박해일의 16배에 가까운 수치다. 박해일은 음성 강도에서도 피험자 중 가장 소폭의 변화 값[ShdB(0.183), Shim(2.107)) sAPQ(2.115)]을 보였다. 단시간 변화 폭[ShdB(0.297), Shim(3.348)]에서는 평균값보다 낮은 변화를 보인 H는 장시간에서는 박해일과 비교해 4배 이상의 변동 폭[sAPQ(8.718)]을 기록했다. 특히 성대 내전 정도나 긴장도와 관련된 지표인 SPI는 가장 높게 나온 E(58.194)나 평균값(32.65)과 비교했을 때 박해일은 압도적으로 낮은(8.277) 수치를 보였다.

VOICE

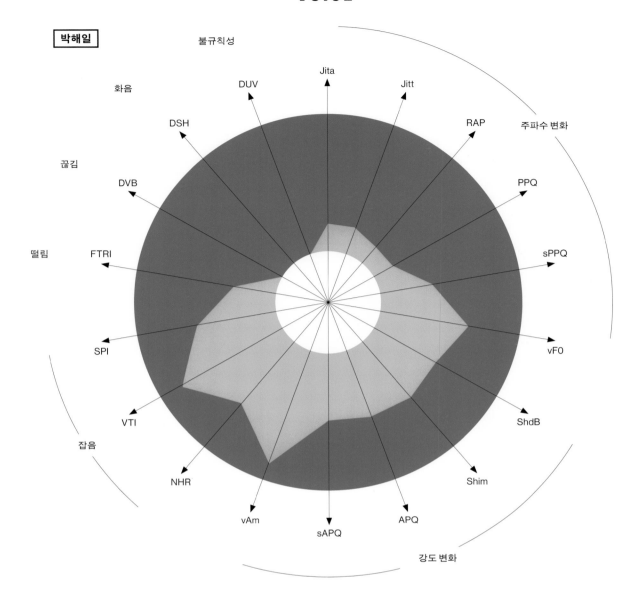

박해일

불규칙성 · 화음 · 끊김 · 떨림 · 잡음

Jita · DUV · DSH · DVB · FTRI · SPI · VTI · NHR · vAm · sAPQ · APQ · Shim · ShdB · vF0 · sPPQ · PPQ · RAP · Jitt

주파수 변화 · 강도 변화

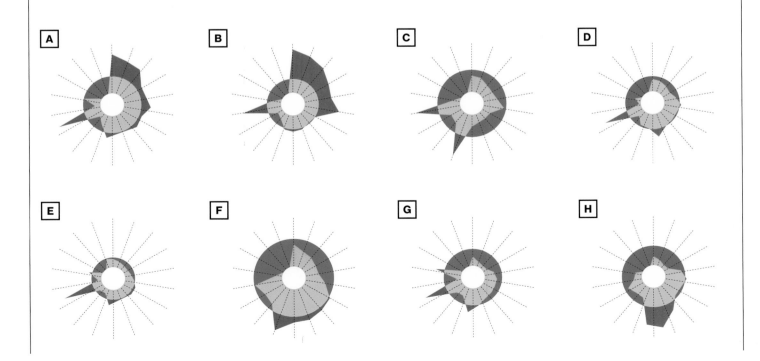

A · B · C · D

E · F · G · H

발성 공기역학적 분석

	VC 폐활량	MPT 최대 발성 지속 시간	MFR 평균 호기류율	Psub 성문 하압	effi 후두 효율
	최대로 들이마신 후 끝까지 내쉴 수 있는 공기의 양	한 호흡에 최대한 길게 소리를 낼 수 있는 시간	발성시 성대사이로 빠져나가는 공기의 양	성대를 진동하기 위해 쓰는 성대 아래의 공기압력	성대 움직임의 효율성
박해일	**6.34**	**15.22**	**0.47**	**2.65**	**241.24**
A	7.61	36.64	0.5	3.65	26.08
B	9.55	23.33	0.66	3.59	126.88
C	8.73	22.5	0.3	3.06	69.3
D	3.75	14.37	0.32	3.39	365.23
E	11.03	15.71	0.21	2.66	471.87
F	8.96	24.17	0.59	4.31	180.13
G	8.39	23.07	0.29	2.95	240.71
H	8.27	22.17	0.43	4.21	422.99
평균값	8.29	22.75	0.41	3.48	237.90

비음 검사	구강음	비강음	혼합음
박해일	**8**	**42**	**31**
A	8	48	34
B	16	69	49
C	24	56	42
D	13	53	37
E	13	60	39
F	22	49	41
G	7	56	37
H	9	46	38
평균값	14.00	54.63	39.63

발성 공기역학적 분석에서 비교군 A는 호흡 지속 시간(36.64)이 가장 길지만 반대로 높은 압력값(3.65)을 기록했다. 성대에 힘을 많이 주는 발성 탓에 A의 음성 효율성(26.08)은 박해일(241.24)에 비해 10분의 1 수준으로 떨어진다. 폐활량(11.03)과 효율성(471.87)이 가장 높은 E는 MDVP의 SPI 영역이 돌출적으로 솟아 있다. 즉 목소리 강도의 균일성과 떨림이 정상범위에서 벗어나 있다는 말이다. 그 대신 E는 높은 폐활량, 높은 비율의 비강음(60), 저음(95.772)을 이용해 긴장된 발성이나 불안정한 주파수와 떨림을 잡고 있음을 알 수 있다. C는 폐활량(8.73)이 평균보다 높지만 구강음(24)과 비강음(56) 모두 평균값(14/54.63)보다 크고 후두 효율 역시 가장 낮다(69.3). 이에 비해 박해일의 폐활량은 전체 피험자의 평균값(8.29)과 비교했을 때 두 번째로 낮다(6.34). 호흡 역시 평균(22.75)보다 짧으나(15.22) 성문 하압은 피험자 중 가장 낮다(2.65). 결과적으로 박해일의 후두 효율(241.24)은 평균(237.90)보다 높게 나타났으며 구강음(8)이나 비강음(42)도 평균보다 작다. 소리를 무척 조심스럽게 낸다는 의미다. 적은 폐활량과 짧은 호흡에도 불구하고 박해일은 조심스러운 발성과 성대에 주는 압력을 줄여 오래 말을 하더라도 목에 무리를 주지 않는 효율적인 발화 방식을 보인다. 호기류율은 평균(0.41)보다는 약간 높다(0.47). 호기류율이 높다는 것은 발성 시 호흡을 섞는다는 뜻이다. 똑같은 "안녕하세요"라는 한 마디도 호흡이 살짝 들어가면 음성이 훨씬 부드럽게 들린다. 이런 발성은 감정적인 표현력을 높이는 대신 선명도는 그만큼 줄어든다.

성대의 움직임

성대는 주기적으로 진동하며 음파를 만들어낸다. 정상 성대는 자연스러운 파장을 보이는 데 반해 비정상 성대는 불균질한 모양을 띠거나 성대 접촉이 물결치는 진동이 아니라 뒤가 벌어지거나 서로 때리는 형상으로 나타난다. 역류성 인후염 증상을 보이는 비교군 D는 성대에 강하게 힘을 주는 편으로 음성에서도 과도한 떨림이 나타난다. 스트로보스코피와 초고속 촬영을 통해 나타난 박해일의 후부 상태는 매우 잘 관리되고 있음을 확인할 수 있다. 성대 역시 어떤 질환도 없이 매우 깨끗한 상태다. 호흡을 살짝 섞어 다소 약하게 소리 내는 발성 방식은 성대 진동에서도 동일하게 확인된다. 이로 인한 약간의 흔들림을 제외하면 비교적 안정적이며 성대의 움직임은 편안하다. 목소리를 악기나 차에 비유하자면 박해일은 잘 관리된 악기를 안정적으로 연주하는 뮤지션이자, 잘 정비된 차를 유연하게 운전하는 드라이버다. 특히 스포츠카의 거칠고 짜릿하며 강렬한 느낌이나 SUV의 강하고 웅장한 느낌보다는 고급 세단을 숙련된 운전자가 편안하게 모는 것과 같은 느낌을 준다.

인터뷰

"소리와 압력을 조절하는 박해일의 뛰어난 발성 능력"

김형태 / 예송이비인후과·
예송 음성센터 대표원장·
한국공연예술발성연구재단
이사장

목소리 관련 질환과 음성 전문가의
목소리 관리 및 음성 여성화
수술의 권위자인 김형태 원장은
가톨릭대학교 의과대학 교수로 재직하다 2003년 국내 최초
목소리 전문 병원인 예송 음성센터를 개원했다. 성악, 오페라,
뮤지컬, 대중음악, 판소리, 연극 등 공연 예술 발성에 대한 남다른
열정으로 설립한 한국공연예술발성연구재단(KOVPA)을 통해
공연 발성, 발성 테크닉 등에 관한 심포지엄 및 마스터 클래스,
출판, 연구를 꾸준히 이어가고 있다.

좋은 목소리란 어떤 목소리일까요?

일반적으로 목소리가 좋다거나 전달이 잘된다거나 하는 특징을
판단할 수 있는 음향학적, 청지각적 요소는 있죠. 우리는 보통
주파수가 비교적 낮게 형성된 목소리를 좋다고 받아들이고,
청명하고 조화로운 음색에 호감을 느껴요. 즉 중저음에 공명이
풍부한 소리를 듣기 좋다고 여기는 거죠. 이렇듯 의학적으로
'건강한 소리'는 있겠지만, 사실 자신에게 맞는 목소리를 찾는
게 가장 중요해요. 우리 사회가 점점 외모나 개성의 다양성을
인정하는 것처럼, 좋은 목소리에 대한 정의 역시 더 다양해질
거라고 봅니다.

그렇다면 공연 예술가들에게 알맞은 목소리도 있을까요?

예를 들어 재즈 싱어나 래퍼, 판소리 명창에게 마냥 깨끗하고
맑은 소리가 좋은 목소리는 아닐 거예요. 머라이어 캐리 처럼
고음을 내는 데 탁월한 가수가 있는가 하면, 루이 암스트롱처럼
굵고 낮은 목소리로 사랑받은 가수도 있죠. 1940년대 미국인의
우상이던 배우 험프리 보가트와 로런 바콜은 매혹적인
저음으로 큰 인기를 얻었어요. 당시 미국 청소년들이 보가트의
지나치게 낮은 목소리를 따라 하다가 발성장애나 음성 질환을
얻어서 보가트 바콜 증후군(Bogart–Bacall syndrome)이란
용어가 나왔을 정도죠. 사실 허스키 보이스는 의학적으로 보면
병이거든요. 하지만 어떤 배우는 그걸 개성으로 승화하죠.
이렇듯 어떤 예술 장르인지에 따라 추구하는 목소리가 다르고,
좋은 목소리 역시 개별 예술가들의 고유 영역 안에서 고려해야
한다고 생각해요.

음성 치료를 하면서 느끼는 배우들의 특징이 있나요?

배우들은 대부분 목소리를 조절하는 개인적인 보상 기전을
많이 가지고 있어요. 무슨 말이냐 하면 발성 시 불편한 느낌이
들거나 원하는 목소리가 나오지 않을 때 쓰는 자신만의
방법이 있다는 거죠. 목이 조금 불편하더라도 원하는 소리를
내야 하니까 안 쓰던 다른 근육을 많이 사용하거나 불필요한
호흡을 섞기도 하고 비음을 사용하기도 하며 원하는 소리로
만들어내도록 조정하기도 하고요. 이러한 발성은 특히 예술적
영역에서는 필요한 부분일 수도 있어요. 즉 어떤 장르의
목소리는 의학적으로는 건강한 목소리가 아닐 수 있지만 의학적
관점에서만 보아서는 안 되는 것 같습니다. 특정한 예술적
목적을 가진 발성으로 인해 의학적으로 나빠진 목소리를 의학적
정상치에 가깝게 만드는 치료는 바람직하지 않다는 거죠.
허스키 보이스가 매력적인 배우의 치료 방향이 청명한 목소리로
향해 있어서는 안 되니까요. 결국 의학적 영역에서 할 수 있는
건 예술가들이 자신만의 방식으로 단련해온 고유의 목소리를
변함없이 오랫동안 잘 쓸 수 있도록 돕는 거라고 생각해요.
그리고 예술가에게 중요한 건 각자 자기 목소리의 특징과
쓰임을 파악하고, 거기에 맞게 자신의 목소리를 건강하게
유지하는 거죠.

**이번 연구를 통해 세부적으로 들여다본 배우 박해일이 가진
목소리의 특징은 무엇인가요?**

여러 수치로 확인되듯이 일단 안정적인 톤에 잡음 없이 깨끗한
중저음이에요. 주파수나 강도 변화 폭도 심하지 않아 매우
편안하게 들리는 목소리죠. 개성 있는 목소리란 공명주파수가
얼마나 남다른지에 따라 결정되는데, 박해일 씨는 아주 개성
있는 목소리라고 말하긴 어려워요. 그 대신 공명기를 잘 활용해
주파수대역을 골라 안정적으로 사용하고, 성대에 무리를 주지
않으면서 소리와 압력을 조절하는 능력이 뛰어나요. 그런데
발성할 때 호흡을 약간 섞기 때문에 부드럽고 감성적인 느낌을
주는 반면에 선명도는 살짝 옅어질 수 있어요. 그 대신 공명기를
효율적으로 잘 사용하면서 어음의 명료도를 보완하고 있어요.
이러한 현상은 긴 시간 자기 호흡량과 숨의 길이에 맞게
관리하고 사용해온 발성 테크닉으로 보여요. 이런 배우는 자기
안의 잠재된 목소리를 배역에 따라 다양하게 골라 쓸 수 있는
장점이 있죠. 잘 훈련할 경우에는 아예 다른 목소리를 만들어낼
가능성도 매우 높고요.

결론
목소리로 그린 몽타주, 목소리로 추적한 필모그래피

"숨이 좀 짧은 편이네요."

음성 검사실의 임상 전문가로부터 예상하지 못한 말이 들려왔다. 박해일은 누구보다 긴 호흡과 큰 숨을 가지고 여유롭게 연기하는 사람이라고 생각했다. 하지만 음성 검진 결괏값은 의외였다. 실제로 박해일은 한 호흡에 최대한 길게 소리를 낼 수 있는 시간이 피험자 평균보다 짧았고, 폐활량 역시 전체 평균값보다 낮았다. 하지만 박해일은 그들 중 가장 낮은 성문 하압을 보여주었고, 결과적으로 평균보다 높은 효율로 성대를 사용하고 있었다. 즉 성대를 진동하기 위해 사용하는 공기압력을 낮추는 방식으로 호흡량의 빈틈을 메운 것이다. 다차원 음성분석에서 가장 인상적인 항목은 박해일이 모든 피험자와 비교해 압도적으로 낮은 값을 보여준 SPI 지표였다. SPI는 적은 압력으로 화자가 목표하는 소리의 크기를 만들 수 있는지, 음을 얼마나 부드럽고 편안하게 낼 수 있는지를 종합적으로 보여준다. 공명은 적은 힘으로도 작은 소리를 큰 소리로 증폭하는 효과를 만든다. 즉 공명의 활용은 소리를 내는 효율성과 연결된다. 누군가 원하는 높이와 크기의 소리를 만들기 위해 주파수나 압력을 무리하게 올리는 방식을 택한다면, 박해일은 적은 압력으로도 좋은 공명을 만들어 동일한 크기의 소리를 낼 수 있는 효율적 발성 시스템을 가동하고 있다는 말이다. 결국 중요한 것은 기계의 크기가 아니라 효율이다. 비교적 낮은 폐활량과 짧은 호흡에도 불구하고 성대에 힘을 빼고 좋은 공명을 만들어 발성하는 박해일은 성대를 깨끗하게 지키면서도 지속적이고 안정적인 음성을 유지할 수 있다. 그렇게 화자로서는 무리 없는 발성을, 청자에게는 편안한 음성을 전달하는 배우로 자리 잡았다. 그저 큰 폐활량과 긴 호흡만으로는 다다를 수 없는 지점까지 목소리를 뻗어갔다.

어린 시절 몸이 유난히 약해 늘 부모님을 걱정시켰다던 박해일은 초등학교 때 편도샘 수술을 한 병력을 가지고 있다. 하지만 그런 소년이 이토록 단단한 목소리를 내는 배우가 될 수 있었던 것은 선천적 혹은 후천적으로 안고 가야 하는 육체적 조건 속에서도 지속 가능한 음성을 내기 위한 자신만의 가장 효율적 방식을 찾았기 때문일 것이다. 이러한 박해일의 발성 방식은 흥미롭게도 영화배우로 데뷔한 2001년 이후 이어진 신중하면서도 고집스러운 작품 선택 방식에서도, 개별 연기 비트에서도 동일하게 나타난다. 그는 절대량과 빠른 속도로 성실함을 증명하는 배우가 아니다. 좀처럼 목소리를 크게 높이지 않는다. 세기와 고저를 뒤흔드는 것으로 감정의 변화를 표현하는 배우도 아니다. 〈한산: 용의 출현〉에서 전투의 시작을 알리는 "출정하라"는 포고, 전투의 절정으로 이끄는 "발포하라"는 명령 역시 흔들림 없이 고요하게 자신의 스펙트럼을 벗어나지 않은 채 발화한다. 또 트렌드의 변화, 충무로 인적자원의 교체, 미디어 환경의 전환 같은 외부 자극에도 도통 흔들리지 않는 배우이기도 하다. 타인의 찬사나 순간적 인기에 쉽사리 들뜨지 않고, 막연한 걱정과 선 넘은 염려 앞에서 좀처럼 기죽지 않는, 혹여 그렇다고 해도 여간해서는 남들에게 들키지 않는 사람이다. 이런 박해일의 태도와 감정 그래프 추이는 자신의 음성 그래프 위로 똑같이 겹쳐진다. 박해일의 목소리를 표현할 때 동원하는 '안정적이고 부드럽다'는 수사는 그저 인상비평에 그치는 것이 아니라 주파수와 강도에서 안정적 변화율을 나타내는 구체적인 수치, 방사형 다이어그램 속에 안전하게 자리 잡은 노란색 영역, 잡음 없이 조화롭게 하모니를 이룬 음형대의 스펙토그램이 가시적으로 증명하고 있다.

단순히 박해일의 목소리가 궁금해서 시작한 실험이었다. 그러나 구강을 타고 들어간 호기심을 통해 뇌와 심장의 방향을 구체적으로 확인하게 되었다. 의식 혹은 무의식으로 작동하는 육체와 기관의 움직임이 박해일의 연기 방식이나 삶의 태도와 긴밀하게 연결되어 있음을 확인하는 것은 더할 나위 없이 신비로운 과정이었다. 목소리를 분석했더니 몽타주가 그려졌다. 목소리를 추적했더니 필모그래피가 읽혔다. 박해일은 그렇게 박해일의 목소리 안에 있었다.

ANALYSIS

첫 수상

연극 〈청춘예찬〉
제36회 백상예술대상 연극 부문 남자 신인연기상

최다 수상작 BEST 3

〈질투는 나의 힘〉	〈헤어질 결심〉	〈최종병기 활〉
제4회 부산영화평론가협회상 신인남우상	제27회 춘사국제영화제 남우주연상	제48회 대종상 남우주연상
제6회 디렉터스컷 어워즈 올해의 새로운 남자배우상	제31회 부일영화상 남우주연상	제32회 청룡영화상 남우주연상
제11회 춘사나운규영화예술제 신인남우상	제43회 청룡영화상 남우주연상	제15회 부천국제판타스틱영화제 올해의 배우상
제23회 한국영화평론가협회상 남자 신인배우상	제42회 황금촬영상 남우주연상	제19회 대한민국 문화연예대상 영화 부문 연기대상
제2회 대한민국 영화대상 신인남우상	제58회 대종상 남우주연상	
제26회 황금촬영상 남자 신인배우상	제23회 부산영화평론가협회상 남자연기자상	
제8회 여성관객영화상 최고의 남자배우상	제21회 디렉터스 컷 어워즈 올해의 남자배우상	

박스오피스 BEST 5
(전국관객 기준, 한국영화연감(〈살인의 추억〉〈괴물〉) 통계, 통합전산망(2011년~) 기준)

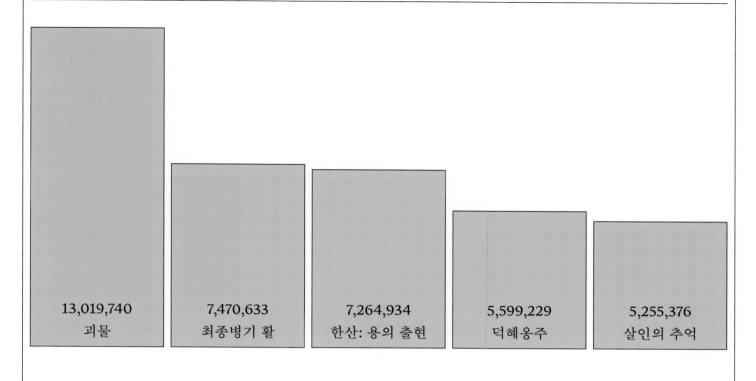

| 13,019,740 | 7,470,633 | 7,264,934 | 5,599,229 | 5,255,376 |
| 괴물 | 최종병기 활 | 한산: 용의 출현 | 덕혜옹주 | 살인의 추억 |

장르
(카메오, 단편, 목소리 출연 제외)

총 영화 31편

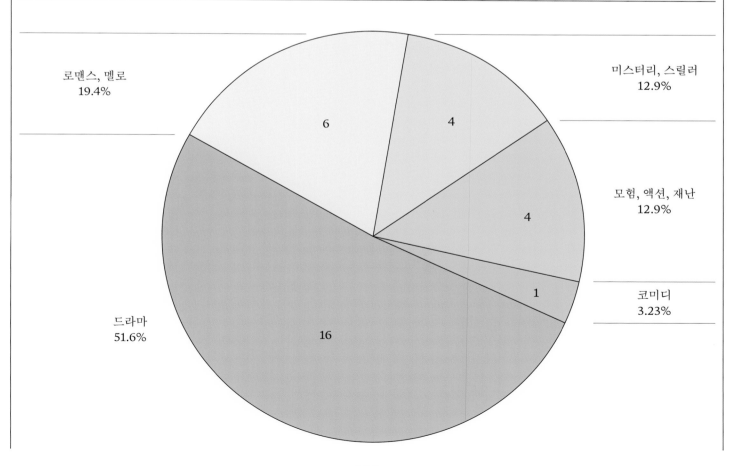

로맨스, 멜로
19.4%

미스터리, 스릴러
12.9%

6

4

4

모험, 액션, 재난
12.9%

드라마
51.6%

16

1

코미디
3.23%

OCCUPATIONS

직업

(* 카메오, 단편, 목소리 출연 포함)

총 42편

영화인 (6편)

〈필름시대사랑〉(영화 조명부 퍼스트)
〈고령화 가족〉(영화감독)
단편 〈영원한 농담〉(배우)
〈내가 고백을 하면〉(영화평론가)
〈맛있는 인생〉(영화감독)
단편 〈오디션〉(배우 지망생)

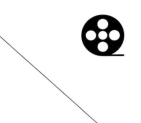

방송·언론인 (5편)

〈덕혜옹주〉(신문기자)
〈제보자〉(TV 프로듀서)
〈산타바바라〉(교통방송 기자)
〈10억〉(프리랜서 다큐멘터리 감독)
〈국화꽃 향기〉(라디오 프로듀서)

교육자 (4편)

〈상류사회〉(경제학 교수)
〈경주〉(동북아시아 정치학 교수)
〈좋지 아니한가〉(고등학교 계약직 교사)
〈연애의 목적〉(고등학교 영어 교사)

공무원 (4편)

〈헤어질 결심〉(형사)
〈남한산성〉(임금)
〈모던 보이〉(조선총독부 1급 서기관)
〈인어공주〉(우체부)

군인 (3편)

〈한산: 용의 출현〉
(조선 수군, 삼도수군통제사)
〈덕혜옹주〉(일본군 장교)
〈최종병기 활〉(의병)

어린이, 학생 (3편)

〈소년, 천국에 가다〉(어린이)
〈질투는 나의 힘〉(대학원생)
〈와이키키 브라더스〉(고등학생)

문학가 (2편)

〈군산: 거위를 노래하다〉(시인)
〈은교〉(시인)

종교인 (2편)

〈나랏말싸미〉(승려)
〈인류멸망보고서〉'천상의 피조물'(로봇 승려)

생산·관리직 직원 (2편)

단편 〈디 엔드〉(공장 상무)
〈살인의 추억〉(공장 직원)

세일즈맨 (1편)

〈나의 독재자〉(다단계 판매 강사)

정치인 (1편)

〈상류사회〉(국회의원 후보)

의료인 (1편)

〈극락도 살인사건〉
(보건소장/ 제약회사 연구원)

체육인 (1편)

〈후아유〉(수영 선수)

기타 (9편)

〈행복의 나라로〉(환자)
〈나는 공무원이다〉(미상)
〈심장이 뛴다〉(무허가 택시 영업)
〈짐승의 끝〉(미상)
〈이끼〉(무직)
〈굿모닝 프레지던트〉(미상)
〈한뼘드라마〉'어느 새의 초상화를 그리려면'(공원 산책자)
〈괴물〉(무직)
단편 〈모빌〉(미상)

MENU

해일 정식

COURSE A
👤

appetizer
맘스 닭죽

main(택 1)
난실 도시락
백성사랑 국밥

dessert
와이키키 크림빵

drinks
13/33 네모우유
상류마을 막걸리

tea / coffee
아리솔 경주 황차

COURSE B
👤👤

appetizer
옹주님 찐감자

main(택 1)
연순 짜장
단일한 모둠초밥

dessert
은교 메이드 클럽샌드위치

drinks
행복의 수박 주스
군산 고량주

tea / coffee
국화향 자판기 커피

171

ㄱ │ 기상청

2023년 대한민국 기상청 SNS에서는 지진 안전 캠페인
홍보대사로 참여한 지진희, 여진구에 이어 "박해일 배우님과
꼭 함께하고 싶습니다!"라며 '쓰나미 박'을 향한 절실한 소망을
밝혔다.

ㄲ │ 깐느 박

〈올드보이〉로 심사위원대상, 〈박쥐〉로 심사위원상을 받은
'깐느 박' 박찬욱은 박해일과 동행한 〈헤어질 결심〉으로
제75회 칸 영화제에서 감독상을 수상했다. 박해일은 이미
2006년 봉준호 감독의 〈괴물〉로 칸 영화제 감독주간에
초청된 바 있지만, 〈헤어질 결심〉으로 칸 영화제에 처음
참석해 레드 카펫을 밟았다.

ㄴ │ 뉴 멤버

2023년 6월 28일, 송강호, 최민식, 이병헌, 배두나, 윤여정
등에 이어 미국 아카데미 신규 멤버가 되었다. 미국
영화예술과학아카데미(AMPAS)의 회원이 되면 매해
오스카의 향방을 결정짓는 투표권이 주어진다.

ㄷ │ 단

봉준호 감독, 배우 배두나와의 첫 만남은 영화가 아니라
2000년 가수 김돈규의 뮤직비디오 '단(但)'이었다. 지하철에서
우연히 마주친 옛 연인을 꼬리 칸부터 머리 칸까지 맹렬하게
추격하는 청년의 이미지는 어딘가 〈설국열차〉의 시작처럼
보이기도 한다.

ㄸ | 떡볶이

스스로 "전국을 돌아다니면서 점수 매기고 다니는 스타일"이라고
말할 만큼 떡볶이에 진심인 남자. 〈헤어질 결심〉 때는 동료 배우
김신영과 떡볶이 맛집을 공유하기도 했다고.

ㄹ | 라뷔게르 핸드크림

〈헤어질 결심〉에서 해준이 서래에게 발라주던 핸드크림. "손이
아주 부드럽네…" 〈살인의 추억〉의 현규부터 해준까지 박해일의
"보드라운 손"은 이어지는 비극의 거친 질감과 대비를 이룬다.

ㅁ | 명자

생후 3개월 때 처음 만나 〈행복의 나라로〉를 촬영하던 때까지
15년을 함께한 후 무지개다리를 건넌 강아지. 명자가 남긴 유골함은
아직 그의 책장 한편에 놓여 있다. 얼마 전 딸이 명자와 똑같이 생긴
포메라니안종의 강아지를 집으로 데리고 왔다. 새 친구의 이름은
바다.

ㅂ | 백팔배

수련하는 심정으로 백팔배를 하면 머리 아픈 고민이 날아가고
복잡한 마음이 풀린다. 불교 신자는 아니지만 사찰을 자주 찾는다.
게다가 절에 가면 공기도 좋고 "맛있는 것도 많으니", "NK 세포
활성화"에 관심 많은 박해일에게는 이보다 더 좋을 수 없는 공간이다.

ㅃ | 빠떼리

2015년 〈JTBC 뉴스룸〉에 출연한 배두나는 20대의 자신에겐 '갓
뜯은 배터리 같은 에너지'가 있었다고 회상했다. 이 표현은 〈괴물〉
촬영 현장에서 봉준호 감독이 박해일의 연기를 보고 "갓 뜯은 빠떼리
같지 않냐"며 감탄하던 말을 인용한 것이라고 한다.

ㅅ | 사인

박 해 일. 성부터 이름까지 한 자 한 자 정직하게 쓰인 박해일의
사인은 글씨체가 곧 그 사람이라는 증거다. 화려한 수식도, 흘림도,
그 흔한 영어 한 자 섞이지 않은 사인은 처음에는 당황스러울 정도로
특색 없어 보였지만, 결국 이 배우를 차별화하는 가장 강력한
표식으로 자리 잡았다.

ㅆ | 쌍꺼풀

오른눈은 외꺼풀에 가깝고 왼눈에는 옅은 쌍꺼풀이 있다. 뜨는 세기, 카메라 각도에 따라 다양한 변주와 활용이 가능한 눈이다. 눈의 힘을 푸는 순간 오른쪽은 서늘함을 책임지고, 왼쪽은 다정함을 전달한다. 하지만 두 눈을 부릅뜨는 순간 양쪽 쌍꺼풀이 모두 진해지면서 완전히 다른 인상으로 바뀐다. 깊어지는 나이와 더불어 쌍꺼풀 역시 조금씩 더 깊어지는 중이다.

ㅇ | 오토바이 사고

1994년 11월 24일 자 「한겨레신문」은 '오토바이 사고로 왼쪽 무릎뼈가 부서진 박일해(18·화곡고 3) 군'이 전치 12주의 진단을 받고도 "손과 눈은 멀쩡하지 않으냐"며 수능시험을 치렀다고 보도했다. 첫 신문 기사 데뷔를 뒤바뀐 이름으로 장식한 박해일은 의사의 수술 권유를 무릅쓰고 석고붕대로 임시 조치를 한 후 앰뷸런스를 타고 가서 시험을 치렀다.

ㅈ | 자석요

돈 없고 유혹에 약하던 시절, "친구 따라서 발을 들여놓은" 다단계 회사에서 잠깐 자석요를 팔았다. 상위 레벨은 고사하고 하나도 팔지 못했지만 "그때의 아픔"이 〈나의 독재자〉에서 다단계 판매원을 대상으로 신들린 강의를 펼치는 데 도움이 되었다.

ㅉ | 쫑파티

2010년 〈심장이 뛴다〉 촬영이 끝나고 쫑파티 대신 연탄 봉사를 제안했다. 20여 명의 스태프들과 함께 900장의 연탄을 배달했고, 박해일의 봉사는 그 이후로도 '쫑' 나지 않았다. 2024년 새해를 맞아 소속사 메이크스타의 배우, 동료들과 함께 연탄 나눔 봉사를 이어갔다.

실에서 나란히 시험을 치러 눈길을 끌었다. 시험을 하루 앞둔 지난 22일 오토바이 사고로 왼쪽 무릎뼈가 부서진 박일해(18·화곡고 3)군은 전치 12주의 진단을 받고서도 "손과 눈은 멀쩡하지 않으냐"며 환자복 차림으로 드러누운 채 시험을 치렀다.

ㅊ │ 촬영 의자

〈국화꽃 향기〉 때 이름이 박힌 첫 촬영 의자를 선물 받았다.
그 후 20년 넘게 "너무 소중한 존재"로 자리 잡은 이 의자를
〈헤어질 결심〉 때까지 천갈이를 해가며 사용했다. 녹슨 의자
철골은 차마 버리지 못하고 아직 집 창고에 고이 모셔두고
있다.

ㅋ │ 카메오

영화 〈후아유〉에서 과거 수영 선수였던 인주(이나영)의 첫사랑
호진으로 카메오 출연을 했다. 영화에는 함께 훈련 중인 사진과
"나 유학 가"라는 마지막 문자메시지로만 등장한다. 이나영과
박해일, 언젠가 어디선가 재회를 바라게 되는 조합이다.

ㅌ │ 텃밭

서울 집에서 가로세로 1m 정도의 작은 텃밭을 가꾸며 "먹을
식량을 생산"하고 있다. 경기도 전원주택에서 텃밭을 가꾸며
스스로 "농부"라고 칭하는 탕웨이와는 첫 만남부터 공통의
취미를 나누며 "농부 커플"로 이어졌다.

ㅍ │ 프로필

주민등록증용으로 동네 사진관에서 찍은 사진을 오래도록
포털사이트 프로필로 사용하다가 〈헤어질 결심〉 이후 전격
교체했다. 작중 홍산오(박정민)의 증명사진 촬영 날, 오도건
연출부가 장해준 사진도 예비로 찍어두자고 제안했고, 이에
박해일은 "프로필 바꿀 때가 된 것 같은데…"라며 흔쾌히
응했다고 한다. 전영욱 현장 스틸 작가가 촬영한 이 사진은 결국
소품으로 쓰이지 않았지만 배우 박해일을 대표하는 사진으로
남았다.

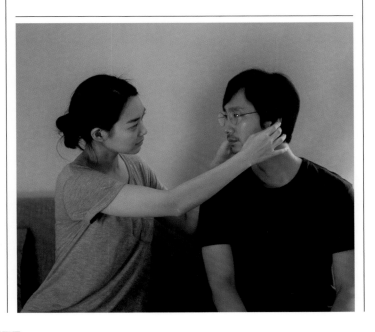

ㅎ │ 흉터

어릴 때 앓은 수두는 얼굴에 두 개의 흉터를 남겼다. 하나는
〈경주〉의 윤희(신민아)가 한번 만져봐도 되느냐고 묻던 오른쪽
귓불, 다른 하나는 이마 중간 눈썹 사이에 있다. 뮤지션이 되고
싶었던 10대 시절엔 그 흉터 위로 귀걸이를 해본 적도 있다.
"너무 예뻐서" 더는 하고 다니지 않았다고 한다.

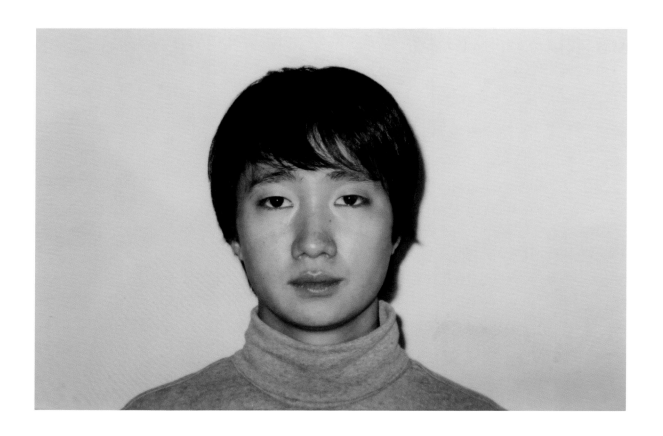

COLLA-
BORATION

ENSEMBLES

朴海日

탕웨이

박해일

汤唯

난류   +   한류

박해일과 탕웨이. 이들의 만남에 대해 "거참 공교롭네"라고 말할지도 모른다. 직선거리로 1000km 넘게 떨어진 항저우와 서울에서, 1979년 10월에 태어난 중국 배우 탕웨이와 1977년 1월에 태어난 한국 배우 박해일이 동일한 영화 〈헤어질 결심〉으로 만나기까지는 '공교'工巧라는 단어가 품은 우연과 필연이 동시에 필요했다.

서래와 해준이 다 먹은 도시락과 테이블을 몇십 년 같이 산 사람처럼 정리하던 무의식적 행동이 그러하듯, 탕웨이와 박해일이 동일한 종족임을 확인하게 하는 증거는 무수하다. 작은 텃밭을 가꾸는 농부의 마음을 공유하는 두 사람은 모두 산책을 즐긴다. 바다를 좋아하는 박해일과 탕웨이의 이름(海/湯)에는 공통적으로 삼수변(氵)이 들어간다. 장난꾸러기 같은 탕웨이와 엉뚱하고 호기심 많은 박해일은 생물학적 나이와 상관없는 소년성을 유지하고 있고, 공식적인 자리가 아니면 좀처럼 꾸미지 않은 모습으로 일상을 보낸다. 공허하고 오해의 소지가 있는 "말씀"보다는 눈으로 보는 것을 믿고, 그것이 무엇이든 "똑바로 보려고 노력"하며, 대충 준비하는 법도 얼렁뚱땅 넘기는 것도 없는 까다로운 직업인이다. 데뷔 초 봉준호와 이안처럼 강력한 마스터들의 선택 속에 주목을 받았지만 그들의 거대한 이름에 눌리지 않고 독립적으로 자신의 커리어를 일구어나간 배우이기도 하다. 무엇보다 두 사람은 참 꼿꼿하다.

하지만 그들의 삶의 온도와 걸어온 커리어의 그래프는 조금 다르다. 탕웨이가 따뜻하고 뜨거운 난류의 인간이라면, 박해일은 좀처럼 온도를 올리는 법이 없는 사람이다. 잘 웃고 잘 울며 투명하게 감정을 표현하는 탕웨이와 달리, 박해일은 수면 위 표정만으로는 도통 그 심해를 읽을 수 없다. 탕웨이가 운명을 거슬러 가는 개척자라면, 박해일은 흐름 위로 몸을 고요히 누이는 자다. 1999년 연극 〈청춘예찬〉으로 주목받은 박해일은 데뷔와 거의 동시에 임순례, 박찬욱, 봉준호 같은 충무로 시네아스트들의 지지 속에 영화계로 직진했다. 그리고 스릴러, 멜로, 판타지, 사회 드라마까지 다양한 장르의 주인공으로 20대의 커리어를 차곡차곡 쌓아나갔다. 그 반면 연기를 공부하고 싶었던 탕웨이는 몇 번의 낙방 끝에 2000년 베이징 중앙희극학원 연출 전공으로 우회했다. 이후 크고 작은 TV 드라마와 영화를 통해 연기 경험을 쌓던 중 2005년 다시 무대로 돌아가 연극 〈체 게바라〉를 올렸고, 이 당찬 배우에 대한 소문은 〈와호장룡〉〈브로크백 마운틴〉을 만든 이안 감독의 귀에까지 닿았다.

2006년 이안 감독의 영화 〈색, 계〉의 주인공으로 1천여 명의 지원자 중 하나로 발탁되었을 때 그의 나이 스물일곱이었다. 〈색, 계〉를 통해 탕웨이가 보여준 것은 파격적인 정사 장면이 아니라 파격적인 기개였다. 극단적 감정을 외줄타기 하듯 조절하면서도 베테랑 배우 양조위에게 조금도 밀리지 않는 담대함으로 치파오 끝까지 무장한 연기는 신인의 것이라고 믿을 수 없을 정도였다. 〈색, 계〉는 제64회 베니스 국제영화제 황금사자상을 비롯해 그해 금마장 시상식을 휩쓸며 세계적으로 주목받았지만, 이 영화로 탕웨이는 3년간 중국 내 활동을 제한받게 되었다. 그러나 고향을 떠나 홍콩으로, 영국으로 떠돌던 그 시간이 아니었다면 한국 감독, 한국 배우와 작업한 〈만추〉라는 기회는 찾아오지 않았을지도 모른다. 2011년 3월에 개봉한 〈만추〉의 중국 흥행과 함께 탕웨이는 다시 본국에서 커리어를 시작할 수 있었다. 같은 해 8월 박해일은 〈최종병기 활〉의 흥행에 힘입어 사극 액션 장르까지 입지를 넓히는 새로운 단계를 맞이한다. 2015년 탕웨이가 마이클 만의 범죄 액션물인 〈블랙코드〉로 할리우드 데뷔를 알리던 시기에 박해일은 한국계 중국인 감독 장률과 〈경주〉〈필름시대사랑〉〈군산: 거위를 노래하다〉까지 연달아 작업을 이어갔다. 언어가 섞이고 문화가 섞이고 사람이 섞이는 가운데 탕웨이와 박해일이 〈헤어질 결심〉과 '만날 결심'은 우연이 아니라 필연처럼 다가오고 있었다. 〈헤어질 결심〉은 두 배우의 난류와 한류가 만난 곳에서 마침내 모습을 드러낸 비밀의 조경 수역潮境水域이다. 남편을 살해하고 안개 낀 도시를 유령처럼 배회하던 갈색 트렌치코트 차림의 여자는 남편을 죽인 후 안개 가득한 도시로 향하며 청록색 원피스로 갈아입는다. 중국 시를 읊으며 거위 춤을 추던 남자는, 아름다운(漂亮) 피의자가 중국어로 남긴 고백에 마침내 붕괴된다.

탕. 탕. '심장'을 향해 조준한 '마음'의 발포와 동시에 소멸이 예정된 비극적 러브 스토리, 〈헤어질 결심〉은 파도처럼 덮치는 화제작에 그치지 않고 잉크가 퍼지듯 서서히 관객을 물들이는 클래식이 되었다. 또한 이 가여운 영화 속 연인을 향한 관객의 사랑은 시간이 지나도 썰물처럼 빠져나가지 않았다. 인터뷰 중 내민 박해일의 손동작을 오해하고 그 위로 덥석 손을 포개버린 탕웨이의 엉뚱한 행동처럼 때론 잘못 전달된 사인마저 더없이 애틋한 드라마로 받아들여졌다. 영화 시상식에서 '안개' 속에 눈물 흘리던 탕웨이를 박해일이 지그시 바라볼 때, 그들을 향한 관객의 사랑은 또다시 시작됐다. 모래성처럼 붕괴되어가는 남녀를 차돌처럼 단단하게 축조해내는 박해일과 탕웨이. 미결로 묻혀버린 사랑을 완결로 연주해내는 복원의 앙상블이다.

순수하고, 깔끔하고, 집요한 나의 해일에게

탕웨이가 쓴 해일의 추억

아주 오래전에 박해일이 주연한 장률 감독의 영화 〈경주〉를 본 적이 있다. 영화는 절제되어 있고 평온했다. 해일도 그랬다. 매일 맞이하는 일상인 것 같기도 하고, 한여름 낮의 꿈 같기도 했다. 그때 처음 박해일이라는 배우를 알았고 그를 기억하게 되었다. 그에게서 느껴지는 기운이 좋았고, 그가 어떤 사람일까 궁금해졌다.

그 후, 박찬욱 감독님의 〈헤어질 결심〉 프로덕션에 들어가면서 해일을 만나게 되었다.

나는 걷는 것을 좋아한다. 해일도 걷는 것을 좋아한다. 그래서인지 그에 대한 인상은 모두 걷는 것과 연결되어 있는 것 같다.

촬영 시작 직전, 부산에 막 도착했을 무렵일 거다. 다 같이 차이나타운을 산책하던 중 절 앞을 지나게 되었다. 무척 놀랐다. 부산의 번화한 차이나타운 거리에 '소림사' 한 채가 숨어 있었다니! 내가 여기저기 기웃거리고있는 동안, 해일은 이미 신발을 벗고 본당에 들어갔고, 나도 호기심이 생겨 따라 들어갔다. 본당 안에는 사람들이 드문드문 있었다. 그는 조용히 절을 했고, 나도 그를 따라 절을 했다. 그러는 사이에 스님이 타종을 했고, 그때 녹음한 종소리는 지금도 내 핸드폰에 저장되어 있다. 그렇게 그가 절을 마치기를 기다렸고, 우리는 한 번의 눈빛 교환 후, 함께 그 자리를 떴다.

두 번째 산책은 부산 해변을 끼고 차도 옆으로 바다 경치가 보이는 산길을 거니는 것이었다. 우리는 별말 없이 천천히 오르막을 오르다가 한 커피숍에 다다랐다. 따뜻한 핫초코 한 잔을 앞에 두고, 창밖을 내다보니 길 건너에서 버스킹 공연이 펼쳐지고 있었다. 내 마음속은 그와 박찬욱 감독님과 함께 하는 작업에 대한 기대로 가득 차 있었다. 생애 몇 번이나 만날까 싶은 이토록 훌륭한 시나리오에 이토록 멋진 캐릭터라니, 이렇게 완벽한 조합은 우연히 얻어걸리면 모를까 간절히 바란다고 해서 결코 얻을 수 있는 게 아니라는 걸 알아야 한다.

很久以前, 我看过一部张律导演的电影《庆州》, 主演是朴海日。电影克制而平静, 海日也是, 像是日常每一天, 又像是夏日的梦, 那是我第一次知道并记住了他。很喜欢他身上的气息, 也很好奇他是一个什么样的人。

而后, 我来到朴赞郁导演的《分手的决心》剧组, 认识了海日。

我喜欢走路, 海日也很喜欢, 于是与他相关的印象好像也都与走路有关。

记得开拍之前刚到釜山那会儿, 我们大家一块儿在China town散步时路过一间寺庙, 很惊讶, 釜山繁华的中国城街面上竟藏着一间"少林寺"! 我还在东张西望时, 他已脱鞋步入大殿, 我好奇地跟了进去。大殿内寥寥数人, 我记得他就那么安安静静的在拜, 我也跟着他一起一下一下的拜, 期间有僧人敲钟, 我录下了那声音, 至今还在我手机里。等他拜完了, 一个眼神交流我们便一块儿起身离开了。

第二回散步是在釜山海边上山的车道旁, 有海景。没有太多言语, 我们慢慢上行至一间咖啡厅, 一杯暖暖的热巧克力, 窗外马路对面有露天演出。我心里吧, 对于能与他和朴赞郁导演合作是满怀期待, 如此难得的好剧本、如此精彩的角色, 要知道, 完美的组合是可遇不可求的呀!

그런데 실제 작업의 상황으로 돌아가면, 현장에
외국인은 나뿐이니, 언어… 걱정은 안 했다 말하고
싶지만 그건 불가능했다. 그런 걱정을 안은 건 해일도
감독님도 마찬가지였을 것이다. 모두들 맞닥뜨릴 수
있는 온갖 어려움을 예견하고 극복하기 위해 준비할
뿐이었다. 매우 중요한 적응기, 잠깐의 산책만으로도
우리는 문화와 언어의 간극을 느낄 수 있다. 하지만 나는
이런 환경에 익숙해져 있다. 다만 그가 나와 소통하는
것을 두려워하지 않기를 바랐다. 그날 해일이 번역기
(당시 촬영 전 내가 중국에서 번역기 3대를 갖고 갔다.
감독님 거, 해일 거 그리고 내 거)를 이용해서 나에게
한 말을 기억한다. "아주 특별한 경우를 제외하고는 술
모임을 좋아하지 않아요." 나 역시 사교 모임을 좋아하지
않는 터라 "좋네요. 사실 나도 집순이고, 소셜한 사람은
아니에요"라고 대답했다. 지금 생각해보면, 캐릭터가
갖고 있는 낯섦과 익숙함이 그때 서서히 형성되기
시작했던 것 같다. 그날 우리는 대부분의 시간 동안
조용히 걸었고, 이따금 한두 마디씩 간단한 영어나
번역기를 이용해 의사소통을 했다. 그것이 우리 둘의
소통 방식으로 서서히 자리 잡았다.

그 후 촬영 기간 동안, 해일은 두 개의 해안 산책로를
추천했고, 그곳은 내가 가장 좋아하는 곳이 되었다.
해변은 혼자 걷기에 특히 좋았다. 게다가 해일의 이름과
극 중 해준의 이름에 모두 '바다(海)'가 있지 않은가!

촬영이 중반을 넘어서자 아주 중요한 로케이션에
도착했다. 송광사松廣寺.

나는 그곳의 템플스테이를 사랑한다. 한국 전통
양식으로 만든 한 칸의 작은 선실禪室, 참새가 비록
작아도 그 몸 안에 오장육부가 다 갖추어져 있듯이,
그곳은 따뜻하고 밝고 안정감이 있었다. 매일 새벽에
일어나 씻고, 하늘을 빽빽이 수놓은 별들을 머리에
이고 아침을 먹으러 공양간으로 갔다. 이곳의 아침은
소박하지만 너무나 맛있는 뷔페식 식사다. 넓은 식당
한쪽에서는 스님들이, 다른 한쪽에서는 우리가 조용히
식사를 마치고, 각자 개수대로 가서 설거지를 해 그릇을
선반에 올려놓고 조용히 나오면 식당 밖은 어슴푸레
날이 밝기 시작한다. 이후 나는 줄곧 다시 그곳에 갈
기회를 엿보고 있다.

不过说回到实际操作上, 剧组里就我一个外国人, 语言…
我要说不担忧那是不可能的, 但我想海日和导演也一样
吧, 只是大家都做好了克服万难的准备。磨合期很重要,
即便一段简单的散步我们都能感觉到文化、语言的隔阂。
但我是很习惯的, 很希望他不要害怕与我沟通。记得那天
海日曾用翻译器(我进组是从中国带来了三部翻译机, 导
演、海日和我人手一部)告诉我, 他不喜欢聚会喝酒, 除非
很特别的时候, 我回答他, 这挺好的, 其实我也很宅, 不爱
social, 现在回想, 那个时候, 剧中人物的陌生与熟悉就开
始在慢慢地建立了。大部分时候我们都是静静地走着, 偶
尔一两句简单的或英语或翻译机的沟通, 这也就慢慢形成
了我俩的相处模式。

之后拍摄的日子里, 海日又推荐过两条沿海步行路线, 那
就成了我最喜欢的地方。海边特别适合独自走走, 而且海
日的名字和剧中海俊的名字都有个"海"字。

拍摄过半, 到了一个重要场景——松广寺。

很爱那里的temple stay, 一间小小的禅房, 是韩国传统
的建筑风格, 麻雀虽小五脏俱全, 住起来温暖、明亮、很有
安全感。每日凌晨起床洗漱, 顶着满天星斗去食堂用早餐。
是简单而极美味的自助, 宽敞的食堂里, 僧人在一边, 我们
其他人在另一边, 安安静静, 吃完各自去水房洗碗, 放在架
子上, 再静悄悄地离开, 走出食堂天也就蒙蒙亮了。一直想
再找机会回去那里看看。

해일은 영화 〈나랏말싸미〉에서 신미 스님을 연기했다. 그는 맡은 캐릭터의 생활을 체험하기 위해 송광사에서 한동안 머물렀다고 말해주었다. 그래서 이 절은 그에게 아주 친숙한 곳이었다. 그중에서도 가장 잘 알려진 곳은 바로 불일암佛日庵, 법정 스님의 생전 처소다. 해일이 나를 데리고 갔었는데, 그곳은 송광사 옆 산속에 몸을 숨기듯 자리 잡은 허름한 농가 같은 곳이었다. 가는 내내 우리는 거의 대화가 없었다. 그는 뒷짐을 진 채 자신의 매니저와 함께 앞장서서 가면서 가끔 내가 잘 따라오는지 슬쩍 뒤돌아보곤 했다. 굽이굽이 돌아가는 산길을 따라 조용히 한참을 걸어 도착했다. 집 앞을 걸으며 들판을 둘러보는 그의 뒷모습에선 지난 추억이 짙게 묻어나는 것 같았다. 이 장면은 나에게도 익숙한 풍경이다. 나 또한 지나간 내 캐릭터의 길을 이렇게 돌아보러 가기 때문이다.

방 앞 한구석에는 온갖 비바람을 묵묵히 견뎌낸 나무 의자(등받이 없는) 위에 소독제, 책갈피가 가득한 바구니, 불일암 안내서, 방문객 방명록이 있었고, 그 옆에는 법정 스님의 사진이 걸려 있었다. 해일은 존경을 표하는 듯한 자세로 웅크리고 앉아 조용히 정성스럽게 방명록을 훑어보았다. 아주아주 오래도록.

그렇다, 나는 해일 같은 배우를 존경한다. 순수하고, 깔끔하고, 집요하다. 그는 캐릭터 속으로 아주 깊이, 아주 멀리 들어가는 배우다. 그 역시 캐릭터 안에서 살아가는 느낌을 무척 즐기고 있을 것이다.

부산 촬영 기간 중 어쩌다 발을 접질렀다. 한번은 목발을 짚고라도 바닷가로 나가 산책을 하고 싶어서 나갔다가, 잠시 앉아 숨을 고르기 시작한 지 얼마 지나지 않아 저만치 떨어진 곳에서 해일이 내 쪽을 향해 빠른 걸음으로 오고 있는 게 보였다. 바로 앞까지 오면 인사를 해야지 했는데, 그의 걸음 속도는 줄지 않았고 결국 그는 가슴을 편 채 앞만 보면서 내 앞을 지나쳐 갔다. 나는 도무지 무슨 영문이지 몰라 한동안 갑갑했다. 그러다 영화 홍보 기간에 같이 인터뷰를 하면서 그 이유를 비로소 알게 되었는데, 당시 그는 내가 캐릭터의 고통을 느낄 수 있는 좋은 기회를 방해하고 싶지 않았다는 것이다. 그랬군요~ 이 사람! 하하하!

海日曾在电影《国之语音》中扮演信眉和尚一角，听说他为了体验人物生活，在松广寺住过一阵子。所以这寺庙是他很熟悉的地方，而其中最熟悉就是佛日庵——法顶禅师生前住处。海日他带我去过，那是深藏在松广寺旁山里的一处农舍。一路上几乎没有对话，他背着手，和助手走在前面，时不时回头看看我跟没跟上。顺着弯弯绕绕的山路安静地走了很久才到。他在屋前走着、在田间看着，背影似乎都充满着回忆，这个场景是我所熟悉的，因为我也会如此去回看从前走过的角色的路。

房前一角放着一张饱经风雨的木凳子，上面有消毒液、一篮子书签和佛日庵的介绍，还有一本游客留言册，旁边挂着法顶禅师的照片。海日用很尊敬的体态蹲在凳子前，安静而虔诚地翻看留言册，许久许久。

是的，我敬重象海日这样的演员，纯粹、干净、执拗。他会在角色中走地很深、很远，我认为，他也应该非常享受在角色中活着的感觉吧。

金山拍摄期间我不小心扭伤了脚，有一回我是拄着拐杖也想去海边散散步，刚坐下歇口气，就看见不远处海日正往我这边快步走来，他走过我跟前时，我本想打招呼，但看他步速未减，昂着首挺着胸地就这么过去了，我还纳闷了许久。直到宣传期采访时我才晓得，原来他是觉得，当时是我体会角色痛楚的好机会，因而不能打扰我。好嘛～这家伙！哈哈哈！

영화 촬영이 진행되는 동안 나와 해일은 순조롭게 적응기를 지나면서 서로에 대해 더 잘 알게 되었고, 말이 통하지 않는 데서 오는 초조감을 덜게 되었으며, 오히려 언어의 도움을 받지 않아도 상대방의 심정을 느낄 수 있는 케미를 알게 되었다. 그래서 우리 두 사람은 언젠가 또 같이 일해보고 싶은 바람을 갖고 있다. 당연히 인연이 닿아야겠지만.

재작년 청룡영화상 시상식장 로비에서 수많은 사람들 사이로 성큼성큼 걸어와 즐겁게 나를 들어 안아주던 해일,

내가 노래 '안개'를 듣고 울면서 붕괴되었을 때, 살포시 등을 토닥이며 위로해준 해일,

내가 중국어 버전『헤어질 결심-콘티북』출판 때문에 그와 인터뷰를 청했을 때, 주객이 전도되어 오히려 기자처럼 나에게 질문을 하던 해일,

작년 청룡영화상 시상식 후, 우리 다 같이 모이자고 말해준 해일,

그리고 온갖 귀여운 모습으로 스티커 사진을 찍던 해일,

그의 진정성, 그의 희열, 그의 숨조차 멈춘 듯한 집중력, 그의 예민함, 그의 맑음, 그의 소박함, 연기한 모든 인물들에게 조금씩 드러나 있는 그의 독특한 매력, 허위도 없고, 억지도 없고, 의도도 없는, 이 얼마나 훌륭한 사람인가요!

해일, 당신이 없다면 우리의 〈헤어질 결심〉도 없습니다.

해일 씨, 감사합니다.

번역 권효진

随着电影的拍摄推进, 我和海日也顺利度过了磨合期, 更加了解了对方, 减少了一份语言不通的焦虑, 多了一份无需言语也能感受到对方心情的默契, 这也令我俩很希望能再次合作, 当然, 看缘分吧。

前年青龙奖, 在大厅里人群中, 大步走来开心将我一把抱离地面的海日;

当我听到那首《雾》哭得崩溃时, 轻拍我背脊安慰我的海日;

当我因中文版《分手的决心-分镜本》想要采访他时, 没想到反客为主像记者一样向我提问的海日;

去年青龙颁奖后约我们大家相聚的海日;

还有扮成很多可爱模样拍自拍大头贴的海日;

他的真诚、他的喜悦、他那份凝神屏息的专注、他的敏感、他的清澈、他的质朴、他的独特魅力一点点地都给了他扮演过的每一个角色, 没有虚假、没有勉强, 没有刻意, 多么优秀的人!

海日, 没有你, 没有这部《分手的决心》!

해일씨, 감사합니다.

COLLEAGUES

박근형 연극 극작가·연출가

해일아, 너 참 총명하구나

1999년 4월 1일 대학로 '혜화동 1번지'에서 초연된 연극 〈청춘예찬〉은 박해일이란 맑은 물의 발원지다. 또한 〈경숙이, 경숙아버지〉부터 〈이장〉까지 대한민국 연극 연출계의 거장이자 가장 문제적 작가로 꼽히는 박근형의 본격적인 시작을 알린 작품이기도 하다. 〈청춘예찬〉은 일체의 수식과 포장을 거부하고, 고통스럽지만 똑바로 세상을 보려 한 젊은 연출가와 기꺼이 그 속으로 뛰어든 젊은 배우가 함께 타올랐던 시간을 안료로 그려낸 청춘의 초상이다. 이후 박근형과 박해일은 두 번째 협업 작품인 연극 〈대대손손〉으로 재회했다. 2003년 4월 19일 예술의전당 토월극장에서 공연된 〈대대손손〉에서 박해일은 연극을 하겠노라며 집을 나갔다 조상님 제삿날에 돌아온 아들 일대를 연기한다. 〈와이키키 브라더스〉〈질투는 나의 힘〉〈국화꽃 향기〉를 거치며 어느덧 '영화배우'라는 소개가 익숙해진 박해일의 다음 영화 〈살인의 추억〉이 개봉을 일주일 앞둔 시점이었다. 영화를 하겠다고 잠시 연극을 떠난 박해일의 반가운 귀향이었던 셈이다.

"해일아, 네가 원한다면 계절에 상관없이 갈대밭을 걸어봐." 연극 〈청춘예찬〉의 세계사 선생은 청년 해일에게 이런 아리송한 말을 남기고 학교를 떠난다. "자유롭게 자신의 영혼과 투쟁"하던 박해일에게 〈희랍인 조르바〉을 선물했던 박근형의 모습 위로 자연스럽게 연극 속 청년과 선생의 대화가 겹쳐진다. 여전히 "모태의 대지에서 탯줄이 아직 떨어지지 않은 사람 중에 가장 영혼이 트인" 그들은 오늘도 각자의 계절 속에서 갈대밭을 걷고 있다.

"해일이에 대한 지워지지 않는 첫인상이 있어요. 1990년대 말 저는 아는 형님이 물려준 작은 사무실을 쓰고 있었어요. 동성고등학교 건너편 '림스치킨' 4층 옥상에 있는, 보증금 없이 월세 한 20만 원쯤 됐나? 책상과 난로, 전화기 정도가 놓여 있던 2평 남짓한 사무실이었죠. 그 대신 옥상이다 보니 경치가 좋았어요. 대학로도 한눈에 보이고. 거기에 극단 동숭무대의 젊은 배우들이 자주 놀러 왔어요. 하루는 사무실에 전화가 왔는데, 이 친구가 받더니 무척 예의 바르고 친절하게 안내를 잘하는 거예요. 그때는 요새처럼 연극에 관한 정보를 문장으로 잘 정리하던 때도 아닌데, 놀랄 만큼 유연하고 깔끔하게 설명하더라고. 그래서 제가 그랬죠. "이야- 해일아, 너 참 총명하다." 동숭무대 임정혁 대표를 통해서 해일이를 처음 만난 자리에 아내가 동행했는데, 이 사람도 처음 본 해일이에 대해 비슷하게 기억하더라고요. "갓 학교 졸업하고 공장에 다니는 똘똘한 서울 사람" 같았다고. 당시 저는 연극 하는 30대 또래들과 2기 동인으로 혜화동 1번지 소극장을 운영하고 있었고 다음 작품을 뭘 해볼까 구상 중이었어요. 직전에 동숭무대 창단 공연으로 〈오셀로: 피는 나지만 죽지 않는다〉라는 작품을 올렸는데, 나름대로 열심히 했지만 흥행에 실패했고 극단도 손해를 많이 봤죠. 그래서 다음 작품은 제작비도 덜 들고 이름 있는 배우 말고 젊은 배우들과 같이 만들어야겠다고 생각하고 있었어요.

처음엔 박해일, 고수희 같은 신입 단원들 데리고 워크숍이나 할까 하는 마음으로 시작했어요. 물론 이 친구들은 내가 그다지 편하지만은 않았을 거예요. 나이 차이도 꽤 나고, 저는 고등학교 때 연극을 시작해서 경력도 이미 15~16년 차였죠. 그 반면 애네들은 20대 초반에, 막 입문하던 때니까, 뭐가 뭔지 잘 모르면서 그냥 하라고 해서 한 부분도 많을 거예요. 당시 극단이 먹을 걸 제대로 주겠어요? 출연료를 제대로 주겠어요? 고생은 고생대로 하는데 저는 말로 자극을 많이 주는 편이었죠. '내가 여기서 뭐 하는 걸까, 저 사람한테 이런 얘기나 듣고…' 하고 생각하면 아예 그 판 자체를 떠날 수도 있었을 거예요. 그런데도 이들은 되게 열정적이었어요. 그쯤 되면 지칠 만도 할 텐데 끝까지 잘 견뎠죠. 만약에 혼자이거나 잘 모르는 사람들끼리 있었으면 진작에 떨어져나갔을 거예요. 다행히 고수희와 박해일은 나이도 같고 아동극부터 고생하며 여기까지 온 친구들이니까 서로 위로하면서 견뎌낸 것 같아요.

제가 '야전성' 있는 배우를 좋아하는데, 해일이는 조심스러운 성격이지만 분명 내부에 끓어오르는 게 있는 사람이라고 생각했어요. 티를 잘 안 낼 뿐이지. 아무리 봐도 저 속에 뭐가 분명히 있는데 그걸 섣불리 어른들한테 보이는 걸 어려워했어요. 좋게 말하면 예의 있는 청년이었죠. 그러다가 또 어떤 찰나에 보면 아주 낯선 얼굴을 하고 있단 말이죠. 1998년에 연극 〈쥐〉를 공연할 때는 극장에 갈탄 난로의 불을 꼭 해일이가 피웠어요. 본인이 출연하는 건 아니었으니 매번 불을 아주 잘 피워놓고 공연이 시작되면 극장 밖으로 나갔죠. 사실 짜증이 났을 거예요. 배우들은 공연 끝나면 분장실에서 떡볶이를 먹든, 소주를 마시든, 앉아서 쉬는데 자기는 스태프라고 거기 앉지도 못해. 포스터 뭉치 들고 나가서 그야말로 파김치가 되어 들어오곤 했죠. 그 모습을 가만히 지켜보면 내가 보는 줄도 모르니까 표정이 시무룩해요. 그러다가도 해일아 하고 부르면 네 하고 피곤한 기색을 싹 지우고 냅다 달려오는데, 이놈 딱 사기꾼 기질이 있구나, 생각했죠. 나쁜 뜻이 아니라 배우 기질이 있다는 말이에요. 그 전에 무슨 일이 있어도 그냥 무대에 올려놓으면 뭐든 다 할 놈이구나. 배우구나.

COLLABORATION

이따금 너는 어떻게 살았니 묻기도 하고, 책도 선물하고, 지난 삶을 글로 써 오라는 숙제도 내줬죠. 고등학교 때 방황한 이야기, 오토바이 사고 난 이야기도 하더라고요. 아동극 할 때 고생한 얘기도 하고. 그러다가 같이 술김에 아무 기차나 타고 떠나는 일도 비일비재했어요. 뭔가 창작의 목적을 가지고 떠났다기보다 그냥 그런 기회에 서로를 알고 싶었던 것 같아요. 연습실에서만 만나면 속내나 진짜 모습 같은 걸 보기가 힘들잖아요. 비록 무전여행이지만 어디서 같이 밥을 먹거나 같이 자면 그 속이 느껴졌어요. 어떤 인간인지, 어떤 생각을 갖고 있는지, 다른 사람을 어떻게 대하는지, 뭘 잘하는지, 뭐가 불편한지, 그런 속마음을 좀 알고 싶었어요. 그리고 잘하는 것을 시키고 싶었고요. 우리는 모두 남에게 이야기하지 않아도 각자의 트라우마나 상처가 있잖아요. 결핍도 있을 테고. 그게 많은 사람이 있고, 좀 적은 사람이 있을 뿐이죠. 난 왜 이렇게 태어났지? 난 왜 이만큼밖에 안 되지? 처음에는 그게 속상하겠죠. 하지만 궁극적으로는 결핍과 상처가 아주 큰 힘이 된다고 봐요. 예술가에게는 특히 그렇죠. 정서적으로 더 풍요롭게 하고, 표현도 더 풍부하게 만들어준다고 생각해요. 그렇게 멀리서 찾는 것이 아니라 어렴풋하지만 내가 느낀 어떤 결핍을 꺼내서 연기를 하는 거죠. 해일이도 약간은 그런 결핍들을 동력으로 쓰는 배우라고 생각했어요. 결국 제가 한 일은 원래 이 친구가 가지고 있는 부분을 발견해서 살짝 건드려준 것뿐이에요.

박해일은 무대에서 좌중을 쥐고 흔들고 웃기는 배우는 아니었어요. 그런데 나 연기 좀 한다 하는 배우들은 일단 그런 것부터 보여주려 하죠. 저는 그런 거 싫어하거든요. 그런 면에서 해일이가 저랑 맞았어요. 그 대신 쫄지 말라는 말을 자주 했던 것 같아요. 그건 건방진 거하고는 다르거든요. 무대 위에서 관객을 대하는 마음에 예의만 충분히 갖추고 있다면 절대 쫄 필요가 없어요. "무서울 게 뭐 있냐! 안 되면 그만이지! 이번 연극이 망하면 다음에 하면 되지!" 그리고 속에서 어떤 정서가 나온다고 해서 그 정서를 꼭 보여줘야겠다는 강박을 버려라, 웃음이든 눈물이든 무대 위에서 자연스럽게 생기는 게 아니면 표정이나 입으로 만들어서 하지 말라는 말도 많이 했어요. 얼마 전까지 아동극을 하다 왔으니 어쨌든 드러내는 표현을 해야 한다고 배운 게 있더라고요. 만약 배우가 어떤 정서를 충분히 품고 연기를 하면 관객은 의외로 쉽게 알아요. 그런데 자꾸 설명하려고 들면 연기가 촌스러워지죠. 널 믿어라. 충분히 준비했다면 이제 네가 이 인물이다. 어떤 역할이 아니다. 그렇게 하나씩 만들어가는 과정에서 해일이는 제가 기대한 것과 아예 다른 표현을 보여주면서 저를 깜짝깜짝 놀랬어요. 그러면서 점점 확신이 생겼죠. 다음 작품은 애랑 하면 되겠다.

1999년 4월에 〈청춘예찬〉 초연을 올렸어요. 솔직히 저는 3~4일 보고 오광록 배우와 전라도 순례를 다녀왔어요. 5·18 묘역에 갔다가 지리산, 청학동, 하동, 광주, 섬진강 일대를 돌고 한 열흘 만에 서울에 왔더니 뭔가 분위기가 다르더라고요. 연극이 재밌다고 여기저기 소문이 많이 났고 관객도 북적이고. 특히 해일이를 관객들이 좋아했죠. 아버지한테 반항하면서 방황하는 청년 역이었는데 묘하게 연민이 드는 부분이 있었나 봐요. 제가 영화 작업을 해본 적은 없지만 주변에 영화감독이나 제작자가 많았는데, 〈청춘예찬〉을 보고 나서 하나같이 해일이 칭찬을 많이 하더라고요. 처음부터 큰 역은 아니지만 여기저기서 계속 출연 제의가 들어왔어요. 해일이는 저에게 어떻게 해야 되느냐고 묻기도 했죠. 당시 새로운 영화감독들은 그 이전 세대 감독들하고는 좀 달랐던 것 같아요. 카리스마로 장악하기보다는 배우하고

소통하는 감독들이 하나둘 나타나던 때였죠. 그럼에도 의외로 거품도 많은 곳이니 조심스럽긴 했을 거예요. 그리고 영화 한 편 찍는다고 바로 스타가 되는 것도 아니고 기다림이 필요할 수도 있으니까, 잘 생각해보라는 조언은 했죠. 당시 규모가 큰 작품을 많이 하던 한 제작자도 찾아왔는데 뭔가 연극 하는 사람들을 하대하는 느낌을 받았어요. 내가 말렸는지 해일이가 안 했는지 기억은 나지 않지만 그건 거절해서 다행이었죠. 박해일, 고수희, 윤제문 등 〈청춘예찬〉을 같이 한 배우들은 모두 다 자기 말을 하는 배우들이었어요. 누구 흉내를 내는 게 아니라 자기 목소리로 자기 말을 하는 사람. 그러니 저는 행운아죠. 처음부터 해일이 같은 친구를 만나서 연출을 시작할 수 있었으니까요.

지금의 박해일에게는 경외감과 고마움을 느껴요. 경외감이 드는 건 왜냐면, 유명인으로 사람들한테 알려진 삶을 살다 보면 쭉 잘하다가도 어느 날 단추 하나 느슨하게 풀면 바로 나락으로 떨어지는 일이 비일비재하잖아요. 뭐 대단한 잘못도 아니고 일반 사람이면 충분히 그럴 수 있는 일도 공인이라는 이유로 비판받는 경우도 허다하고. 하지만 해일이는 그런 부침 없이 자기 관리를 잘해온 점이 대단해요. 아마 부인의 힘도 있지 않나 생각해요. 그리고 고마움을 느끼는 이유는 해일이가 여전히 자기의 시작이 연극이고, 고향이 대학로라는 사실을 잊지 않고 있기 때문이에요. 본인은 밝히고 싶어 하지 않겠지만 제가 알기론 조용히 연극 하는 친구들을 후원하고 있어요. 매달 재정적으로 힘든 연극 단체들에 자동이체로 얼마씩 보내는 걸로 알아요. 그건 돈 액수의 문제가 아니에요. 마음이거든요. 저는 해일이가 지금처럼만 계속 활동해주길 바라요. 다만 좀 이상한 역할을 더 많이 하면 좋겠어요. 자상하기만 한 역할보다는 자상한 마음이 있지만 참고 모질게 구는 역할, 반듯하기보다는 상태가 약간 좋지 않은 사람도 좋아요. 사실 그게 무엇이든 꾸준히 연기하는 모습을 보고 싶어. 그러다 서로 시간이 맞으면 옛날처럼 훌쩍 기차 타고 여행이나 같이 떠나고 싶어요."

임순례 영화감독

나는 아직도 당신이 궁금하다

〈와이키키 브라더스〉를 만든 임순례 감독은 대학로에서 발견한 박해일이란 목화씨를 충무로에 제일 먼저 들고 온 영화계의 문익점이 되었다. 우렁찬 노랫소리와 함께 팝콘 터지듯 발아한 박해일은 이내 리넨 향기 나는 청년들로 단정하게 직조되었다. 때론 화염병 아가리의 불쏘시개로, 어느 삼촌의 후줄근한 티셔츠로, 시대의 상처를 감싸는 거즈와 붕대로, 연인을 품는 따뜻한 솜이불로 변용되며 다양한 쓰임새를 보였다. 〈제보자〉에서 박해일은 줄기세포 조작 사건의 탁한 진실을 걸러내는 밀도 높고 촘촘한 필터가 된다. "첫사랑 같은 영화" 〈와이키키 브라더스〉 후 14년 만에 〈제보자〉로 다시 만난 임순례 감독에 대해 박해일은 "어른의 품"과 동시에 "그 품을 지니기 위한 날카로운 힘"을 지닌 사람이라고 말한다. 저항의 기골과 물러섬 없는 집념으로 영화를 쓰는 작가 임순례, 그 옆을 든든하게 지키는 박해일은 연대의 손목을 묶는 단단한 매듭 끈이다.

'스물다섯이라고?' 〈와이키키 브라더스〉를 같이 한 조승희 조감독이 하루는 무슨 연극을 보고 와서 괜찮은 친구를 한 명 찾았다는 거예요. 그때가 한참 성우 역으로 캐스팅된 이얼 배우의 아역 오디션을 보던 중이었거든요. 알고 보니 조감독이 고수희 배우와 아는 사이였고, 그 친구가 출연 중인 〈청춘예찬〉이라는 연극에서 완전 무명의 박해일을 발견한 거죠. 보기 전에 일단 나이부터 물었더니 스물다섯이래요. 만으로 스물셋이라고 해도 남자들은 10대와 20대의 차이가 크잖아요. '연극 무대에서는 교복 입히고 조명 컴컴하면 대충 그 나이로 보이겠지만, 카메라로 찍는데 피부도 그렇고 10대가 되겠어' 하는 생각에 큰 기대는 없었어요. 그런데 운이라면 운이고 인연이라면 인연인 게, 당시 저희 사무실이 대학로 혜화동 로터리에 있었어요. 멀었으면 안 갔을 텐데, 공연장까지 워낙 가까운 거리라 그냥 속는 셈 치고 보러 갔죠. 일단 연기를 너무 잘하더라고요. 게다가 이미지도 좋고, 무엇보다 이얼 씨랑 되게 비슷한 데가 있었어요. 뭔가 멜랑콜리한 느낌이랄까. 그래서 공연 끝나고 술 마시러 오라고 했어요. 동숭아트센터에서 내려오는 골목에 있는 '춘천 닭갈비'였던 걸로 기억해요. 이 친구가 분장을 지우고 말간 얼굴로 들어오는데, 피부가 워낙 좋아서 10대로 보기에도 전혀 문제가 없겠더라고요. 게다가 무대를 보면서도 느꼈지만, 실제로 만나니 더 매력 있는 사람이기도 했고요. 그날 바로 이 배우와 같이 해야겠다고 생각했어요.

카메라 연기를 처음 하는 사람인데도 해일이는 질문이 별로 없었어요. 원래 좀 말이 없는 스타일이기도 했지만, 이해력이 좋은 배우라 뭐든 알아서 잘했죠. 신인들이 흔히 하는 실수나 무모함도 없었어요. 오히려 제가 준비가 안 돼서 생긴 사고가 많았죠. 저 역시 〈세 친구〉 다음으로 두 번째 영화니까 경험이 그렇게 많은 감독이 아니었잖아요. 게다가 프로덕션 준비가 늦어지는 바람에 11월이 되어서야 크랭크인을 할 수 있었어요. 원래 7~8월에 찍으려고 준비하던 여름 해수욕장 장면을 11월 초에 찍어야 했고요. 변명하자면 뒤로 가면 날씨가 더 추워질 테니 하루라도 빨리 찍는 편이 그나마 낫겠다고 생각해서 결국 서해 연포해수욕장을 첫 촬영 장소로, 성우와 친구들이 바닷가에서 발가벗고 뛰는 장면을 첫 촬영 신으로 잡았어요. 그런데 11월 초의 바다가 얼마나 추워요! 게다가 여자 스태프도 많은데 다 큰 남자들이 옷을 다 벗고 뛰어야 했으니… 인권유린이 따로 없는 현장이었죠. 그런데도 해일이는 불평 한 마디 없더라고요. 그리고 밤에 모닥불 앞에서 뒤엉켜 싸우는 장면을 찍는데 상대편 쪽 한 명이 반지를 끼고 있었어요. 저희가 미처 체크를 못 한 거죠. 물론 실제로 때린 건 아니지만 그 반지가 해일 씨 얼굴을 스치면서 이마가 찢어졌어요. 바로 서울에 있는 병원으로 보냈지만 지금도 자세히 보면 흉터가 있을지도 몰라요. 배우 얼굴에 상처를 내다니… 철저하게 제 잘못이죠. 다시 한번 죄송한 마음을 전하고 싶어요. 그 반면에 해일 씨는 촬영 준비를 할 때부터 제가 미처 챙기지 못한 부분까지 세심하게 신경 써줘서 고마운 순간이 많았죠. 자기 연기 준비하기도 벅찼을 텐데 함께 나오는 '충고 보이스' 친구들까지 다 보살폈어요. 3명의 밴드 멤버들(김종언, 정대용, 이민호)은 열아홉 살, 스무 살이라 해일이가 맏형이기는 했지만, 그래 봤자 겨우 스물세 살이고 이제 막 데뷔한 배우인데 본인도 얼마나 불안한 게 많았겠어요. 하지만 진짜 괜찮았던 건지 티를 안 낸 건지 그냥 묵묵하게 자기 할 일을 했어요. 맏형으로 밴드 멤버들을 챙겨야 한다는 책임감 그리고 이들과 또래 친한 친구처럼 자연스럽게 보여야 한다는 사실에 제일 신경을 쓰고 있었던 것 같아요. 멤버들을 주도적으로 모아서 연주 연습도 시키고 사이사이 팀워크도 다지면서 성실한 리더 역할을 아주 잘해줬죠. 얼마 전에

당시 수철이 역할을 맡았던 김종언 배우가 '감독님, 저희 형이랑 같이 있어요' 하면서 해일이랑 찍은 사진을 보내줬어요. 몰랐는데 해일이는 아직까지도 여전히 그 역할을 하고 있더라고요.

그렇게 〈와이키키 브라더스〉가 박해일의 데뷔작이 되고 이후 박찬욱, 봉준호 감독 순으로 영화를 찍기는 했지만, 단지 순서의 차이였을 뿐이라고 생각해요. 당시 박해일은 어느 감독한테든 바로 발굴됐을 만큼 반짝이는 신인 배우였어요. 당연히 누구에게나 호감을 주는 이미지라서 곧 스타로 성장할 거라는 예상도 했고요. 하지만 〈질투는 나의 힘〉〈살인의 추억〉〈연애의 목적〉 등등 이어지는 작품들을 보면서 참 대단하다고 생각했어요. 저는 미처 발견하지 못한 해일이의 모습을 끄집어낸 차기작을 보며 오히려 이 배우의 확장 가능성을 확인했던 것 같아요. 아니, 해일이가 저렇게 지질하다고? 저렇게 섬뜩하다고? 저렇게 변태 같을 수 있다고? (웃음)

〈와이키키 브라더스〉에서 평범한 고등학생이었다면, 〈제보자〉는 전 국민이 아는 실제 사건을 기반으로 한 영화고, 방송국 시사 고발 프로그램 프로듀서라는 특수한 직업을 가진 인물을 맡았잖아요. 실제 모델인 한학수 PD를 비롯해 아주 많은 사람을 직접 인터뷰하고, 취재도 같이 다니더라고요. 생명공학 강의도 열심히 듣고요. 물론 제가 그런 방식을 선호하는 감독이라 준비시킨 부분도 있지만, 본인도 자기가 연기하는 캐릭터 직업군의 리얼리티를 확보하기 위해서 노력을 굉장히 많이 했어요. 줄기세포 관련 프로그램뿐 아니라 다양한 주제의 시사 프로그램까지 다 챙겨 보더라고요. 정치적 흐름, 사회적 흐름에까지 관심을 가지고 현상 전반을 이해하려고 하는 모습을 봤죠. 아, 이 배우는 굉장히 폭넓고 깊게 영화와 캐릭터에 접근하는구나 하고 깨달았죠. 〈제보자〉를 작업하면서 해일이의 그 부분이 제일 인상적이었어요.

저는 개별 배우들의 톤을 일일이 따로 잡거나 특정한 디렉션을 주는 편은 아니에요. 해일이도 연기의 디테일을 감독과 상의하는 편은 아니죠. 캐릭터나 특정 장면에 대한 논의보다는 더 큰 부분, 가령 이 시나리오가 뭘 얘기하고자 하는지, 감독은 무엇에 중점을 두는지 파악하는 걸 중요하게 생각했어요. 다만 〈제보자〉에서 방송국 사장(장광) 차를 막고 방송 윤리 강령을 외치며 방송 허가를 요구하는 장면은 우리 영화의 하이라이트이기도 하지만, 자칫 톤을 잘못 잡으면 되게 자극적이거나 지나치게 설명적일 수도 있거든요. 저 역시 그 대사만큼은 어떤 방식으로 전달해야 하는지 고민을 많이 했고요. 결국 완성된 박해일의 연기를 보며 이런 생각이 들었어요. 이 배우가 가진 강점은 단순히 인간적인 호감을 넘어 관객으로 하여금 이 사람의 말과 행동에 신뢰를 갖게 하는 힘에 있다는 생각이요.

저는 현장에서 배우들 간의 에너지 밸런스에 신경을 많이 쓰는 편이에요. 가령 조연출 역을 한 송하윤, 제보자 역의 유연석, 이장환 박사 역의 이경영 배우와 박해일이 같이 연기하는 장면에서 어느 한 사람이 지나치게 업되거나 다운되거나 했을 때 그 신에 맞는 밸런스를 찾는 데 집중하는 편이에요. 이런 앙상블 연기에서 해일이를 보면 뭔가 배짱이 두둑하다고 할까? 이 배우는 상대 배우에 전혀 흔들리지 않아요. 〈질투는 나의 힘〉에서 문성근과 연기할 때도 그랬잖아요. 제아무리 경력이나 연배 차이가 많이 나는 배우들과 같이 연기할 때도 이 사람은 상대의 영향을 크게 받지 않는 게

느껴져요. 따로 논다거나 나 혼자 잘났어 하는 태도라는 것이 아니라 자기중심의 힘이 확고하다는 말이에요. 〈살인의 추억〉 때만 해도 당시에는 송강호 배우와 레벨 차이가 엄청났을 텐데 조금도 꿀리지 않잖아요. 그 배짱이 어디서 나오는지는 모르지만, 이 배우가 가진 가장 근원적인 힘일 수도 있다고 생각해요. 겉으로는 유해 보이지만 내적인 힘이 아주 강하고 자기중심을 잘 잡고 있는 사람이라고 생각해요.

박해일의 행보를 가만히 보면 더 높은 개런티, 더 큰 예산, 더 큰 규모를 향해 있지 않아요. 장률 감독 영화를 찍다가도 블록버스터에 출연할 수 있고, 그러다 언제라도 흥미로운 감독의 저예산 영화에도 턱하니 나올 수 있는 배우죠. 단순히 어떤 감독에 대한 의리로 움직이는 것도 아니고, 특정 사단 같은 데 속해 있는 것도 아니고, 그냥 그때 자기가 관심 있는 것을 표현하면서 멋있게 나이 들어가는 해일이의 방식이 참 좋아 보여요. 2023년에 피렌체 한국영화제에 다녀왔거든요. 그해에 박해일 특별전이 열렸는데, 아쉽게도 해일이와 저는 공항에서 엇갈리는 일정이었죠. 저를 픽업하러 온 현지 코디네이터가 해일 씨도 수행했는데 영화제 기간 동안 박해일에게 완전히 빠졌더라고요. 연기를 보면서 배우로서도 좋아했는데, 이번에 마음 깊은 곳에서 우러나는 박해일이라는 사람의 배려와 예의에 홀딱 반했다고 하더군요. 그래서 자기가 그랬대요. 다음 생에 태어나면 해일 씨랑 결혼한다고. (웃음) 그렇게 누가 봐도 반할 만큼 스크린 밖 박해일과 누구도 예상할 수 없는 스크린 속 박해일이 서로 영향을 주고받으면서 이 사람은 앞으로도 절대 뻔한 길을 가지는 않을 거라고 확신하게 돼요.

사실 해일이는 되게 모호하죠. 내면에 겹도 많고요. 어떻게 보면 영리하고 이성이 발달한 친구지만, 한편으로는 기분에 따라 참 감성적이죠. 단호한 결단력이 있지만 한편 무척 신중하고, 강직한 부분이 많지만 유연한 탄력도 있죠. 여러 가지 상충되는 부분을 겹치게 많이 가지고 있는 신기한 사람이에요. 그렇다고 의뭉스럽다거나 뭔가를 감추고 있는 건 아닌데 단선적으로 윤곽을 그리기 어려운, 하나로 규정하기 모호한 친구라고 느껴요. 어느 한쪽으로 규정하는 순간 아예 예상하지 못한 정반대 방향으로 넘어갈 수 있는 사람, 이런 가능성을 항상 품은 사람이 박해일인 것 같아요. 만약 주변 친구나 동료 중에 이런 사람이 있다면 잘 파악이 안 돼서 답답하거나 짜증 날 수 있지만 배우로서는 더없이 매력적인 부분이잖아요. 아니, 굉장한 강점이죠. 저는 〈헤어질 결심〉을 통해 배우 박해일의 새로운 모습을 또 봤어요. 솔직히 우리나라 중견 남자 배우 중에 앞으로가 더 기대되는 배우는 별로 없을 거예요. 지금까지 해온 것을 유지, 보수하고 심화할 수 있을지는 몰라도 중년 이후 아예 다른 모습을 보여줄 수 있는 배우는 많지 않으니까요. 그런데 박해일은 달라요. 중년이 된 박해일이 뭘 더 보여주겠어 하기보다 뭘 더 새로운 걸 보여줄까 하는 궁금증이 든다는 말이죠. 여전히 우리를 놀라게 할 지점이 더 많이 남아 있을 것 같아요. 이런 면에서 박해일은 관객에게는 소중한 배우, 영화계에는 어마어마한 자산이라고 생각해요."

김한민 영화감독

장르 영화의 와일드카드

사랑이 아니라고 말할 수 있을까. 〈극락도 살인사건〉으로 데뷔 이후 총 여섯 편의 연출작을 내놓은 김한민 감독은 이 중 세 편을 박해일과 함께 작업했다. 〈핸드폰〉을 제외하면 다른 두 영화는 '이순신 3부작'의 앞뒤 편이니, 김한민이 그린 거의 모든 캐릭터에 배우 박해일이 깃들어 있다고 해도 과언이 아니다. 김한민의 성취는 배우 박해일에게서 장르 영화에 가장 잘 맞는 얼굴을 끄집어내고 그 가치를 열렬한 대중적 화답으로 증명해냈다는 점이다. 무명의 신인 감독이 만든 기묘한 장르 영화 〈극락도 살인사건〉이 관객 수 200만을 넘긴 것부터 시작해, 2011년 개봉한 〈최종병기 활〉은 748만 명이라는 기록을 세우며 대중성의 과녁에 시원하게 명중했다. 특히 코로나19 팬데믹 이후 개봉한 〈한산:용의 출현〉은 726만 명의 관객을 다시 극장으로 불러들이면서 산업의 해류를 잠시 돌려놓았다. "가만 보면 정말 안 맞는 듯 잘 맞는다"는 김한민 감독과 박해일 배우는 일견 접점이 보이지 않지만 이런 의외성과 긴장감 때문에 좀처럼 권태에 빠지지 않을 듀오다. 게다가 20여 년 전 입은 옷까지 자세히 묘사하며 박해일에 대한 기억을 꺼내 드는 김한민 감독의 여전히 설레는 표정을 보니, 이 두 사람의 영화적 인연은 도저히 이대로 끝나지 않을 것 같다.

"박해일과 인연을 처음 이어준 건 봉준호 감독이에요. 봉 감독이 〈괴물〉을 막 끝낸 때였는데 당시 제작사 대표가 친분이 있어서 〈극락도 살인사건〉의 시나리오를 전달할 수 있었죠. 입봉을 앞둔 신인 감독이지만 2006년이니 '토종 미스터리 스릴러'라는 장르 자체가 귀하던 때였고, 거기에 신약 개발을 위한 임상시험이라는 반전의 카드가 박해일 배우에겐 꽤 흥미롭게 느껴진 것 같아요. 일단 한번 보자고 해서 나갔는데, 사실 그날 굉장히 떨었던 기억이 나요. 밝은 베이지색 줄무늬가 있는 니트 셔츠를 입은 채 일식집 문을 열고 들어오는데 와, 후광이 그냥 막- (웃음). 갓 30대에 들어선 해일은 그야말로 푸릇푸릇했죠. 어지간히 긴장한 상태에서도 만나자마자 시간 가는 줄 모르고 떠들었는데, 같이 온 공동 제작자가 저기 뭘 좀 시키고 이야기하시면 어떨까요? 하고 아주 조심스럽게 물어본 일이 지금도 기억에 생생해요. 같이 작업하기로 결정한 후에는 섬 같은 데 들어가서 찍어도 상관없다는 말을 먼저 흔쾌히 해줬어요. 결국 가거도라는 섬에서 한 달가량 찍고, 나머지는 남해와 욕지도 등을 돌아다니면서 촬영했죠. 사실 제가 배려가 없었던 게, 해일이가 촬영 직전에 결혼식을 올렸단 말이에요. 물론 신인 감독의 입장에서 이것저것 따질 상황은 아니었지만, 해일이의 신혼을 방해한 건 지금 생각해도 미안해요. (웃음)

어떤 시나리오를 쓰건 일단 박해일이 떠오르는 건 참 신기한 일이야. 뭐라 설명할 수 없지만 박해일이 했으면 좋겠다, 박해일과 어울린다는 느낌이 드는 인물을 만들게 되더라고. 이순신 장군을 생각할 때도 박해일과 참 비슷하다는 생각이 들었죠. 고독해 보이고 물의 차가운 기운이 있는, '쓰나미 박'이잖아요. (웃음) 이런 기운이나 온도가 〈한산: 용의 출현〉의 이순신과 많이 맞아떨어졌죠. 특히 "발포하라"라는 대사를 내뱉는 해일이가 너무 보고 싶었어요. 기대한 표정과 눈빛이 있었고. 지금 생각해보니 캐스팅을 결심한 결정적 이유가 그거네. 사실 해일이는 자기 특성이나 색채가 확고한 배우라기보다 그야말로 백지 같거든요. 어떤 걸 맡겨도 구현할 수 있는 배우니까 어떤 시나리오에도 자연스럽게 매치되는 것 같기도 해요.

그리고 해일은 대세나 상업적 계산에 따르기보다 어딘가에 꽂히면 일단 가보는 기질이 강한 배우거든요. 그간 해온 선택만 봐도 알 수 있잖아요. 쟤가 저 영화를 왜 하지 싶은 작품도 있고. 그건 예나 지금이나 변함없는 것 같아요. 한 번도 감독님 영화니까 그냥 해야죠 하는 법이 없어요. 〈최종병기 활〉을 제안했을 때는 해일이가 〈이끼〉를 찍고 있었는데 그래도 일단 시나리오를 줬어요. 해일이는 어떤 작품을 할지 말지를 떠나서 확실히 거슬리는 점이 없고, 뭔가 자기를 당기는 지점이 있으면 감독과 대화를 많이 하고 싶어 해요. 왜 활이냐, 왜 나여야 하느냐 하는 일차적 궁금증을 풀면서 같이 캐치볼도 하고 산책도 하며 함께하는 시간을 가졌죠. 그런데 결정이 너무 길어지는 거예요. 어느 날 편의점 앞에서 같이 맥주를 마시다가 술기운도 약간 올랐겠다 제가 따지듯 물어봤죠. 근데 넌 언제 예스 할 거야? 안 할 거야? 에잇, 하지 말자, 하지 마! 그렇게 안 하는 걸로 하고 집에 왔어요. 그런데 새벽까지 누워서 뒤척뒤척하는데 '아무리 생각해도 해일이가 했으면 좋겠는데, 해일이밖에 없는데….' 이런 생각이 들더라고요. 결국 문자메시지를 보냈지. 야, 그래도 우리가 지금까지 얘기해온 세월이 얼마인데…. 그랬더니 조금 있다가 답장이 오더라고. 언제는 하지 말자면서요. (웃음) 이런 과정을 거쳐 결국 〈최종병기 활〉에 합류하게 되었어요. 그런데 이번엔 투자가 생각만큼 안 되는 거예요. 그런데 이 친구가 참 고마운 게 일단

오케이를 한 이후에는 투자가 어떻든, 상황이 어떻게 되든, 끝까지 기다려주는 우직한 면이 있어요. 〈최종병기 활〉은 2010년 12월에 극적으로 롯데엔터테인먼트에서 투자하기로 결정이 났고, 두 달 정도 준비해 2011년 2월에 촬영을 시작해서 6월 10일에 크랭크업하고 8월 10일에 개봉했어요. 그 전에 단 한 번도 말을 탄 적 없고 활도 쏴본 적 없는 친구가 두 달 동안 그걸 다 해내더라고. 아주 프로페셔널한 집중력이 있는 배우예요.

보통 박해일과 액션을 잘 연결하지 않는데, 저는 〈극락도 살인사건〉의 비 오는 밤바다에서 성지루와 싸우는 장면을 찍으면서, 이 친구 액션도 되는데? 하고 생각했어요. 그간 캐치볼을 하면서 몸의 밸런스가 좋다는 걸 느꼈고, 왠지 산속을 헤매면서 잘 뛸 것 같더라고. 실제로 〈최종병기 활〉을 촬영하면서 보니 생각보다 달리기를 더 잘하는 거예요. 원래 다리가 좋지 않아서 수술하고 재활했는데 말이죠. 산비탈을 뛰어 내려오는 느낌이 한 마리 노루 같다고 할까. 그러고 보면 노루를 좀 닮기도 했어요. 해일이는 이런 지점에서도 백지 같은 배우인 것 같아요. 액션이든 언어든 기본기를 금방 익혀요. 어떤 액션을 보여주고 싶어, 이런 배우는 아니지만 자기 앞에 달성해야 하는 목표가 있고 해내야 하는 기술이 있다면 그걸 결국 해내요.

저는 장르물을 좋아하고, 해일이는 장르적 포텐셜을 다분히 갖고 있지만 별로 선호하지 않는 배우죠. 하지만 이런 배우가 일단 장르 영화 안으로 들어오기만 하면 이보다 신선할 수 없거든요. 해상 액션물 〈한산: 용의 출현〉까지 저와 함께 한 작품은 다 흥행에 성공하기도 했고요. 그래서 저는 박해일을 와일드카드 같은 배우라고 봐요.

좋은 캐스팅은 편견 없이 어떤 배우의 의외성을 발견하는 거라고 생각하거든요. 누가 해일이한테 뛰자, 활 쏘자, 포 쏘자 하고 제안하겠어요. 흔히 규칙 없고 느리고 인디적 속성을 갖고 있다고 생각하지만, 사실 박해일은 전형적이거나 정형화된 장르물 역시 굉장히 잘해낼 수 있는 배우예요. 그건 이 배우의 연기가 깔끔하기 때문이죠. 감독이 제대로만 정리해서 던져주면 아주 정확하게 받아내는 배우이기도 하고요. 그런데 이 과정에서 제 방식이 좀 하드한 느낌이 있긴 한가 봐요. 그럴 때면 말은 안 하지만 좀 예민해지는 걸 느끼거든요. 박해일은 본인이 가진 에너지 한계를 명확하게 알고 있고, 그 에너지 안에서 어떻게든 가장 효율적인 선택과 집중을 통해 최상의 표현 방법을 찾는 배우인데, 저를 만나면 자꾸 그 이상을 요구할 걸 아니까 민감해지는 거죠. 결국에는 감독의 뜻을 따라주지만, 이런 상황에 대한 딜레마나 예민함은 늘 가지고 있는 건 분명해요. 이런 우리 둘 사이의 긴장이 굉장히 에지 있는 순간들을 만들어내기도 하고요. 식물처럼 생겼지만 그 반대야. 대단히 동물적이고 본능적으로 연기하는 경우도 많아요. 그리고 이런 지점에서는 테이크마다 연기가 달라요. 골라내는 수고가 필요하지만 (웃음) 그 안에 꼭 빛나는 연기가 있거든요. 상황적에 대처하는 본능도 뛰어나죠. 가령 〈한산: 용의 출현〉에서 이억기(공명)가 조정에서 보낸 장계를 하나 갖고 와서 큰일 났다는 표정을 짓는 장면이 있어요. 시나리오상에는 장계를 그냥 받아 보는 거였는데 해일이는 확 뺏어버리더라고요. 원래 연출에 없던 건데, 그런 표현이 마음에 쏙 들었어요. 배우의 연기를 내가 잘 골라 편집할 자신만 있다면 동물적 천재성이 돋보이는 귀한 순간을 만날 수 있죠.

우리는 촬영 전에 일단 신 바이 신으로 분석하면서 이야기를 많이 나눠요. 꽤 철저하고 예리한 부분이 많아요. 해일이는 당위성과 개연성, 해석이 매우 중요한 배우죠. 가령 〈한산: 용의 출현〉에서 마당에 묶인 준사(김성규)를 앞에 데려다 두고 인두로 고문하면서 심문하는 장면이 있어요. 이순신은 반대편 의자에 앉아 있죠. 그런데 갑자기 준사가 막 미친 듯이 웃으면서 조선말로 떠드니까 이순신이 다가가서 살피잖아요. 그러던 중 준사가 머리로 들이받아서 매타작을 당하고 다시 감옥으로 끌려가는 신 기억하시죠? 원래 시나리오에는 준사가 도발하는 장면이 없었거든요. 그 신에 대해 해일이가 물었어요. 제가 준사에게 왜 다가가죠? 블로킹의 이유를 못 찾겠다는 거죠. 들어보니 맞는 이야기야. 만약 준사가 어떤 기이한 행동을 해주면 움직일 수 있겠니? 예, 그러면 이 사람이 궁금해서 다가갈 것 같습니다. 그럼 너도 대사 한마디 해야 되겠네. 너는 누구냐, 그럼 되겠지? 예, 편합니다. 그때 애가 대가리를 박는다, 오케이! 이런 식으로 둘이 공부하듯이 신을 만들어가기도 해요.

해일이는 현장에서 자기주장이 강한 배우는 아니에요. 대체로 감독의 얘기를 귀담아듣고 그걸 어떤 식으로든 표현해내려고 노력하는 편이죠. 그 대신 캐릭터의 행동에 대한 박해일만의 해석법이 있어요. 아차산에서 〈최종병기 활〉을 찍을 때였어요. 남이(박해일)가 활을 들고 절벽에 붙어 있는 쥬신타(류승룡)를 딱 겨누다가 이미 죽은 부하를 끝까지 잡고 있는 걸 보면서 결국 쏘지 않아요. 그 이후에 가던 길을 딱 돌아서 시원하게 뛰어가면 좋겠다고 했는데, 무엇 때문인지 자꾸 미적미적하는 거야. 한참 기다리다가 그냥 좀 뛰어주면 안 되냐 했더니 갑자기 갑용이, 강두 생각이 난다고요! 이러는 거야. 이한위, 김구택 배우가 연기한 그 캐릭터들이 그 전에 죽거든요. 그러니까 남이는 지금 죽은 전우들 생각을 하느라 그렇게 시원하고 가볍게 뛸 수 있는 상태가 아니라는 거죠. 그처럼 본인의 해석에도 충실한 배우예요.

해일이가 참 착한 게 뭐냐면 카메라가 상대 배우를 찍고 자기 등만 걸릴 때에도 연기를 아주 충실하게 하고 있어요. 그럴 땐 얄미워서 제가 그러죠. 당신 에너지를 아껴! 감독이 한 컷 더 찍자 그럴 때 예민해지지 말고! 그러고 보면 해일이는 다른 배우들에게는 참 친절해. 강자한테 강하고 약자한테 약한 놈이에요. 가끔은 자기 촬영이 없는데도 현장에 미리 내려와서 스태프들 동정 살피고 다닐 때도 있어요. 저 감독을 내가 감시하리라 하는 태도로. 〈극락도 살인사건〉 할 때부터 그랬어요. 감독님 그러면 안 돼요 하는 거지. 자기가 스태프들을 대변한다 생각하고, 사실 그때나 지금이나 감독이 무슨 힘이 있다고. (웃음)

조선의 한량을 주인공으로 한 SF 사극 코미디를 함께 구상한 게 있거든요. 풍류를 즐기는 자유로운 선비가 된 해일이를 영화에 담고 싶어요. 지질한 남자 말고 매력적인 모습으로요. 어딘가 이상하면서도 빛나는 해일이 캐릭터를 제대로 드러내는 영화가 있다면 또 한 번 흥미로운 일이 벌어지지 않을까 싶기도 해요. 그렇게 앞으로도 저는 박해일을 옆에서 계속 자극하고 귀찮게 하는 역할을 해보려고 해요."

김고은 배우

어린 나를 묵묵히 기다려준 가장 큰 어른

영화 〈은교〉

"누구세요?" "… 너 누구야?" "… 은교요." 동백꽃 무덤 같은 노인의 집에 날아든 어린 새. 〈은교〉는 한국예술종합학교 연극원 재학 중이던 열아홉 신인 배우 김고은의 이름을 찬란하게 선포하며 시작하는 영화다. 검버섯이 잔뜩 핀 일흔 노인의 거죽을 입은 박해일과 희다 못해 투명한 김고은의 피부는 늙음과 젊음, 죽음과 삶을 직유하는 실체가 된다. 박해일이 오랜 기다림 끝에 내뱉은 "잘 가라, 은교야"라는 마지막 인사는 길 떠나는 김고은에게 축복의 주문처럼 작동했다. 이후 김고은은 영화 〈차이나타운〉 〈협녀, 칼의 기억〉 〈영웅〉 그리고 최근 개봉한 〈파묘〉에 이르기까지 자기 앞에 놓인 의문부호와 한계를 대검으로 날려버리고, 〈쓸쓸하고 찬란하神 : 도깨비〉 〈유미의 세포들〉 〈작은 아씨들〉 등의 드라마를 통해 대중성과 동시대성을 놓치지 않는 영리한 행보를 이어갔다. 은교가 서로의 가슴팍에 그려 넣은 독수리처럼 배우 김고은은 더 넓은 대륙을 향해 시원하게 비상 중이다.

"해일 오빠는 〈은교〉 테스트 촬영을 하러 간 홍대 상상마당에서 처음 만났어요. 노인 분장을 하고 오신 상태로 저랑 서로 마주 보거나 같이 정면을 응시하는 모습 같은 걸 찍었죠. 촬영을 마치고 감독님과 스태프들, 저랑 해일 오빠가 분장을 한 상태로 같이 홍대 거리를 걸어 다녔어요. 사람들이 박해일인지 알아챌 수 있는지 시험하는 일종의 테스트였던 셈이죠. 그런데 아무도 못 알아보는 거예요. 저는 데뷔 전이니까 당연히 못 알아봤고. 그렇게 걷다가 어떤 호프집에 들어갔어요. 맥주를 마시면서 이런저런 얘기를 나누고 있는데, 해일 오빠가 분장을 지우고 다시 오시겠대요. 특수 분장이라 해체에도 1시간이 훨씬 넘게 걸리거든요. 그리고 1시간 반 정도 지났을까, 해일 오빠가 본인 옷으로 갈아입고 분장을 다 지운 상태로 딱 들어오는데 어휴 못 쳐다보겠는 거예요. 이런 말 해도 되나? 진짜로 후광이 비친다는 게 저런 건가 싶더라고요. 그때 오빠가 서른넷인가 지금의 제 나이 정도였을 텐데, 피부도 뽀얗고 얼굴도 조막만 하고. 아름답다? 맞아, 아름답다는 표현이 맞는 것 같아요. 〈국화꽃 향기〉에서 본 박해일이 내 앞으로 걸어오는데 제가 얼마나 놀랐겠어요. 엄청 놀랐는데 티도 못 내고 그때부터는 아예 눈을 못 쳐다보겠더라고요. 아까 이적요 분장을 한 채 만났을 때는 눈 마주치며 잘 웃고 말도 잘 걸고 그랬는데 말이죠. 그래서 줄곧 다른 데만 쳐다보다가 대답만 겨우 했던 기억이 있어요. 해일 오빠는 여전히 제가 본 잘생긴 사람 1위예요. (웃음) 그 강렬한 첫인상이 평생 가는 것 같아요.

촬영장에서 다시 만난 해일 오빠는 아주 잘 기다려주는 사람이었어요. 그때 저는 모든 게 처음이었어요. 카메라 앞에 서는 것도 어색하고 무섭고, 보는 눈이 하도 많으니까 로봇처럼 뚝딱거리고 그랬거든요. 촬영 초반에는 한 컷에 적으면 18테이크, 많으면 30테이크씩 가기도 했어요. 저도 제 마음대로 안 되니까 눈물이 날 것 같은 걸 꾹꾹 눌러 참고 있었죠. 그러다가 하루는 해일 오빠가 분장을 다 마치고 기다리는데 제가 계속 NG를 냈어요. 새벽부터 나오셔서 7~8시간 동안 분장을 하고도 저 때문에 겨우 한두 컷밖에 못 찍고 촬영을 마무리해야 하는 상황이 된 거죠. 한없이 죄송하고 속이 상해서 오빠가 분장을 지우고 계신 지하로 내려가서 옆에 조용히 앉아 있었어요. 죄송하다는 말조차 못 할 만큼 죄송한 마음이 너무 커서 아무 말도 못 하고 그냥 옆에 앉아만 있었어요. 그런데 오빠가 거울로 나를 쓱 보더니 왜 안 가고 거기서 그러고 있어? 물으시기에 제가 정말… 너무 죄송합니다… 너무너무 죄송합니다 하면서 막 울었어요. 눈물이 터져서 엉엉엉 소리 내 울었죠. 오빠가 그런 나를 가만히 보고 있다가 고은아, 나는 불과 얼마 전에 〈이끼〉 찍을 때만 해도 30테이크 넘게 갔어, 다 그런 거야, 너 지금 아주 잘하고 있어, 뭘 얼마나 잘하려고 그래, 괜찮아 괜찮다, 하고 위로를 해줬어요. 그 위로 덕분에 얼른 극복해내야겠다 결심했고, 빨리 극복할 수 있었던 것 같아요.

〈은교〉 촬영장을 생각하면 늘 한 장면이 떠올라요. 촬영 세팅을 바꾸는 데 시간이 좀 오래 걸려서 이적요 방에서 대기하고 있었어요. 해일 오빠는 무슨 노래를 듣고 계시고, 저는 그 옆에서 책을 보고 있었어요. 그때 오빠가 저를 보더니 너도 한번 들어볼래? 하면서 이어폰 한쪽을 건네주셨죠. 무슨 팝송이었던 것 같은데, 같은 노래를 이어폰을 나눠 끼고 가만히 듣고 있던 그때가 뭔지 모르게 추억 속 사진 한 장처럼 찍힌 느낌이 들어요. 지금도 예전에 영화 촬영할 때 하면 딱 그 장면이 떠올라요. 언젠가 정지우 감독님이 제가 해일 오빠를 쳐다보고 있는 모습을 찍은 사진을 보내주시면서

그러셨어요. 고은이는 현장에서 항상 해일이를 그렇게 바라봤다고. 저는 제가 오빠를 계속 관찰하고 있는지 몰랐거든요. 그런데 해일 오빠가 사람들을 어떻게 대하고, 대기하고 있을 때는 어떤 모습이고, 어떻게 말하고, 손짓를 어떻게 쓰는지, 이런 모든 것이 제 기억 속에 세세하게 다 남아 있는 걸 보면 오빠만 바라보고 있었던 게 사실인 것 같아요.

촬영장에서 오빠를 보고 있으면 저 사람은 인내심의 한계가 어디일까, 무슨 생각을 하면서 저렇게 버틸까, 이런 생각이 들 정도였어요. 분장을 하고 있으면 밥 먹기도 쉽지 않고 웃기도 어려워요. 집중하고 있을 때도 손부터 얼굴까지 분장을 계속 수정해야 하거든요. 하지만 오빠가 현장에서 죽는소리를 하거나 예민하게 구는 모습을 단 한 번도 본 적이 없어요. 오빠가 예민하게 반응하거나 큰 소리를 낸 건 모두 다 저를 위한 순간이었어요. 〈은교〉는 추운 날씨에 촬영한 데다 저로서는 민감한 촬영이 많은 영화였잖아요. 그렇게 어려운 촬영을 하고 있는 제가 현장에서 세심하게 케어를 못 받고 있다고 느낄 때는 가만히 보고만 있지 않으셨어요. 다른 배우의 상황을 꾸준히 지켜보고 있다가 어려움을 제때 캐치해서 더 나쁜 상황이 생기지 않도록 미연에 방지하려고 나서주신 거죠. 그건 현장을 넓게 보는 눈과 동료에 대한 배려가 깔려 있어야 가능한 행동이라고 생각해요. 그때 저도 오빠 정도 위치에 올랐을 때 나를 위해 예민하게 구는 게 아니라 다수를 위해 내 도움이 필요한 순간에 목소리를 내야겠다고 다짐하게 됐어요. 오빠의 한마디가 저 같은 신인 배우에게 얼마나 큰 힘이 되는지를 피부로 느꼈으니까요. 저는 배우로서 현장에서 가져야 하는 태도나 어떤 배우, 어떤 사람이 되어야지 하는 마음가짐을 거의 해일 오빠에게 배웠다고 해도 과언이 아니에요. 제가 그야말로 아무것도 모르던 시절에, 심지어 카메라가 찍고 있는데 갑자기 프레임 밖으로 달려 나갈 정도로 아무 인식도 없던 저를 묵묵히 기다려준 사람이에요. 그건 되게 큰 의미였어요. 그래서인지 지금도 저에겐 영화계 어떤 선배보다 제일 큰어른으로 느껴져요. 한번은 어느 영화 시사회 뒤풀이 자리에서 오빠가 다른 배우분에게 형님, 잘 지내셨어요? 하고 인사를 하시기에 아, 저분이 더 형이구나, 이러면서 놀라기도 했어요. 해일 오빠는 제 마음의 1등, 영원한 어른, 일일이 표현하지 못했지만 제일 애정이 가는 사람이에요.

어느덧 저 역시 오빠가 〈은교〉를 찍던 때의 나이가 되었잖아요. 그래서 그때의 오빠가 더 대단하게 느껴져요. 박해일이라는 사람은 언제 만나도 늘 한결같아요. 깊이 고민하고 내뱉는 말과 말투, 진지한 면, 그러다가 백팔십도 바뀌어 던지는 가벼운 농담까지, 그냥 예전과 똑같은 것 같아요. 그 반면에 저는 오빠한테 요즘 변한 촬영 현장 분위기나 속도를 전하기도 하고, 오빠, 드라마 찍을 땐 이런 건 포기하셔야 되고요, 같은 조언까지, 주저리주저리 막 신나서 얘기하죠. 오빠는 만날 때마다 칭찬을 많이 해주세요. 그리고 어디선가 들은 제 이야기를 전하며 너는 도대체 얼마나 잘했길래 하며 뿌듯해하시죠. 잘 키운 동생이나 조카 대하는 느낌으로. 그 말에 자존감이 얼마나 올라가는지 몰라요. 한번은 오빠 생일에 제가 소고기를 보내드렸는데, 주변 분들이랑 같이 구워 드시면서 무척 행복한 목소리로 전화를 하셨어요. 내가 지금 네 자랑 하느라 어깨가 하늘 위까지 올라갔어 하시면서. (웃음) 오빠와 다시 같이 작업해보고 싶은 마음이 너무너무너무너무 많아요. 잠깐 카메오로 스쳐도 괜찮으니까 한 번이라도 다시 같이 서보고 싶어요. 꼭 영화가 아니어도, 연극 무대도 상관없어요. 만약에 그런 날이 온다면 얼마나 뭉클할까요."

백현진 아티스트

'박해일 OS'가 최신 버전입니다

백현진과 박해일은 규정할 수 없는 예술가다. 백현진이 음악, 미술, 연출, 연기 등 영역과 한계를 정하지 않고 바지런히 새로운 출구를 찾는다면, 박해일은 한자리에 돌처럼 머물면서 타인의 눈에 매번 다른 상으로 맺히도록 마법을 부린다. 백현진의 표현에 따르면 "현대미술에서는 비디오, 물리적 길이로 치자면 단편영화, 하지만 저는 그냥 동영상"이라고 부르는 작업 〈디 엔드〉를 통해 백현진은 박해일과 2008년에 처음 만났다. 밑도 끝도 없는 사람, 있다가도 없는 남자, 박해일에게 다가간 백현진은 제 손에 딱 맞게 천천히 만들어온 돌도끼를 꺼내 들었다. 박해일, 엄지원, 류승범, 문소리가 출연하는 4개의 에피소드로 구성된 〈디 엔드〉에 박해일은 총 7분 23초 동안 등장하고 마지막 1분 43초는 오롯이 한 컷의 클로즈업으로 채워져 있다. 남자는 교차하는 UFO처럼 빛을 내며 돌아가는 미용실 기계 앞에 미동도 없이 앉아 있다. 평안, 섬뜩함, 분노, 슬픔, 기괴함 등이 단계도 순서도 없이 뒤섞인 감정의 얼굴로 관객을 바라본다. 또 〈영원한 농담〉에서 배우 박해일은 제주도에 살고 있는 시인 오광록과 농담인 듯 진담 같고, 영원인 듯 찰나 같은 시간을 나누고 헤어진다. 일견 평화로운 재회 속에 순간순간 칼날 같은 긴장감이 끼어든다. 박해일이라는 미지의 광물에 관한 희귀하고 흥미로운 탐사 기록이다.

"해일이는 '다른 인간'이에요. 직업이 배우니까 '다른 배우'이기도 할 거고. 제가 살면서 특이한 사람을 많이 봤는데 그중에서도 손꼽혀. 하여튼. 이상해. 이 다름은 결국 배우이자 인간으로서 박해일이 보여주는 '태도'에서 기인한 것일 텐데, 누구에게서도 본 적 없는 되게 근사한 것이에요. 사소하게 얘기하면 순간순간을 살아가는 태도, 넓게 얘기하면 세계를 대하는 태도나 생각이겠죠. 신중하고 깔끔하며 특히 민폐 끼치는 걸 끔찍하게 싫어하는 사람이에요. 그렇다고 이런 자기의 태도를 남들 앞에서 과시하거나 언어로 선언하는 사람도 전혀 아니에요. 그래서 신중하다고 말하는 거예요. 일례로 민폐를 끼치는 사람이라고 해도 그에 대한 험담을 전혀 안 해요. 누구라도 부정적으로 얘기할 법한 순간에도요. 그리고 사람의 위계를 나누는 법이 없어요. 제아무리 대단한 감독이든 배우든 그냥 다 똑같이 여기는 것 같아요. 그 때문에 누군가에게는 조금 건방져 보일 수도 있을 텐데, 위도 아래도 없죠. 이런 모습을 확인할 때면 좋은 친구다, 좋은 사람이다 하는 생각이 들어요. 어쩌면 손발이 오그라들 수도 있는 말인데, 진짜 귀감이 되는 태도를 가진 사람인 것 같아요.

해일이를 처음 알게 된 건 2008년이에요. 물론 그 전에도 박해일이란 배우의 존재는 알고 있었지만 크게 흥미를 갖지는 않았던 것 같아요. 그러다 뒤늦게 〈질투는 나의 힘〉을 보고 놀랐어요. 저는 몸을 잘 쓰는 퍼포머를 매우 좋아하거든요. 성룡처럼 아크로바틱 액션이나 대단한 몸의 테크닉을 보여준다는 말은 아니고요. 배우가 몸을 잘 쓴다는 건 결국 움직임이 자연스럽다는 말이고, 저는 그 자연스러움이야말로 연기의 처음이자 마지막이라고 생각하거든요. 이 영화의 주인공은 마음을 추스를 때면 반복적으로 걸레질을 하는데, 그 몸의 움직임이 대단히 인상적이에요. 그래서 궁금해졌어요. 이 사람을 한번 만나보고 싶다. 이 배우랑 일을 한번 해보고 싶다. 이런 마음이 일었죠. 결국 연출가로서 〈디 엔드〉를 함께 찍고 보니 집중력이 상당한 배우라는 걸 확인할 수 있었어요. 타고난 유전적 재능만 가진 것이 아니라 아주 성실하고 꼼꼼한 일꾼이더라고요. 사적인 삶의 양이 굉장히 많은 사람인데도 현장에서 관계 맺기까지 잘하는 동료이기도 하고요. 〈영원한 농담〉은 그냥 제주도에 가서 놀듯이 가볍게 찍고 오자고 했지만 결과적으로 해일이가 고생을 많이 했어요. 특히 횟집에서 여러 공간과 감정을 오가면서 롱테이크로 찍은 신이 있는데, 그때 보여준 힘과 에너지에 놀랐어요. 사실 몸도 별로 좋지 않은 상황이었는데, 연기할 때만큼은 저 사람 진짜 장사壯士구나 하고 생각했죠.

한없이 부드러워 보이지만 알고 보면 박해일은 진짜 내면이 센 사람이에요. 보이는 태도가 세지 않을 뿐이죠. 해일이는 한 명의 인간으로서, 한 명의 배우로서 오롯이 자기 시간을 꾸려가는 것 같아요. 세상의 일반적인 시스템이나 타인의 매뉴얼과 상관없이 독자적 운영체계 속에서 완전히 자기 페이스대로 삶을 운용하는 사람. 탁월한 오퍼레이팅 시스템이랄까. 물론 어떤 시기에는 버그도 있었을 테고, 어떤 관계에서는 여전히 오류가 발생할 수도 있겠지만, 제가 15년 동안 지켜본 박해일은 자신만의 안정적이고 독립된 OS를 그 누구보다 조용하고 침착하게 잘 운용하는 사람이에요. 어떤 시기에는 해일이의 선택에 대해 주변 사람들이 의아해하고 걱정할 때도 있었어요. 혹시 고장 나거나 작동이 멈춘 게 아닌가 하는 오해와 걱정도 있었죠. 한번은 (김)의성이 형이 재미난 표현을 했어요. '해일이는 하루에 두 번은 맞는 시계 같다'고. 분침, 초침 여기저기 쫓아다니기 바쁜 평범한 인간들은 한 번도 가닿지 못하는 시간에 해일이는 페이스를 지키고 머물러 있으면서 결국 자기의 시간을 맞이한다고.

사실 저는 싫증을 잘 내는 사람인데 해일이는 볼 때마다 늘 새롭고 설레고 재밌어요. 이 친구는 관계 안에서 되게 기분 좋은 텐션을 만들어내거든요. 아무리 격의 없는 사이라 해도 어떤 선을 안 넘는다고 할까. 가끔 이런 태도 때문에 긴장도 되지만 그건 아주 건강하고 긍정적인 텐션이죠. 아마도 결국 이 텐션 때문에 박해일과 박해일의 연기가 시간을 견디는 것 같아요. 어떤 예술은 시간을 견디고 어떤 예술은 그렇지 못하거든요. 당대에 날리던 음악이 다른 시간 속에서는 올드하게 들리기도 하고요. 그런데 아무리 오래된 영화에서도 박해일의 연기는 언제 봐도 현재적이거든요. 이 사람의 이상하고 남다른 태도가 결과적으로 시간을 견디는 연기를 만들어낸 거라고 생각해요. 그렇게 박해일은 늘 '현재' 같아요."

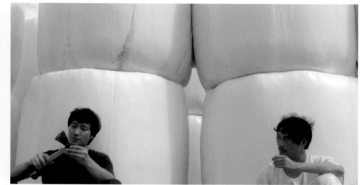

박찬욱 영화감독

이 사람이 하는 말은 말 그대로 믿어도 된다

배우 박해일이 기억하는 박찬욱 감독과의 첫 만남은 〈공동경비구역 JSA〉 뒤풀이 자리였다. 하지만 두 사람이 연출가와 배우로 만나기까지는 그로부터 20년이 필요했다. 박찬욱 감독이 장대한 복수의 드라마를 마무리 짓고 사랑의 손을 굳게 잡기까지, 순수하고 엉뚱한 청년이던 배우 박해일이 품위 있는 신사로 익어가기까지, 가장 적절한 때를 서로 기다렸는지도 모른다. 마침내 〈헤어질 결심〉이라는 한배를 탄 두 사람은 그후 몇 년을 엇갈렸던 지난 시간을 고강도로 압축한 듯 보냈다. 2020년 프리프로덕션으로 시작해 5개월간의 촬영을 거쳐, 2022년 감독상을 안겨준 제75회 칸 영화제로 닻을 올린 〈헤어질 결심〉의 항해는 할리우드와 유럽을 도는 릴레이 프로모션으로 이어졌고. 그해 6월 한국 개봉과 함께 단지 한 편의 개봉작 이상의 현상을 만들어냈다. 영화 속 인상적인 대사는 여러 매체로, 여러 방식의 밈meme이 되어 퍼져 나갔고, 각본집과 스토리보드 북과 포토 북은 베스트셀러가 되었다. 좀처럼 사그라들지 않는 팬덤은 박찬욱과 박해일과 탕웨이의 이름을 열렬히 호출하고 또 소환했다. 국내외 각종 영화제와 시상식이 마무리되는 시점까지 생각하면 2023년까지 이들은 〈헤어질 결심〉과 도통 헤어질 결심을 할 수 없는 상태였다. 여러 매체에서 〈헤어질 결심〉으로 나란히 앉아 인터뷰를 하는 박찬욱과 박해일은 전에 없이 닮아 있었다. 말의 속도와 잠시 끊어가는 포즈, 표정, 몸짓, 시선의 움직임까지 비슷한 느낌을 주었다. 출항지에서는 미처 예상하지 못한 긴 동행기간 동안 장해준(박해일)을 중심으로 박찬욱과 박해일의 거울 뉴런이 맹렬하게 활동한 것이 분명하다. 의식 혹은 무의식을 통한 관찰의 밀도, 스며듦의 농도를 가늠하게 하는 증거이기도 하다. 배우 박해일의 누적된 영화적 조각을 절묘하게 누빈 캔버스 위에 장해준이란 인물을 그려낸 박찬욱 감독과 그렇게 탄생한 인물을 온몸으로 품고 싶어 한 배우의 간절함이 만들어낸 흥미로운 투 숏이었다. 만남은 흡연과 같아서, 처음만 어렵다.

"자기 세계가 있는 사람. 박해일에 대한 제 첫인상은 그랬어요. 반사적으로
튀어나오는 상투적인 리액션이 하나도 없고, 그러다 남들 다 웃을 때 혼자 안
웃는다거나 아니면 너는 이게 뭐가 웃겨 해도 자기 혼자 웃고 있다거나, 리액션이
참 제 맘대로네 하는 생각도 했죠. 박해일을 처음 본 2000년대 초에는 영화 하는
사람들이 우르르 모이는 자리가 많았는데, 그러다 분위기가 격앙될 때도 있잖아요.
그런데 해일이는 절대 분위기에 휩쓸려서 긴장하거나, 발을 동동 구르거나 하는 일이
없었어요. 먼저 자리를 뜨는 것도 아니고, 허허허 그냥 강 건너 불구경하듯이 쳐다보며
재밌어 하더라고요. 어린 친구가 엉뚱하면서도 점잖고 어떤 기품이 있는데, 그렇다고
젠체하는 느낌은 아니었죠. 그러다 〈덕혜옹주〉를 보면서 여전하구나 생각했어요.
특히 그 꼿꼿한 자세에서 깊은 인상을 받았고, 우리나라에서 가장 품위 있는 배우라는
걸 다시 한번 느꼈죠. 언젠가 저 독특한 자기 세계를 가진, 기품 있는 배우와 꼭 함께
작업해보고 싶다는 생각을 늘 했던 것 같아요.

누가 저에게 박해일이 어떻게 생긴 사람이냐고 묻는다면 학생처럼 생겼다고 대답할
것 같아요. 해일이는 여전히 소년 같은 기운이 있기도 하지만, 거기에 더해서
생각하고 배우는 사람 같단 말이죠. 그걸 한마디로 표현하자면 '학생' 같다고
할 수 있을 것 같아요. 그렇다고 책 많이 읽고 공부 많이 하는 학생 말고, 여전히
사람들을 만나 흡수하고 배우는 학생이랄까. 박해일은 내가 만난 사람 중 제일
순수한 사람이에요. 딴마음이 없고, 욕심도 없고, 사람을 대할 때나 연기할 때나,
하는 말 그대로, 액면 그대로가 그 사람의 진짜 마음이죠. 어딘가 거슬리거나 싫은
게 있으면 차라리 그냥 말을 안 해버리고 말아요. 하지만 처음 볼 땐 저렇게 맑은
눈을 가지고 있지만 아마 속에는 능구렁이가 몇 마리쯤 똬리를 틀고 있을 거야 하는
생각이 들죠. 저도 그랬어요. 하지만 보면 볼수록 전혀 그런 사람이 아니더라고요.
이 사람이 하는 말은 그냥 말 그대로 믿어도 돼요. 결국 배우 박해일의 중요한 가치
역시 그 순수함에서 비롯되는 것 같아요. 저는 박해일이 보여주는 캐릭터를 믿을 수
있거든요. 단순히 캐릭터에 빙의한 것과 다른, 꾸미거나 기교를 부리지 않고 진심으로
그 사람을 믿게 만들죠. 가령 〈살인의 추억〉에서 이 청년을 보고 있으면 자꾸 믿고
싶어지잖아요. 그런데 모든 증거는 점점 더 그를 가리키니까 관객은 계속 혼란스럽고
고민에 빠지는 거죠. 모두를 믿게 만드는 힘이 있는 순수한 사람, 박해일은 그런
배우죠.

저는 어느덧 중년이 된 해일이가 참 좋았어요. 이전에는 한 번도 배우를 놓고
시나리오를 써본 적이 없는데, 〈헤어질 결심〉의 출발은 좀 특이한 케이스였죠.
처음엔 그냥 용의자와 사랑에 빠진 형사 얘기를 해볼까 하고 이야기를 시작했는데,
정서경 작가가 그럼 용의자는 중국인으로 해요, 하기에 왜냐고 물었더니 탕웨이를
써야 되잖아요, 그래서 시작된 거예요. 저도 그렇지만 정서경 작가가 탕웨이를 아주
좋아해요. 그러면 남자는 어떤 사람이어야 할까요? 하고 묻길래 제가 그랬죠. 캐스팅이
된다는 보장은 없지만 일단은 머릿속에 박해일을 떠올려봐. 물론 상상하면 도움이
될 거라는 거지 박해일 맞춤으로 시나리오를 쓴 건 아니에요. 그러면 지난 작품 속 이
배우의 기존 이미지를 반복하기 쉬우니까. 그 대신 박해일이라는 배우라 해도 만능은
아니니까, 여태까지 안 보여줬지만 이런 모습이면 재밌겠다 하는 지점을 찾아보려 한
거죠.

처음 만나는 사람이 있으면 저는 박해일을 이렇게 소개할 것 같아요. 여기는 박해일 씨인데요, 직업은 '거절' 입니다. (웃음) 남의 생각에 휩쓸리지 않는 게 해일이의 제일 큰 특징인 것 같아요. 자기 소신이 있는 사람이죠. 저 작품을 하면 좋을 텐데 왜 거절했지 싶은 것도 있었고, 보통은 매니지먼트사의 권유나 종용, 만류를 따르기도 하는데, 그런 것도 잘 통하지 않죠. 때가 묻지 않은 사람이라고 해야 하나? 세속적인 가치 기준, 트렌드, 대세, 이런 단어들과 어울리지 않죠. 요즘 세상과 업계는 이렇게 생각하고 행동하더라 하는 것을 기준으로 삼지 않아요. 어떻게 하면 돈을 더 버느냐, 무엇이 커리어에 더 이로운 현명한 선택이냐 이런 유불리를 따지는 것도 아니에요. 연기상을 받는 일에도 관심이 없어요. 그런데 크게 보면 그게 더 현명하게 삶을 운용하는 방식인지도 몰라요. 커리어라는 것이 어디 기획한다고 자기 마음처럼 형성되나요. 사실 그때그때 자기가 하고 싶은 일을 하는 게 더 현명하죠. 하지만 캐스팅하는 입장이 되면 그래서 쉽지 않은 배우이기도 할 거예요. 〈헤어질 결심〉을 해일이와 같이 하고 싶은데, 당시 들리는 소문에는 스케줄 때문에 안 될 거라고 하더라고요. 직접 확인해보려고 전화부터 걸었어요. 그때까지 제가 영화계 대소사를 제외하고 먼저 전화해서 둘이 만나자고 한 적이 없었기 때문에 좀 놀랐나 봐요. 잠깐 조용히 아무 말 없더니, 감독님 제가… 뭐 잘못한 거 있나요? 그러더라고. 그 말에 빵 터졌죠, 역시 이 맛이지! 이게 박해일이지. (웃음) 그래서 해일이 단골 술집에서 만나 1시간 반 정도 말로 영화를 설명했어요. 시나리오가 완성되기 전이었지만 캐릭터에 대한 디테일은 그때 이미 다 정해져 있었거든요. 심지어 양복에 주머니가 몇 개 있는지, 그런 얘기까지 다 했던 것 같아. 결국 해일이가 탕웨이보다 먼저 캐스팅되었어요. 아, '국가대표 용의자'가 세월 흘러 이제 형사가 되어 취조실 반대편에 앉는구나. 재밌다. 드디어 이런 날이 왔구나.

어떻게 보면 탕웨이와 박해일은 멜로 영화 속 커플로 쉽게 혹은 제일 먼저 떠오르는 조합은 아닐 거예요. 비슷한 면이 많고 대비점이 별로 없잖아요. 하지만 우리에겐 두 사람이 같은 종족이라는 사실이 중요했고, 첫눈에 서로가 같은 종족이라는 걸 알아볼 수 있는 사람들이어야 했죠. 그렇게 자기와 비슷한 점 때문에 혹은 자기가 가지지 못한 면 때문에 끌리는 부분이 있다면 서래(탕웨이)와 해준은 양쪽이 다 있는 커플이면 좋겠다고 생각했어요. 서래가 되게 단호한 사람이고 결심하면 반드시 실행하는 여자라면, 해준은 좋은 사람이고 서래가 갖지 못한 안정감이 있는 남자죠. 중국에서 엄마를 죽이고 도망 와 원치 않는 결혼을 한 서래에게 이 남자는 믿을 수 있는 사람이고, 자기 앞가림하는 데만 급급한 것이 아니라 상대를 배려해주는 사람이죠. 칫솔에 치약도 짜주고. 그렇게 다른 면과 비슷한 면이 공존하는 커플로 두 배우가 딱 좋았죠.

저는 이미 탕웨이를 본 적이 있는 터라 탕웨이를 처음 만날 때 해일이가 어떻게 행동할지를 관찰했어요. 탕웨이는 워낙 호기심 많고 자기 마음을 잘 표현하는 솔직하고 대범한 사람이더라고요. 불쑥불쑥 질문도 많이 하고, 대답하기 난처한 질문도 툭툭 잘 던지고. 그래서 해일이가 거기에 어떻게 대처하나 지켜봤는데 좀 의외였어요. 절대 당황하지 않고 굉장히 빠르게 상대를 파악해서 되게 능수능란하게 대응하더라고. 그런 태도가 끝까지 이어졌어요. 탕웨이에게 제일 친절하게 잘해주고, 그 사람을 대하는 최적의 방식을 아는 사람이 박해일이었어요. 독특한 자기 세계가 있고, 자기 생각에만 빠져 있는 것으로 보이는데 의외로 남을 파악하는 관찰력이

뛰어나고 순발력도 좋은 사람이구나 싶었고, 그런 면이 좀 놀라웠어요. 아마도 엄청난 야망도 욕심도 없는 박해일이라는 배우가 꾸준히 연기를 계속해나가는 이유도 그런 게 아닐까 싶어요. 사람들을 관찰하고, 그에 대해 오래 생각하고, 머릿속으로 정리하고, 또 그런 모습을 자기 능력으로 표현해내는 것을 즐기는 배우일 거라고 추측해보는 거죠.

같이 작업하면서 박해일에 대해 새롭게 느낀 점은 의외로 많이 애쓰는구나, 괴로워하는구나, 몸부림치는구나 하는 점이었어요. 그럴 줄은 몰랐거든요. 혼자서 덤덤하게 고민하고, 현장에서도 여유롭고 태연한 스타일의 배우일 줄 알았죠. 그런데 특히 1부의 마지막 신, '붕괴됐어요'라고 말하는 그 장면에 대해선 프리프로덕션 단계에서부터 질문도 많고 고민도 많이 하더라고. 촬영 당일에도 해준이 어느 정도까지 붕괴되는 걸 표현해야 하느냐, 여러 가지 가능성이 있을 텐데 적어도 자기는 막 울고 싶지는 않다, 그래도 괜찮으냐, 해서 눈물이 줄줄 흐르지 않더라도 깊은 좌절과 절망을 느낄 필요는 있지 않느냐, 너무 담담하면 곤란하다, 이런 의견을 나눈 것 같아요. 그리고 현장에서 가장 적절한 선을 찾아갔죠. 해일이는 의견을 좁히기 어려운 배우는 아니에요. 항상 감독 말을 잘 들어주고, 이해가 안 되니 다시 설명해달라거나 왜 그래야 하느냐고 묻는 법이 한 번도 없었어요. 그냥 귀담아듣고 예 하고 할 뿐이죠.

박해일은 표현이 깔끔하고 지저분한 잔기술이 없는 배우예요. 누구나 할 법한 틀에 박힌 연기도 하지 않죠. 목소리가 좋고 딕션도 참 좋아요. 저는 단어의 장단음 구별, 대사의 억양, 특정 단어의 강조, 말끝의 높낮이 같은 것까지 시시콜콜 개입하는 편인데 박해일은 이미 잘 알아서 하거나, 살짝만 지적해줘도 금방 알아듣고 정확하게 바꿔서 구사해요. 사석에서 마냥 풀어져 있을 때도 말을 또박또박 정확하게 하죠. 버릇이 그렇게 들어 있는 것 같아요. 특유의 말투나 발성이 있지만, 그게 틀에 박힌 '쪼'로 들리지 않고 박해일만의 독특한 개성으로 느껴져요. 저는 해일이처럼 말하는 배우를 좋아해요. 특히 현장에서 해일이가 예상치 못한 뭔가를 툭 내놓을 때가 되게 재밌었어요. '마음이라고 했습니다. 심장이 아니라'라는 서래의 말에 '아-----' 하고 길게 반응할 때, 쟤 왜 저래 했는데, 컷 소리와 함께 주변 스태프들이 빵 터지더라고요. 재밌긴 재밌네. 사실 너무 귀여워서 단번에 오케이를 했죠. '패턴을 좀 알고 싶은데요' 할 때도 원래 시나리오에는 '황망한 중에 죄송합니다만, 혹시 패턴을 아십니까?'라는, 약간 할아버지 같은 말투로 최대한 예의 있게 물어보는 대사를 썼는데, 물론 그래도 재미있었겠지만, 패턴을 알고 싶다는 게 당신이라는 사람을 알고 싶다는 의미에 조금 더 강세를 준다면, 앞의 말을 빼고 바로 물어보는 편이 더 좋겠다고 했죠. 그 대신 묻기 전에 공백 상태를 조금 길게 유지해달라는 말은 했는데 그- 렇게 길 줄은 몰랐죠. 말은 안 하고 쳐다보기만 하는 시간이 길어지기에 하, 대사 까먹었네 하고 생각했을 정도로. (웃음) 하지만 그 긴 포즈가 신의 한 수였죠.

마지막 바닷가에서 연수(김신영)에게 송서래 긴급 수배하라고 다급하게 전화할 때 '질문할 시간 있으면 빨리 와!' 하고 소리를 지르잖아요. 김신영의 목소리는 들리지 않지만 아마도 전처럼 '의문문을 남발'하고 있을 거란 말이죠. 사실 지금 일분일초가 얼마나 급박한데! 그때 박해일의 연기를 모니터로 보면서 나도 덩달아 같은 행동을 하고 있는 걸 발견했어요. 나라도 저런 식으로 했을 것 같다는 생각이 들었죠. 엄격한 상관이 후배에게 명령하는 톤이 아니라 어린아이가 떼쓰듯이 하잖아요. 줄곧 온순하던 사람이 평소와 다른 격한 감정을 드러내는 동시에 넓은 의미에서는 캐릭터를 벗어나지 않아요. 캐릭터를 입체적으로 만드는, 밸런스가 잘 잡힌 연기라고 생각해요. 호미산에서도 그래요. '몸이… 꼿꼿해요'라고 웅변하는 거 말이에요. 나 원 참, 누가 뭐 아니라고 그랬냐고! 거의 화를 내다시피 말하는데 너무 웃기더라고요. 난 그게 정말 박해일 같았어요. 박해일 개인이 드러났다는 뜻이 아니고, 박해일만이 할 수 있는 독특한 해석이라는 거죠. 물론 어떤 관객은 감동을 주는 순간을 기대했을 수도 있어요. 내가 왜 당신을 좋아하는지 아느냐 하고 말했으니 얼마나 찡하고 가슴 뭉클한 말을 할까 하고 기다렸는데 그런 식으로 사람 기운을 빼나, 할 수도 있죠. 하지만 막 솟구치는 자기 감정을 진심으로 어필하려는 마음이 남들에겐 좀 웃기게 보일 수 있거든요. 그러고 보면 해일이와 내가 취향이 비슷한 것 같아. 분위기 잡는 것을 도통 못 견디는 거죠. 그게 박해일의 선택이자 박해일의 해석이었고, 저는 그 방식이 참 좋았어요. 그와 동시에 제가 그 방식을 좋아해줄 거라고 해일이가 믿어준 게 고마웠어요. 만약 저를 경직되고 편협한, 혹은 틀에 박힌 사고방식을 가진 감독이라고 평가했다면 배우가 그런 시도조차 안 했을 테니까. 이런 캐릭터 해석을 함께 할 수 있어 참 즐겁고 너무 고마웠죠. 그때 마침내 이 배우와 하나가 된 기분이 들었어요."

PARK
HAEIL
OLOGY

Mr. 미스터리

백은하 / 백은하 배우연구소 소장

PARKHAEILOLOGY

패턴 pattern:
[명사] 일정한 형태나 양식 또는 유형.

〈헤어질 결심〉의 형사 해준은 추락사한 남자의 아내 서래(탕웨이)에게 남편의 핸드폰 잠금을 풀 수 있는 "패턴"에 대해 묻는다. 서래의 무심한 손가락 움직임 몇 번에 사망자의 핸드폰 잠금은 맥없이 풀리지만, 이 아름다운 피의자의 진심을 풀기 위한 해준의 여정은 그때부터 시작된다. 하지만 수많은 불면의 밤을 지나 산 넘고 물 넘고 바다 건너서 몸을 덮치는 거센 파도 한가운데서도 끝내 패턴을 알아내는 데 실패한다. 그렇게 서래는 "해준 씨"의 영원한 "미결 사건"으로 남는다.

형태 없음, 양식 없음, 유형 없음
"패턴을 좀 알고 싶은데요." 긴 침묵과 옅은 들숨을 거쳐 탄성처럼 새어 나온 이 질문은 사실 배우 박해일에게 역으로 던지고 싶다. 박해일은 패턴을 좀처럼 파악하기 힘든 배우다. 그가 지금껏 연기한 인물들을 종합해 몽타주를 그리기도 어렵다. 그들에겐 선, 악, 불안, 안정, 음흉성, 순수성, 믿음, 배신, 꼿꼿함, 느슨함이 불균질하게 섞여 있다. 작품 선택 역시 작용과 반작용을 오가며 규칙적으로 진동하지도, 변증법에 따라 논리적으로 전개되지도 않는다. 특정 장르에 대한 편식도 없다. 대부분 무작위적이며 불연속적이고 비주기적이다. 마치 다음 도착지를 예상할 수 없는 시간 여행자처럼 배우 박해일은 매번 의외의 장소와 시간에 출몰한다. 〈인어공주〉(2004)에서는 어떤 여자라도 사랑에 빠질 법한 과거의 우체부였고, 다음 해 개봉한 〈연애의 목적〉에서는 여성 관객의 호감과 기대를 완벽히 배반한 동시대 남성이었다. 슈트 속에 야망을 숨긴 채 샴페인을 홀짝거리던 〈상류사회〉(2018)의 속물 지식인은 몇 달 뒤 후줄근한 티셔츠를 걸친 〈군산: 거위를 노래하다〉의 실패한 시인이 되어 낯선 도시에서 막걸리 한 사발을 들이켠다. 박해일은 '사단'도 '패거리'도 없는 배우다. 데뷔작 〈와이키키 브라더스〉(2001)의 임순례 감독과 〈제보자〉로 다시 만난 건 13년이 흐른 후였다. 〈경주〉(2014)로 처음 인연을 맺은 장률 감독의 영화에는 4년이라는 짧은 기간 동안 세 편이나 출연했다. 봉준호 감독과는 여전히 친분을 유지하면서도 〈괴물〉(2006) 이후 함께한 작품이 없다. 박찬욱 감독과는 알고 지낸 지 20여 년이 흐른 뒤에야 두 사람이 협업한 첫 영화 〈헤어질 결심〉(2022)을 찍게 되었다. 박해일은 포털사이트 프로필

옆에 금색 트로피 배지가 당당하게 달린 '천만 배우'지만 상업 영화의 흥행 공식에 순종하는 배우는 아니다. 저예산 영화와 블록버스터 영화를 경계 없이 오가는 와중에 장르 영화와 예술 영화, 실험 영화의 세계에 산발적으로 방문한다. 2012년이 〈은교〉를 중심으로 한 번의 카메오 출연과 두 편의 목소리 출연이 느슨하게 연결되어 있다면, 2022년에는 〈한산: 용의 출현〉과 〈헤어질 결심〉 같은 대작이 그의 한 해를 꽉 채우고 있다. 형태 없음, 양식 없음, 유형 없음. 박해일은 패턴이 없는 배우다.

이상하고, 수상하고, 섬뜩한

쉽게 패턴을 읽을 수 없는 사람, 기존 잣대로 정의할 수 없는 존재를 우리는 통상 이상하다고 평가한다. 2015년 '이상하자'를 캐치프레이즈로 내세운 SK텔레콤 광고에서 박해일은 핸드폰을 들고 저잣거리를 활보하고, 선글라스를 쓴 채 사냥에 나선다. 상투를 튼 조선의 사내는 블랙커피가 담긴 사발을 들이밀며 이 "시커먼 양잿물 같은" 액체가 언젠가 "온 나라 백성들의 아침 풍경을 싹 다 바꿔놓을" 것이라고 큰 소리로 장담한다. '마땅히 그래야 할 것들이 낯설고 이상한 것으로 치부되던 어떤 시대'를 배경으로 하는 이 광고에서 박해일은 "무릇 처음 보는 것들은 다 이상하게 보이는 법"이라고 설명한다. 〈살인의 추억〉에 등장한 마지막 용의자의 얼굴은 생경하다. 범죄자의 스테레오타입에 부합하는 거칠고 어두운 기운도 없고, 사이코패스 같은 광기를 전시하는 것도 아니다. 무해하고 하얀 얼굴을 한 이 남자보다 취조하는 형사들이 오히려 훨씬 더 범인처럼 보일 정도다. 그 반면에 "살인"과 "폭력" 이란 단어가 "행복"이라는 감정과 기이하게 연결되는 〈헤어질 결심〉의 해준은 범인이 아니라 형사다. "현대인치고"도 본 적 없을 만큼 품위 있는 형사다.

　　〈굿모닝 프레지던트〉의 김주중은 어딜 봐도 큰 사고 한번 칠 것처럼 의심스러운 모양새다. 단도처럼 날카로운 눈매로 대통령 차지욱(장동건)의 일거수일투족을 스토커처럼 수집하던 그는 재래시장을 방문한 차지욱을 향해 가슴팍에 숨겨둔 무언가를 천천히 꺼내 든다. "대통령님, 우리 아버지 좀 살려주세요"라는 반전의 내용이 담긴 플래카드. 사실 그는 병든 아버지를 살리기 위해 같은 혈액형과 동일한 특이 조직을 가진 대통령의 신장이식을 부탁하기 위해 달려온 효자였다. 그는 취조실에서 냄새 지독한 방귀를 뀌며 모두를 당황하게 하더니, 대통령 아버지의 회고록에서 차지욱이 어릴 때 "울보"였으며 "엉덩이에 사마귀"가 있다는 사실까지

보았다며 해맑은 소년 팬처럼 눈을 반짝인다. 처음 보는 놈이었다.

성인 남성의 육체로 "알라(아이) 같은 행동을 하는" 〈소년, 천국에 가다〉의 네모는 여러모로 이상할 수밖에 없다. 하지만 로보트 태권 브이 종이 가면을 쓰고 나타나 흠모하는 만화방 주인(염정아)의 손을 덥석 잡아 영웅처럼 구조하는 모습은 이상해서 사랑스럽다. 봉준호 감독이 짓고 어느덧 호처럼 박제된 별명, '비누 냄새 나는 변태'처럼 〈헤어질 결심〉에서 박해일은 "나는요… 깨끗해요"라는 이상한 구애의 말을 꺼낸다. 〈군산: 거위를 노래하다〉에서 "누나, 누나는 낮에 하는 게 좋아, 밤에 하는 게 좋아?" 하고 능글맞게 묻는 윤영은 이상해서 매력적이다. "변태 새끼"라고 욕하면서도 '누나'(문소리) 역시 싫지 않은 듯 웃는다.

물론 박해일의 이상함은 흥미로운 엉뚱함이나 귀여운 변태성에 그치지 않는다. 이상함은 이내 수상함으로, 나아가 섬뜩함으로 바뀐다. 갑자기 택시에 합승한 후 이상한 말을 늘어놓다가 돌연 세상을 끝장내버린 〈짐승의 끝〉의 '야구모자'처럼 말이다. 백현진 감독의 단편 〈디 엔드〉와 〈영원한 농담〉에서도 그는 도통 상대를 방심할 수 없게 하는 이상한 긴장감으로 극을 이끌어간다. "어머니는 담담하지만 한편 안타까운 목소리로 이렇게 말씀하셨다. 침착해야 한다. 그래, 침착하자. 침착하자. 침착하자. 침착하자." 차분한 내레이션과 달리 〈디 엔드〉의 박해일은 누군가를 죽일 듯 발로 차며 린치를 가하는 중이다. 임필성 감독의 단편 〈모빌〉에 등장한 청년은 지하철역을 수상하게 배회한다. 그리고 백화점 쇼핑백에 나누어 담은 무언가를 휴지통에 하나씩 버린다. 부모를 살해 후 토막 낸 (것으로 추정되는) 시체를 공공장소에 조용히 유기하는 청년의 모습은 수상함을 넘어 섬뜩하기 이를 데 없다.

반골의 레지스탕스 혹은 반듯한 공무원

"적임자가 한 놈 있기는 한데… 워낙 꼴통이라…." 〈나랏말싸미〉에서 한글 창제를 도울 사람을 찾는 소헌왕후(전미선)에게 대자암 큰스님(오현경)은 신미를 추천하길 잠시 주저한다. 누구에게도 고분고분하지 않은 이 사람이 임금 앞이라고 다르지 않을 것이기 때문이다. 돌이켜보면 연극 〈청춘예찬〉부터 박해일이 연기해온 많은 인물은 시스템에 순조롭게 적응하는 사람이 아니었다. 꼴통 혹은 반골, 권위에 순응하지 않는 저항의 기질을 가진 인물들은 자주 이 배우를 찾아왔다. 이유 없는 반항, 낭만적인 방황과는 다르다. 자신만의 기준으로 "의와 불의"를 가리기 위해

치열하게 싸우는 이들은 깐깐하고 고집스럽고 고독한 기운을 품고 있다. "감독님, 이 영화 이렇게 찍으면 안 됩니다!" 〈필름시대사랑〉의 영화 조명부 퍼스트는 사랑을 바라보는 감독의 시선이 틀렸다며 큰 소리로 충고한다. "니들이 영화를 알아? 쥐뿔도 모르면서 영화를 망치고 있어!" 하지만 다른 스태프들 앞에서 보기 좋게 조롱만 당하자 그는 더 이상 참지 못하고 현장을 떠난다. 촬영장의 필름 릴 통을 하나 훔쳐서 말이다. 〈최종병기 활〉의 남이는 "역적의 아들"이다. 어린 시절 참수당하는 아버지의 최후를 지켜본 이후 세상을 향한 분노와 한을 가슴속에 품고 살아간다. 어차피 관직에 오를 수도, 나라를 지킬 수도 없는 그가 할 수 있는 일은 아버지가 남긴 활로 빈 과녁에 화살을 쏘아대는 일뿐이다. 하지만 병자호란과 함께 여동생 자인(문채원)이 청나라 군사들에게 끌려가자 아버지의 유언을 지키고 하나뿐인 동생을 구하기 위해 반격의 활시위를 당긴다. 이장 천용덕(정재영)에게 완벽하게 통제당하던 〈이끼〉의 마을 사람들은 해국의 출현에 "다들 신경 쓰이고 불편"하다. "제가 여기 있으면 안 되는 이유라도 있습니까?" 신처럼 군림하던 용덕에게 해국이 던진 질문과 의심은 거북한 역류를 만들어낸다. 이장이 정한 순리대로 흘러가던 이곳을 지하부터 지상까지 헤집어놓은 해국은 마침내 오랜 시간 마을을 온통 뒤덮고 있던 비밀의 이끼를 들추어낸다. "도바리(도주) 천재"라고 불리던 〈괴물〉의 남일은 대학 운동권 출신이다. 한때는 세상을 바꾸겠다는 열망으로 화염병에 불을 붙였지만 지금은 삶의 동력을 잃은 채 백수처럼 꺼져 있다. 그러나 조카와 아버지가 괴물에 의해 죽고 가족이 위기를 맞자 그놈의 아가리를 향해 불타는 화염병을 던져 명중시킨다. 이런 천하의 꼴통들을 연기하는 박해일의 눈은 살짝 돌아 있다. 부릅뜨는 순간 눈꼬리가 위로 올라가는 박해일 특유의 눈매는 캐릭터의 반골 지수를 나타내는 가장 확실한 각도계다.

이와 반대로 〈인어공주〉〈덕혜옹주〉〈한산: 용의 출현〉〈헤어질 결심〉처럼 애초에 시스템 안에 소속된 캐릭터를 연기할 때면 박해일의 몸은 누구보다 확실하게 각을 세운다. 우편물이 든 가방을 메고 곧은 자세로 자전거를 타고, 무거운 갑옷을 입은 채 바다 위에서도 흔들림 없이 위풍당당하게 서 있다. 유니폼, 제복, 갑옷, 항시 범인 검거가 가능한 작업용 슈트를 입은 박해일의 인물들은 친절하고 꼿꼿하다. 이렇게 한 배우 안에 자리 잡은 반듯한 직업인과 반골의 레지스탕스는 서로가 서로의 이미지를 오해하게 만들어버린다. 일본군 장교 제복을 입고 있지만 사실

비밀리에 독립운동을 하던 〈덕혜옹주〉의 장한은 덕혜(손예진)에게 "앞으로도 계속 오해해주셔야 합니다"라고 당부한다. 박해일의 작품을 따라가는 관객들의 마음도 오해에서 감탄으로 또다시 새로운 기대로 돌아가는 지속적인 오해의 순환을 만들어낸다.

박해일의 시간과 믿음은 어디로든 간다

배우 박해일의 필모그래피는 선형의 시간 위로 흐르지 않는다. 그의 생물학적 나이와 상관없이 영화적 연령은 이리로 저리로 널을 뛴다. 스물다섯에 까까머리 고등학생을 연기한 〈와이키키 브라더스〉로 데뷔한 이후 〈소년, 천국에 가다〉에서는 20대 후반의 몸에 열세 살 아이 네모의 영혼을 끌어왔다. 소년 네모는 눈떠보니 서른세 살이 되어 있고, 하루에 1년씩 나이를 먹어간다. 그리고 영화 후반부에는 어느덧 할아버지가 되어 있다. 서른여섯에 70대 노시인을 연기한 〈은교〉의 노인 분장은 〈덕혜옹주〉에서도 이어졌다. 해방 후 신문기자가 된 장한은 머리에 서리가 하얗게 내려앉은 나이에도 호위 무사의 본문을 잊지 않고 옹주 님의 귀향을 위해 백방으로 힘을 쓴다.

박해일의 인물들은 1443년 한글 창제의 순간을 목도하고, 1592년 한산대첩, 1636년 병자호란을 거쳐 1930년대 일제 치하의 경성과 도쿄에서도 투쟁을 이어간다. 〈경주〉의 시간과 공간은 때론 평행 우주처럼 중첩되고, 〈군산: 거위를 노래하다〉의 시간은 거꾸로 흐른다. 혹은 현재와 과거에 동시에 존재한다. 배우 박해일 앞에서는 시간이 힘을 잃는다. 그 대신 광활하게 펼쳐진 시네마틱 유니버스 속을 어디에나 있고 어디에도 없는 사람처럼, 배낭 하나 둘러맨 여행자처럼 소요하며 천천히 걸어간다. 그리고 다음 도착지가 어디건 그곳에 당도한 이 배우를 믿어버리게 만든다.

〈국화꽃 향기〉의 희재(장진영)는 변함없이 자신만을 바라보겠다는 인하의 고백을 처음엔 의심하고 부정한다. "저는 사랑이라고 말했는데, 그녀는 어리석은 열정이라고 말했습니다. 저는 영원이라고 말했는데, 그녀는 순간이라고 말했습니다." 하지만 이 남자는 열정을 사랑으로 영원히 지속시킴으로써 지난 고백이 진실임을 입증한다. 그리고 관객은 박해일의 정직하고 진실한 연기를 통해 인하의 순애보를 깊고 단단한 실체로 받아들인다. 물론 배우 박해일에 대한 신뢰는 호감도 높은 인물에게만 적용되는 건 아니다. 그의 필모그래피 중 가장 논란의 캐릭터로 자리 잡은

〈연애의 목적〉의 유림을 주목해보자. 사실관계만 놓고 보자면 유림은 정교사라는
지위를 이용해 교생 홍(강혜정)을 상습적으로 성추행한 인간이다. 게다가 자기
때문에 억울하게 곤경에 빠진 홍에게 적극적으로 손을 내밀 생각도 없는 비겁한
남자다. 2005년 대한민국 남성 성 인지 감수성 보고서가 있었다면 문제적 페이지를
차지할 것이 분명한 캐릭터다. 〈연애의 목적〉은 당의를 입힌 판타지의 언어로 사랑을
속삭이는 대신, 이토록 쓰디쓴 폐허 위에서도 과연 사랑이란 걸 시작할 수 있는지
역설적으로 묻는 영화다. 관객의 지지를 받기 힘든 인물을 연기할 때 배우는 딜레마와
유혹에 빠진다. 하지만 박해일은 유림을 이해시키기 위한 어떠한 제스처도 더하지
않는다. 은근슬쩍 인간적인 매력을 끼워 넣는 꼼수도 부리지 않는다. 오히려 타고난
깊고 풍부한 목소리를 납작하게 찌그러트리고, 뻔뻔함과 촐싹거림의 정도를 최대치로
높인다. 어떤 연민도 느껴지지 않도록 그저 염치없이 발정 난 개새끼로 그려낸다.
어딘가 배어 있을 '국화꽃 향기'를 완벽히 제거한 채 관객이 유림에게 순도 높게
분노하도록 만든다. 그렇게 박해일은 다시 한번 우리를 믿게 만든다. 본래 믿음은
독한 검증을 통과한 이후에 더 굳건해지기 마련이다.

내력으로 지켜낸 평화지대

강력한 기운을 뿜어내는 배우들이 넘치는 영화판에서 박해일은 다소 이례적인
존재다. 위엄 있는 사자나 용맹한 호랑이 같은 배우들이 지배하는 스크린에서
박해일은 언뜻 공격성 제로의 초식동물처럼 보인다. "내 활은 죽이는 게 목적이
아니다"라고 말하던 〈최종병기 활〉의 남이처럼 이 배우는 일터를 먹이사슬이
지배하는 치열한 전장으로 대할 생각이 없다. 이런 의지는 상대 배우와 함께 합을
맞추는 앙상블 비트에서 극명하게 드러난다. 흔히 힘의 대결로 과열되기 십상인
장면에서도 박해일은 타인의 힘을 흡수함으로써 총력의 수위를 맞추는 배우다. 영화
전체의 목표에 본인 캐릭터의 의미를 동기화하고, 배우에게 허락된 공간 안에서
평화롭게 발을 뻗을 자리를 가늠한다. 상대의 에너지를 확인하는 가운데 균형을
맞춰가는 그의 연기 방식은 자칫 수동적으로 보일 수도 있다. 하지만 이것은 다른
배우에게 베푸는 단순한 배려나 친절도, 무기력한 투항도 아니다. 타인의 힘에 밀려
억지로 밸런스를 조정하는 것도 아니다. 박해일은 외부의 힘에 저항해 자신의 원형을
지켜내는 내력이 누구보다 강한 배우다. 남들은 알 길 없는 치열하고 고독한 내전을

거치며 키운 내력內力으로 외부의 누구와도 대결하지 않는 상황을 만들어낸다. 절대 침범당하지 않지만 결코 남의 것을 앗을 마음도 없다. 그저 본인의 단일함을 사수할 보호층을 최선을 다해 지켜낼 뿐이다. 어쩌면 이것이야말로 2001년부터 지금까지 이 배우가 누구를 잡아먹지도, 누구에게 잡아먹히지도 않고 생존할 수 있었던 이유일 것이다. 나의 세계를 온전히 지키면서도 고립되지 않고, 타인과 평화로운 협력을 지속적으로 이어올 수 있었던 박해일의 지략과 태도가 만들어낸 결과다.

미스터 미스터리

미스터리mystery: [명사]
도저히 설명하거나 이해할 수 없는 이상야릇한 일이나 사건.

특정 장르를 대표하는 배우가 있는가 하면, 등장과 함께 장르 자체를 뒤틀어버리는 배우가 있다. 박해일은 장르의 지각을 비트는 배우다. 그가 25년 가까이 출연한 영화는 드라마, 로맨스, 스릴러, 액션, 코미디까지 다양하게 펼쳐져 있다. 하지만 각기 다른 장르에서 배우 박해일이 연기한 캐릭터만 놓고 보면 모두 어딘가 미스터리한 구석을 품고 있다.

〈질투는 나의 힘〉의 성연(배종옥)은 의뭉스러운 청년 원상에 대해 "넌 어떤 때 보면 잘 모르겠어"라고 말한다. 진범을 쫓아 치열하게 달려가는 수사물이던 〈살인의 추억〉은 박해일과 함께 밑도 끝도 없는 미스터리의 터널로 빠져든다. "신비한 시간이지? 다른 애들은 다 수업하는데 혼자 복도에 나와 있을 때, 기분 묘하고 가슴 설레지 않니?" 학교 복도에서 졸고 있는 〈좋지 아니한가〉의 용선(황보라) 앞으로 꿈처럼 경호가 나타난다. 미스터리 추적 동아리를 이끄는 계약직 교사 경호는 "정말 예상하지 못한 답"만 내놓는 놀라운 사람이다. 그는 UFO처럼 나타났다 사라지기를 반복하며 구체적인 가족 코미디이던 〈좋지 아니한가〉에 몽롱하고 우주적인 기운을 불어넣는다. 미스터리의 범인으로 지목받거나, 미스터리를 추적하거나, 그 자체가 미스터리가 되어버리는 배우. 박해일은 참 이상하고 야릇한, 쉽게 설명하거나 이해할 수 없는 사람이다. 가까운 지인이나 많은 작품을 함께 만들어온 동료들 역시 그에 대해 속 시원히 안다고 말하지 않는다. 이 배우의 선택과 판단 역시 도통 예측하지

못하겠다며 의아해한다. 심지어 20년 넘게 그를 지켜본 메이크스타의 손인철 이사조차 "저도 가끔 형을 모르겠어요"라고 고백한다.

　　"미스터리. 그건 아주 간단한 거야. 우리가 알고 싶어 하는 거, 그게 바로 미스터리야. 우주는 왜 생겼고, 사람은 왜 태어났는가, 어디로 가는가, 달은 왜 떠 있는가, 우리는 아는 게 아무것도 없잖아." 우리는 배우 박해일에 대해 알고 싶다. 하지만 여전히 아는 게 별로 없다. 그러나 〈좋지 아니한가〉의 경호의 말대로 사실 다 아는 건 재미없는 것인지도 모른다. 그것이 미스터리의 맛, 배우 박해일의 묘미다. 배우 박해일은 밤하늘의 달처럼 너무 멀지도 너무 가깝지도 않은 거리에서 너무 세지도 너무 약하지도 않은 조화로운 힘으로 관객을 끌어당기며 오랫동안 스크린을 밝힐 것이다. 지구인에게 절대 뒷면을 보여주지 않는 달처럼 그 이면은 "언제까지나 숨겨진 미스터리"로 남겨놓은 채 말이다.

LITERA-
TURE

배우 박해일은 문학과 나란히 놓여 있다. 〈살인의 추억〉의 마지막
용의자 박현규는 공장 설비실 한편에서 골똘히 책을 읽는 모습으로
처음 등장한다. 〈국화꽃 향기〉의 인하는 헌책방 책꽂이 너머로 첫눈에
사랑에 빠진 북 클럽 선배 희재를 하염없이 바라본다. 브라운 아이드
소울의 '정말 사랑했을까' 뮤직비디오 속 남자는 병원 침상에서 책을
읽다 이상하고 흥미로운 여자를 발견한다. 〈질투는 나의 힘〉의 원상은
문학 잡지사에서 일한다. 〈고령화 가족〉의 인모는 형의 방귀 냄새가
가득한 골방에서도, 코미디 프로그램으로 시끄러운 거실에서도
손에서 책을 놓지 않는다.

"우선 문이 열린 새장을 하나 그리세요…." 〈한뼘 드라마〉'어느
새의 초상화를 그리려면'의 청년은 한낮 공원에서 프랑스 시인 자크
프레베르의 제안을 따라 새장을 그리고 노래하는 새를 기다린다.
〈은교〉의 시인 이적요는 "뾰족한 연필"에서 "슬픔"을 떠올리는 시의
본질을 설명한다. 〈필름시대사랑〉에서는 윤동주의 시 '사랑의 전당'을,
〈군산: 거위를 노래하다〉에서는 거위 춤을 추며 중국 낙빈왕이 쓴
시 '영아詠鵝'를 읊는다. 〈헤어질 결심〉의 후배 형사는 잠복 중 유난히
감상적인 문장을 내뱉는 선배를 보며 말한다. "시집 내면 알려주세요.
한 권 사드리게."

"한산섬 달 밝은 밤에 수루에 혼자 앉아 큰 칼 옆에 차고 깊은 시름
하는 차에…." 박해일은 〈한산: 용의 출현〉의 기자 인터뷰를 이순신의
시로 시작했다. 매번 작품을 끝내고 나면 "책꽂이에 책 한 권을 꽂는
것 같은 느낌이 든다"는 박해일은 영화의 언어를 문학으로 완성하는
배우다. 그가 빚어낸 영화와 인물들은 관객 각자의 마음에 서로 다른
공감각적 심상을 남겼다. 작가 정세랑, 임유영, 이랑, 한정원에게
배우 박해일을 떠올리며 자유롭게 글을 써달라고 부탁했다. 한 편의
소설과 시, 희곡 그리고 가사가 도착했다. 여기에 박해일 들려준
자신을 꼭 닮은 남자에 관한 설화까지 더했다. 5명의 작가, 5개의 형식,
'박해일'이라는 하나의 키워드로 완성한 문학의 페이지들.

NOVEL
정세랑
장편소설『피프티 피플』『지구에서
한아뿐』『보건교사 안은영』
『시선으로부터,』『설자은, 금성으로
돌아오다』등을 썼다.

POETRY
임유영
문학동네신인상을 받으며 등단해 첫
시집『오믈렛』을 펴냈다.

LYRIC
이랑
싱글 앨범 [잘 알지도 못하면서]로
데뷔, [욘욘슨] [신의 놀이] 등의 음반을
발표했다. 그림 에세이『내가 30代가
됐다』와 에세이『좋아서 하는 일에도
돈은 필요합니다』등을 썼다.

TALE
박해일
남모르는 이야기 주머니를 다수 품은
흥미로운 스토리텔러

PLAY
한정원
산문집『시와 산책』, 시극『사랑하는
소년이 얼음 밑에 살아서』를 썼다.

1
소설

고요히 고개를 드는 그들은 어디에나 있다
정세랑

2063년 한국 영화 테마파크 개장을 위한 자문위원회의 출발은 순조로웠다. 테마파크가 들어설 부지는 넓은 데다 산과 해변을 동시에 끼고 있어 경관이 아름다웠고, 지역 단체장은 청렴한 데다 뛰어난 행정가로 불리는 이였다. 콘텐츠 쪽은 독보적인 미디어 그룹이, 기술적인 면은 글로벌 기업이 된 페닌술라 로보틱스에서 담당할 예정이었다. 다시없을 대규모 프로젝트였기에 민관 양쪽이 의욕에 차 있었다. 자문위원회가 시대별 영화를 선별하기만 하면 모든 게 준비된 상태였다.

자문위원회는 19명으로 구성되었다. 표결이 용이하도록 홀수로 정하지 않았나 짐작되었다. 위원장은 인품이 높고 따르는 이가 많다는 평가를 받는 영화감독 출신 전 문화체육관광부 장관이었다. 작품보다 장관 시절의 업적이 더 자주 이야기되는 것이 쏩쓸했지만, 적당히 잘 받아들인 후 할 수 있는 일들을 하기로 마음먹었을 즈음에 위원장직 제안이 와 수락했다. 위원장은 나머지 18인의 구성에 꽤 흡족했다. 연출, 각본, 연기, 음악, 미술, 의상, 촬영, 조명, 무술, 특수효과, 편집 등 다양한 분야의 전문가들이 포섭되어 있었다. 프로젝트가 삐걱거리지 않고 제대로 굴러갈 것 같다는 예감이 들었다. 일주일 동안 회의가 막힘없이 진행되었을 때 예감은 확신으로 바뀌었다. 한국 영화사에 의미가 있으면서 어트랙션으로도 매력이 있을 작품들이 수월히 정리되었다. 남은 3일도 다르지 않겠다고 위원장이 안심했을 때 2022년의 영화들을 골라야 하는 순서가 되었고, 그때까지 협조적이기만 했던 두 완고한 박해일파들이 부딪치기 시작한 것은 돌연한 일이었다.

"〈한산〉이죠."

독립영화 감독 출신으로 주목받아 메이저 상업 영화를 준비 중인 고지유가 단언했다. 위원들이 어, 그런가, 하고 웅성거렸다.

"저는 〈한산〉에서 박해일 배우가 등장했던 순간을 잊을 수 없어요. 진정한 이순신의 얼굴은 저랬을 것이다, 라는 감탄이 터져 나왔거든요. 국가주의적 과장을 뺀, 정말 있었을 법한 꼬장꼬장한

선비의 얼굴이었죠. 아아, 저 얼굴로 이겼을 것이다, 모든 상황이
발목을 잡고 주저앉히려 해도 떨쳐낸 후 자기가 옳다고 믿는 길을
가버리는 메마른 군자의 풍모다, 충忠을 넘어서 인仁에 닿음을 그렇게
연기할 수 있다니….”

고지유의 눈에 묘한 빛이 돌았다. 위원장은 듣다가 2030년대
후반 출생 20대 여성이 이순신에 그렇게까지 열정적이라니 약간
놀라고 말았고, 그 놀람이 편견에 기인한다는 것을 깨달은 후
반성했다.

“알겠어요, 알겠는데….”

반론을 시작한 것은 영화 기자 출신 평론가 신도윤이었다.
21세기 전반부에 태어난 이들 이름에 윤이나 유가 지나치게 많이
들어가지 않았나 싶었다.

“어쨌든 그건 3부작 영화잖아요. 방문객한테 노를 젓게 하든
대포를 쏘게 하든 거북선을 활용한 체험형 어트랙션으로 딱이라
한 편은 꼭 들어가야지. 마침 바다도 옆에 있고, 페닌술라 로보틱스
사람들이 실제 크기로 만들려고 부릉부릉하고 있는 것도 알아요.
그런데 2022년에는 〈헤어질 결심〉이 있었어. 그 작품이 빠진다는 건
말이 안 되죠. 안 그래요?”

위원장은 신도윤이 중간중간 반말을 섞어 쓰는 것이 거슬려
지적해야 하나 망설이다가 격해진 분위기상 넘어가기로 했다.

“아니, 그렇게 사람들 머릿속에 끈질기게 달라붙은 영화가
있었냐고요? 사람들은 아직도 서래와 해준에 대해 이야기해요.
휘몰아치는 이야기 속에 빛을 잃지 않는 인물들의 개별성! 박해일
배우는 언제나 불화하는 현대인을 표현하는 배우였고, 해준을 연기할
때 어떤 극치에 다다랐어요. 물론 그다음 작품들도 좋아하지만,
그다음을 위한 도약이 해준이었잖아. 2022년에 한 명의 박해일을
고르라면 〈헤어질 결심〉이지!”

신도윤이 다른 위원들의 동의를 얻기 위해 고개를 이리저리
돌렸다. 다들 또 그런가, 하고 서로를 마주 보았다.

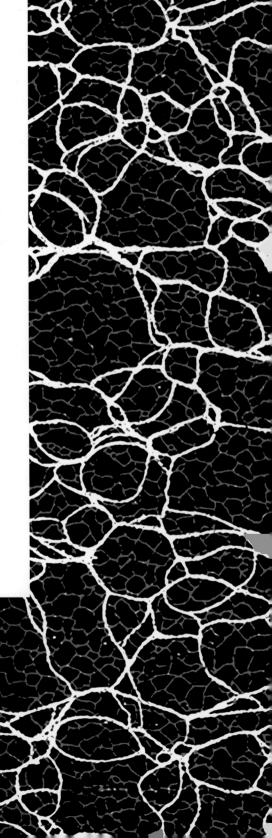

　"아뇨, 한국 영화사에 이순신은 현재까지 11명 존재하지만 박해일이 아니면 안 됩니다."

　고지유가 자리에서 벌떡 일어났다.

　"〈헤어질 결심〉이 누락되면, 저는 위원직 사퇴하겠습니다."

　신도윤도 의자를 박찼다. 옆자리에 앉은 사람이 어떻게 좀 해보라고 슬쩍 위원장의 어깨를 짚어왔다. 위원장은 위원장직을 맡은 것을 매우 후회했다. 그리웠던 영화계 사람들과 영화 이야기를 실컷 하는 휴가 같은 열흘일 거라 여겼다니 착각도 그런 착각이 없었다. 두 사람을 따로따로 불러 달래는 데 한나절이 걸렸고, 일단 2022년을 덮어둔 채 뒷시대를 먼저 다루기로 했다. 고비를 넘긴 듯했으나 2030년대, 2040년대, 2050년대를 검토할 때도 박해일 배우 출연작만 나오면 고지유와 신도윤의 눈에 기묘한 안광이 돌며 어느 한쪽도 물러서지를 않았다. 그쯤 되자 위원장은 박해일 배우가 사람들의 내면에 잠들어 있는 상당히 위험한 부분을 깨우는 게 아닐까 하는 생각에 다다랐다. 고지유도 신도윤도 평소 평판이 나쁜 사람들이 아니었는데….

　"야, 네 영화 진짜 별로였어! 너 상업 영화도 그 따위로 만들면 진짜 큰일 나! 감각 좋은 거 아니고 이상하게 꼬인 거야!"

　"지가 무슨 평론가라고. 앵무새도 그쪽보다 어휘력 좋겠다. 모든 영화에 똑같은 얘기만 하면서! 유의어 반의어 사전이라도 좀 찾아보든가, 어?"

　마지막 날, 마감 시간이 가까워져가는데 이견이 좁혀지기는커녕 곧 물건이 날아다닐 기세였다. 어떡하지, 이 파국을… 위원장은 입이 말라 음료를 삼킨 후 개입하려고 했다. 그러나 위원장보다 앞서 탁자를 내려친 것은 맞은편의 원로 배우였다.

　"늬들이 박해일을 알아?"

　어마어마한 발성이었다. 회의실이 쩌렁쩌렁했다. 깜빡하고 있었는데 원로 배우는 박해일의 상대역을 여섯 번 맡은 적이 있었다.

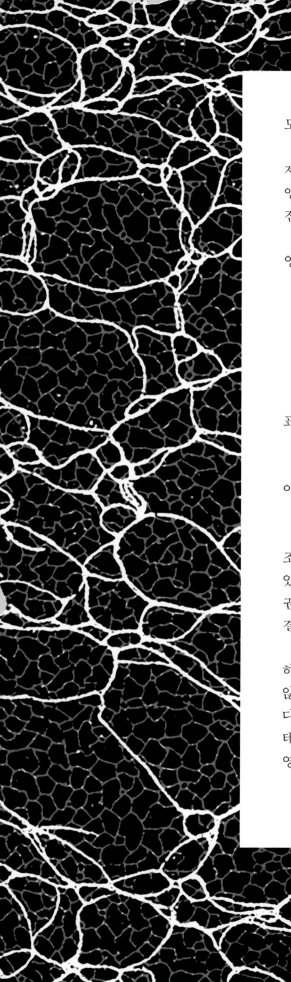

모두 구원자를 보듯 원로 배우를 바라보았다.

"내가 해일 씨 당장 여기 오라고 해? 해일 씨 너희 같은 애들 제일 싫어해. 신념을 위해 싸우는 건 존중해도, 자존심 때문에 앵앵거리는 애들 어떻게 볼 것 같아? 그 사람, 진짜란 말이야. 진짜는 진짜가 아닌 거 바로 알아봐. 너희 지금 진짜야? 진짠 거 같아?"

팽팽하게 맞붙었던 두 사람이 찬물을 맞은 듯 조용해진 후, 엉덩이를 슬그머니 의자에 붙였다.

"깔끔하게 거수투표 하고, 너희는 결과에 승복해. 알아들었어?"

신도윤과 고지유가 뭐라고 작게 웅얼거렸다.

"대답 제대로 안 해?"

"네!"

"넵!"

회의장이 평화를 찾았다. 위원장은 원로 배우에게 감사를 표해야겠다고 판단했다.

"아이고, 감사합니다, 선생님."

"위원장, 저 정도 애송이들도 제어 못 하고 부끄러운 줄 아세요."

"에에."

혼이 났지만 그래도 고마웠다. 박해일에 미쳐 있는 두 사람이 조용해지자, 그다음부터는 순탄했다. 리스트가 완성되었고 투표가 있었고 그다음은 기획자들과 기술자들의 차례였다. 어차피 리스트는 권장 리스트일 뿐, 직접 구현을 맡은 이들의 결정도 위원들의 결정만큼이나 중요할 것이었다.

위원들이 각자의 생활로 돌아가 힘들었던 그날들을 까맣게, 하얗게 잊는 데는 몇 년이 걸렸다. 테마파크 공사도 짧게 걸리지 않아, 개장 전 관계자 초대장이 도착한 것은 불화의 기억이 희미해진 다음이었다. 19명의 위원들이 오랜만에 모이자 반가움이 우선이었다. 테마파크의 완성도는 굉장해서 위원들은 프로젝트에 참여한 것이 영예로운 일이었구나, 만족해하며 결실을 즐거이 누렸다. 공교롭게도 대표 어트랙션이 박해일의 2030년대 SF 작품이었다. 박해일은 로봇 회사가 비밀에 부친 치명적 결함을 밝혀 휘슬 블로어가 되는 로봇 공학자 역할을 맡았는데, 그의 연기 덕분에 원작보다도 입체적인 이야기가 되었다는 것이 세간의 평이었다. 그 작품의 어트랙션이 또 로봇들로 구성된 것은 아이러니한 지점이긴 했다.

체험이 끝나갈 때쯤, 테마파크 직원이 인이어로 통화를 하는 듯하더니 웃으며 말했다.

"아, 오늘 박해일 배우님도 오셨어요."

고지유와 신도윤이 화들짝, 고개를 들었다.

"저기 계시네요."

박해일이었다. 멀리서, 전기 부품 없이 체인과 기어만 있는 자전거를 타고 있었다. 넓은 테마파크를 자전거로 휘적휘적 돌아볼 셈인 듯했다. 위원들이 서 있는 쪽을 보더니 한쪽 손을 핸들에서 떼어 흔들었다. 가까이 오나 싶었는데 특유의 미소와 함께 그대로 지나갔다.

"안 멈추시네."

"그러게….."

"인사하고 싶으면 뛰어가보든가. 저 사람 그대로 주차장까지 가버릴걸?"

원로 배우가 말하자, 고지유와 신도윤이 서로를 짧게 마주 보곤 뛰기 시작했다. 중간쯤부터 엎치락뒤치락 경주 같아졌다. 지켜보던 위원들 몇이 한숨을 쉬고, 몇이 웃었다.

"위원장, 이런 일 또 맡을 거예요?"

"돌아보면 의미 있는 시간이었죠…. 그치만 위원 선정할 때 완고한 박해일파들을 걸러내고 싶습니다."

"걸러낼 수 있을 리가. 그들은 항상 있어. 어디에나 있어. 고요한 얼굴로 있다가 고개를 들지."

그 말에는 끄덕일 수밖에 없었다.

2
시

스완 다이브
임유영

유리 벽 너머의 물속에서 해양 생물들이 움직인다. 헤엄치지 않는
종과 눈에 보이지 않는 종까지도 포함하는 생태계가 인위적으로
조성되어 잘 관리되고 있는 초거대 수조. 관람객들은 벽의 한 면이
유리 수조인, 침침한 반원형의 공간에 모여 있다. 모두가 일렁이는
빛의 그물 아래 있다. 빛의 광원은 수조 위에 설치된 인공조명.
수조 속에 자연스러움을 더하기 위해 최대한 자연의 햇빛과 가깝게
만들어진 것. 그 빛을 등이나 배나 지느러미나 혹은 눈알로 반사하는
해양 생물들은 그 자체로 빛을 뿜어내듯 신비로운 자태를 선보이며
뭍에서는 불가능한 형식의 움직임을 만들어내고 있다. 상어는 빠른
속도로 배회하고 가오리는 예측할 수 없게 몸을 앞뒤로 뒤집는다.
십 미터 깊이의 바닷속 풍경을 모방한 이 거대한 수조 속에서.
관람객은 여기 이 생물들도 자신을 구경하고 있노라 주장해보지만.
갇혀서는 구경할 수 없다. 흘끗 보고 자리를 떠날 수도, 전갱이
떼를 지나쳤다가 다시 보러 달려올 수도, 마침내 수족관을 떠나
비닐우산을 쓰고 전복죽을 먹으러 해녀의 집에 갈 수도. 비행기나
배를 타고 섬을 벗어날 수는 당연히 없고 시간이 지나 누군가 잊거나
떠올리거나 쓰더라도 상관없이 수조 속에 있다, 죽지 않았다면.
어쩌면 죽어서도. 하지만 이들 외에도 수조와 아주 가까이에서,
말하자면 수조에 달라붙다시피, 오랜 시간을 수조와 보내는 사람이
있어서. 밤이 깊으면 수조를 밝히는 불을 끄고 해가 나면 불을 켠다.
수조 속 생물들에게 먹이를 주고 오염 물질을 걸러준다. 수질과
온도를 유지한다. 직접 수조에 들어가기도 한다. 수조 바닥의 조경을
정리하고 폐기물을 건지고 보호색을 띠고 납작하게 생겨서는 모래에
반쯤 파묻힌 생물을 슬쩍 건드려 죽었는지 살았는지 알아도 본다.
그 사람도 가상의 이야기를 좋아하고 가상의 피조물과 가상 세계를
좋아하지만. 어딘가를 좋아하는 것과 그곳에 갇혀 있다는 것은 참
다른 문제라서. 그는 완전히 구경꾼이 될 수도, 수조 속에서 영영
살 수도 없고. 어느 쪽에서 보더라도 그에겐 인간의 성질이란 것이
다소 모자란다고, 혹은 지나쳐서 넘친다고 단언할 수도 없지만. 그는

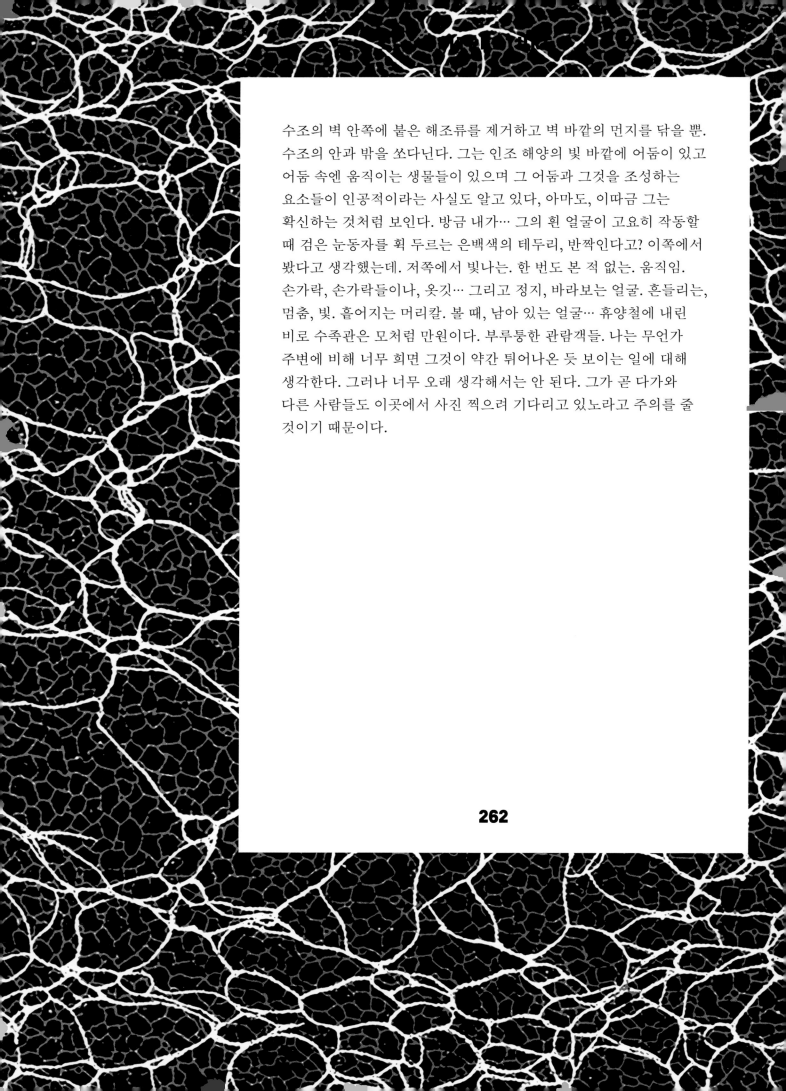

수조의 벽 안쪽에 붙은 해조류를 제거하고 벽 바깥의 먼지를 닦을 뿐.
수조의 안과 밖을 쏘다닌다. 그는 인조 해양의 빛 바깥에 어둠이 있고
어둠 속엔 움직이는 생물들이 있으며 그 어둠과 그것을 조성하는
요소들이 인공적이라는 사실도 알고 있다, 아마도, 이따금 그는
확신하는 것처럼 보인다. 방금 내가… 그의 흰 얼굴이 고요히 작동할
때 검은 눈동자를 획 두르는 은백색의 테두리, 반짝인다고? 이쪽에서
봤다고 생각했는데. 저쪽에서 빛나는. 한 번도 본 적 없는. 움직임.
손가락, 손가락들이나, 옷깃… 그리고 정지, 바라보는 얼굴. 흔들리는,
멈춤, 빛. 흩어지는 머리칼. 볼 때, 남아 있는 얼굴… 휴양철에 내린
비로 수족관은 모처럼 만원이다. 부루퉁한 관람객들. 나는 무언가
주변에 비해 너무 희면 그것이 약간 튀어나온 듯 보이는 일에 대해
생각한다. 그러나 너무 오래 생각해서는 안 된다. 그가 곧 다가와
다른 사람들도 이곳에서 사진 찍으려 기다리고 있노라고 주의를 줄
것이기 때문이다.

3
설화

바다와 손님
박해일

2023년 9월의 첫날로 넘어가던 밤이었다. 오늘 밤을
놓치면 14년 후에나 볼 수 있다는 '슈퍼 블루문'은
유독 밝고 환했다. 좋은 벗과 나누는 소주는 달았다.
여름밤은 길고 또 길었다. "제가 며칠 전에 생각한
이야기가 있어요…." 술잔을 기울이던 박해일이
불쑥 이상하고 신비로운 남자 이야기를 시작했다.

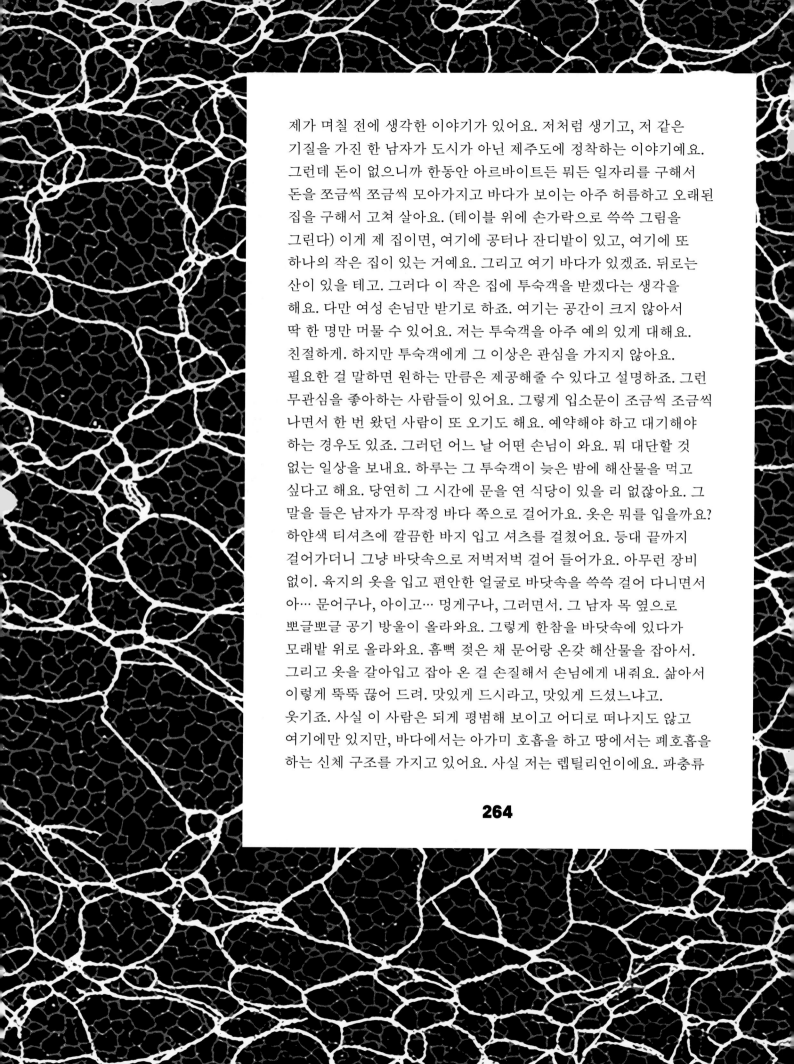

제가 며칠 전에 생각한 이야기가 있어요. 저처럼 생기고, 저 같은 기질을 가진 한 남자가 도시가 아닌 제주도에 정착하는 이야기예요. 그런데 돈이 없으니까 한동안 아르바이트든 뭐든 일자리를 구해서 돈을 쪼금씩 쪼금씩 모아가지고 바다가 보이는 아주 허름하고 오래된 집을 구해서 고쳐 살아요. (테이블 위에 손가락으로 쓱쓱 그림을 그린다) 이게 제 집이면, 여기에 공터나 잔디밭이 있고, 여기에 또 하나의 작은 집이 있는 거예요. 그리고 여기 바다가 있겠죠. 뒤로는 산이 있을 테고. 그러다 이 작은 집에 투숙객을 받겠다는 생각을 해요. 다만 여성 손님만 받기로 하죠. 여기는 공간이 크지 않아서 딱 한 명만 머물 수 있어요. 저는 투숙객을 아주 예의 있게 대해요. 친절하게. 하지만 투숙객에게 그 이상은 관심을 가지지 않아요. 필요한 걸 말하면 원하는 만큼은 제공해줄 수 있다고 설명하죠. 그런 무관심을 좋아하는 사람들이 있어요. 그렇게 입소문이 조금씩 조금씩 나면서 한 번 왔던 사람이 또 오기도 해요. 예약해야 하고 대기해야 하는 경우도 있죠. 그러던 어느 날 어떤 손님이 와요. 뭐 대단할 것 없는 일상을 보내요. 하루는 그 투숙객이 늦은 밤에 해산물을 먹고 싶다고 해요. 당연히 그 시간에 문을 연 식당이 있을 리 없잖아요. 그 말을 들은 남자가 무작정 바다 쪽으로 걸어가요. 옷은 뭐를 입을까요? 하얀색 티셔츠에 깔끔한 바지 입고 셔츠를 걸쳤어요. 등대 끝까지 걸어가더니 그냥 바닷속으로 저벅저벅 걸어 들어가요. 아무런 장비 없이. 육지의 옷을 입고 편안한 얼굴로 바닷속을 쓱쓱 걸어 다니면서 아… 문어구나, 아이고… 멍게구나, 그러면서. 그 남자 목 옆으로 뽀글뽀글 공기 방울이 올라와요. 그렇게 한참을 바닷속에 있다가 모래밭 위로 올라와요. 흠뻑 젖은 채 문어랑 온갖 해산물을 잡아서. 그리고 옷을 갈아입고 잡아 온 걸 손질해서 손님에게 내줘요. 삶아서 이렇게 뚝뚝 끊어 드려. 맛있게 드시라고, 맛있게 드셨느냐고. 웃기죠. 사실 이 사람은 되게 평범해 보이고 어디로 떠나지도 않고 여기에만 있지만, 바다에서는 아가미 호흡을 하고 땅에서는 폐호흡을 하는 신체 구조를 가지고 있어요. 사실 저는 렙틸리언이에요. 파충류

264

인간. 모르세요? 유튜브 보면 많이 나와요. 이 파충류 인간은 지구의 표면에서 들어가서 지하에 또 다른 도시를 만들고 산다고 하잖아요. 그러다가 이 친구는 혼자 나와서 지구 표면에 살게 되었어요. 물론 어떤 힘을 이용해서 지구 인간의 눈에는 자신이 사람처럼 보이게 만들어요. 타인에게 해를 끼치고 싶지는 않은 거죠. 그런데 왜 여자 투숙객만 받았느냐 하면요. 이런 생각을 해봤어요. 역사적으로 긴 시간 동안 이 지구라는 곳을 남자들의 욕망이 정복해왔잖아요. 폭력성도 더 강한 유전자이고. 렙틸리언 입장에선 남성보다는 여성 인간을 가까이 두면 더 많은 것을 보고 배울 수 있을 거라 생각한 거죠. 그러다가 만난 어느 여자 손님이 애를 호기심에 끝까지 지켜보다가 뭔가 이상하다는 걸 느껴요. 행동에서 어딘가 인간적이지 않은 뉘앙스를 파악한 거죠. 그 순간 이 여자의 눈에는 그가 드디어 렙틸리언의 모습으로 보여요. 하지만 이 여자는 도망가거나 피하지 않아요. 별로 재미없어요? 아니면 좀 더 이어서 써보실래요?

4
가사

SHAME
이랑

불 꺼진 시장 골목을 우리는 뛰고 있어요
우리의 시간은 짧고 모두 우리를 알고 있죠
우리는 착각을 하는 게 가장 큰 특징이죠
그 착각 속에서 뛰고 있어요
당신의 손을 잡고 있을 때에도 느꼈어요
내가 그 세계에 속해 있지 않는다는 걸
나는 내가 부끄럽기만 했어요
당신은 그 너머만 보고 있어요
이 불편함과 낯설음마저 사랑했어요
이 사랑을 가지고 더 멀리 가고 싶었어요
당신의 미스터리에서 이제는 벗어날래요
아니 그런 것도 다 상관없어 궁금해 안 할게요
마지막으로 내 얘기를 들어주세요
내 얘기를 듣는 당신이 필요했어요
당신이 내 삶을 추적하고
당신이 이해하고
당신이 기억하고
나를 만져줬음 했어요
사람과 사랑을 믿고 싶어요
사랑과 사람을 믿고 싶어요

나는 당신을 만나 비로소 몸을 의식해요
나는 당신을 만나 비로소 몸을 의식해요
나는 당신을 만나 비로소 몸을 의식해요
나는 당신을 만나 비로소 몸을 의식해요
나는 당신을 만나 비로소 몸을 의식해요
나는 당신을 만나 비로소 몸을 의식해요
나는 당신을 만나 비로소 몸을 의식해요
나는 당신을 만나 비로소 몸을 의식해요

SHAME

이랑

불 꺼진 시장 골목을 우리는 뛰고 있어요
우리의 시간은 짧고 모두 우리를 알고 있죠
우리는 착각을 하는게 가장 큰 특징이죠
그 착각 속에서, 뛰고 있어요

당신의 손을 잡고 있을 때에도 느꼈어요
내가 그 세계에 속해있지 않는다는 걸
나는 내가 부끄럽기만 했어요
당신은 그 너머만 보고 있어요
이 불편함과 낯섦들아저 사랑했어요
이 사랑을 가지고 더 멀리 가고 싶었어요
당신의 히스토리에서 이제는 벗어날래요
아니 그런것도 다 상관없이 궁금해 안 할게요
마지막으로 내 얘기를 들어주세요
내 얘기를 듣는 당신이 필요했어요

당신이 내 삶을 추적하고
당신이 이해하고
당신이 기억하고 나를 만져줬음 했어요
사랑과 사랑을 잊고 싶어요
사랑과 사랑을 잊고 싶어요
나는 당신을 안아 비로소 용은 의식해요
나는 당신을 안아 비로소 용은 의식해요
나는 당신을 안아 비로소 용은 의식해요
나는 당신을 안아 비로소 용은 의식해요

morning glory

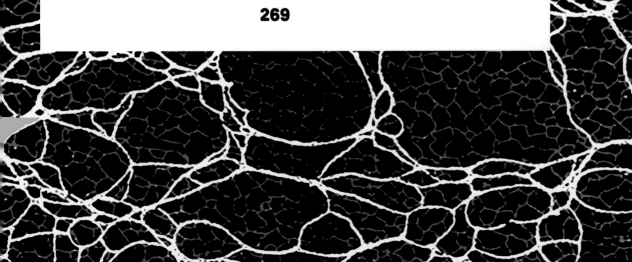

5
희곡

꿈꾸기 좋은 시간
한정원

등장인물
이원상(〈질투는 나의 힘〉)
박현규(〈살인의 추억〉)
김진국(〈인어공주〉)
이해명(〈모던보이〉)
오인모(〈고령화 가족〉)
최현(〈경주〉)
이윤영(〈군산: 거위를 노래하다〉)
윤민철(〈제보자〉)
장해준(〈헤어질 결심〉)

그리고 H. I.

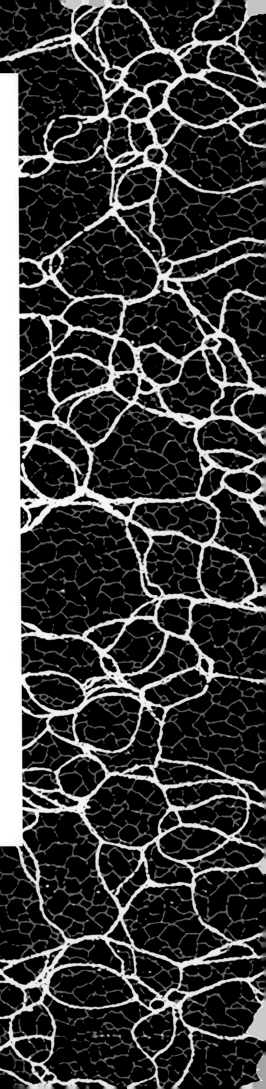

#0

스포트라이트가 무대 위 사람들을 한 명씩 비춘다.

모두 의자에 앉아 있고, 제각기 다른 행동을 하고 있다. 핸드폰으로 사진을 찍는

사람, 조는 사람, 빗으로 머리 손질을 하는 사람, 책 읽는 사람, 담배 한 개비를

들고 있는 사람 등등.

모든 사람을 차례로 훑고 나면 무대는 다시 어두워진다.

#1

카메라 플래시가 크게 터지는 소리와 함께 무대 전체가 환해진다.

중앙에 큰 식탁이 있고, 좀 전에 소개된 사람들이 거기 둘러앉아 있다. 몇몇은

갑자기 밝아진 조명에 놀라며 천장과 주변을 두리번거린다.

그들 뒤편에는 빈 의자가 여럿 보인다. 식탁 위에는 빈 접시와 술잔들이

가지런히 놓여 있고, 아직 음식은 없다.

사람들은 바투 앉아 있지만 어색한 사이처럼 보이고 서로 눈길을 피한다.

통화를 하고 있던 남자가 곧 전화를 끊고, 그 분위기를 감지하더니 자리에서

일어난다.

윤민철   안녕하십니까. 거의 다 오신 것 같은데, 돌아가면서 소개를
          하면 어떨까요? 서로를 모르니까요.

사람들이 고개를 끄덕인다.

윤민철   그럼 선 김에 저부터 할까요? 저는 윤민철 PD라고 합니다.
          〈PD추적〉이라는 프로그램을 만들고 있어요. 자, 그럼, 저쪽
          끝에 계신 분부터 자기소개를 부탁드립니다.
이원상   저요?
윤민철   네. 앉은 채로 하셔도 됩니다.

자리에 앉는 윤민철.

이원상 저는 이원상입니다. 작은 잡지사에 다니고 있어요. 더 말할 게
       없는데… 저는 턱걸이를 잘합니다.

사람들이 어색하게 웃으며 박수를 친다.

김진국 반갑습니다. 김진국입니다. (자신의 유니폼과 업무용 가방을
       만지며) 보시다시피 우체부이고요. 좀 멀리, 제주도에서
       왔어요.

사람들이 조금 더 세게 박수를 친다.

이윤영 이윤영입니다. 어렸을 때 화교 학교를 다녀서 중국어를 약간 할
       줄 알고요. 직업은, 홈 프로텍터입니다.

사람들이 다소 아리송한 표정으로 박수를 친다.

이해명 내 이름은 해명인데, 그보다는 '모던보이'라 불리는 편이오.

사람들이 킥킥거리며 박수를 친다.

윤민철 모던보이. 인스타 아이디인가요? 선생님 스타일이 정말
       남다르고 멋지십니다. 혹시 직업이 의상 디자이너?
이해명 조선총독부에서 일하고 있습니다.

몇 사람이 반사적으로 박수를 치다가 다른 사람들의 눈총에 급히 멈춘다.

최현   하하, 흥미롭군요. 저는 낫토를 좋아합니다.

272

사람들의 뜨악한 눈길이 최현에게 옮겨간다.

최현   저는 최현입니다. 북경 대학에서 강의를 하고 있어요. 오늘
        참석 못 할 뻔했는데, 마침 경주에 갈 일이 생겨서 겸사겸사
        오게 됐습니다.

이윤영 (최현을 바라보며) 우리 혹시 본 적 있나요?
최현   글쎄요, 아닐걸요.

사람들이 박수를 치며, 다음 차례의 사람을 바라본다.
그 사람은 고개를 푹 숙이고 책을 읽고 있다가 고개를 든다.

박현규 박현규입니다. 작은 공장에 다니고 있어요.

사람들이 박수를 치려다 갑자기 끼어드는 목소리에 손을 내린다.

장해준 그런데 손이 참 곱네요.

사람들이 모두 장해준을 바라보고, 다시 박현규의 손을 내려다본다.
박현규는 장해준을 날카로운 눈빛으로 쳐다본다.

장해준 저는 부산 서부경찰서 장해준 형사입니다.
이해명 아, 역시 형사님이라 예리하시구나.

사람들이 박수를 친다.

오인모 제가 마지막이군요. 오인모입니다. 영화를 만들고 있어요.
이원상 어떤 영화 만드셨어요?

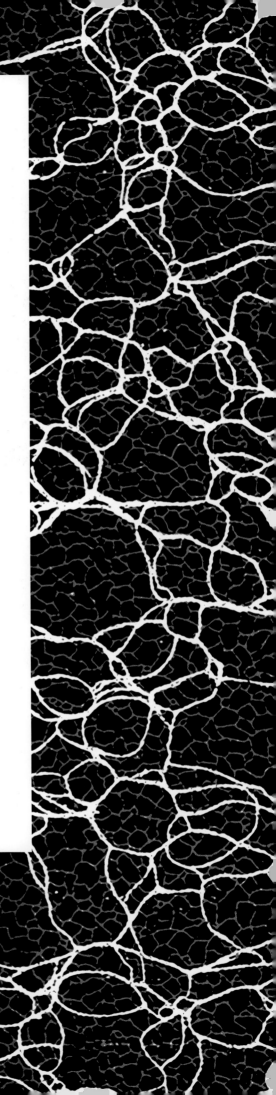

오인모 그게, 아마, 모르실 거예요. 75명이 봤거든요.
이윤영 75만이요?
오인모 ….

사람들이 박수를 친다.

장해준 (뒤를 가리키며) 저기 의자가 몇 개 비어 있네요.
윤민철 아, 네. 제가 제보받은 바에 의하면….

재킷 안주머니에서 수첩을 꺼내 펴서 잠시 들여다보는 윤민철.

윤민철 웬일인지 연락이 두절된 분들도 여럿입니다. 라디오 PD인
      서인하 님은 방송 끝나자마자 육아를 해야 해서 못 온다고
      하네요. 싱글 대디거든요. 그리고 이순신 님은 출발했다고는
      하는데, 아무래도 제가 죽기 전까지 도착 못 하지 않을까요?
      조선에서 오고 있다는대요.

사람들 입에서 일제히 안타까움이 섞인 탄성이 나온다.

윤민철 그리고 마지막 의자는, 다들 아시다시피, 오늘 우리를 한데
      모이게 만든 주인공 H. I.를 위한 거고요. 좀 늦을 거라고 하니,
      우리 먼저 식사를 시작하죠.

사람들이 서로 악수하고 작은 목소리로 말을 주고받는다.
서서히 꺼지는 조명.

      #2
어둠 속에서 식기 부딪치는 소음과 의자 끌리는 소리가 들린다.

274

사람들의 말소리, 웃음소리가 점점 커지고 이어 무대가 약간 밝아진다.
식탁 위는 여러 음식이 든 접시와 술병으로 어지럽다.
한결 가까워진 듯 보이는 사람들. 자리를 옮겨가며 먹고 마셔서 자리 배치가
처음과 달라졌다.

이윤영은 혼자 술을 홀짝이고 있는 박현규의 빈 옆자리로 간다.
스포트라이트가 두 사람만 더 밝게 비춘다.
다른 사람들의 소음은 방해되지 않을 만큼 작게 계속 깔린다.

이윤영 책 읽는 거 좋아하나 봐요.
박현규 네.
이윤영 혹시 글도 써요?
박현규 라디오에 사연 보낼 때만요.
이윤영 아, 그런 거 하는구나.
박현규 노래 신청하려고.
이윤영 무슨 노래?
박현규 '우울한 편지'. 유재하.
이윤영 저도 그 노래 좋아해요. 불러드릴까요?
박현규 아니오.
이윤영 우리 혹시 본 적 있나요?
박현규 아니오.

식탁 끝에 앉아 있는 장해준에게 스포트라이트가 들어온다.
그는 자기 자리에서 쌍안경을 들고 박현규 쪽을 바라보고 뭐라고 중얼거린다.
곧 세 사람을 비추던 스포트라이트는 꺼지고, 이제는 오인모와 이해명을 새로
비춘다.

오인모 부럽습니다, 모던보이 님.
이해명 뭘요.

275

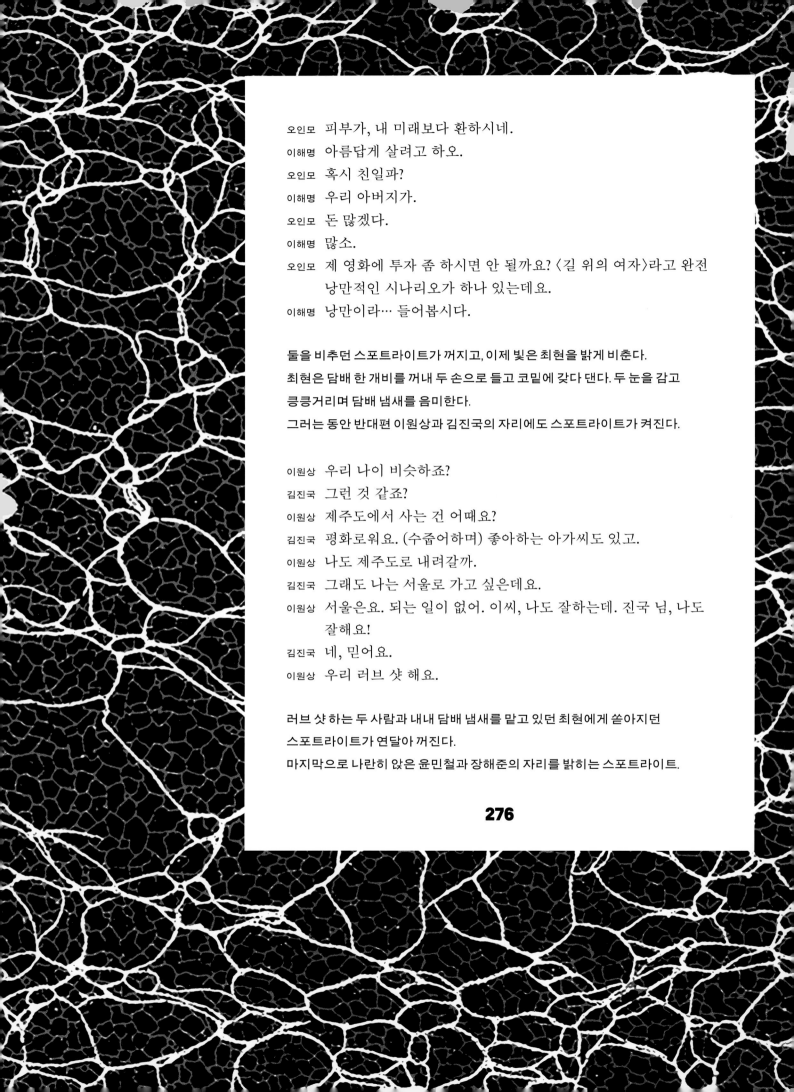

오인모 피부가, 내 미래보다 환하시네.
이해명 아름답게 살려고 하오.
오인모 혹시 친일파?
이해명 우리 아버지가.
오인모 돈 많겠다.
이해명 많소.
오인모 제 영화에 투자 좀 하시면 안 될까요? 〈길 위의 여자〉라고 완전
        낭만적인 시나리오가 하나 있는데요.
이해명 낭만이라… 들어봅시다.

둘을 비추던 스포트라이트가 꺼지고, 이제 빛은 최현을 밝게 비춘다.
최현은 담배 한 개비를 꺼내 두 손으로 들고 코밑에 갖다 댄다. 두 눈을 감고
킁킁거리며 담배 냄새를 음미한다.
그러는 동안 반대편 이원상과 김진국의 자리에도 스포트라이트가 켜진다.

이원상 우리 나이 비슷하죠?
김진국 그런 것 같죠?
이원상 제주도에서 사는 건 어때요?
김진국 평화로워요. (수줍어하며) 좋아하는 아가씨도 있고.
이원상 나도 제주도로 내려갈까.
김진국 그래도 나는 서울로 가고 싶은데요.
이원상 서울은요. 되는 일이 없어. 이씨, 나도 잘하는데. 진국 님, 나도
        잘해요!
김진국 네, 믿어요.
이원상 우리 러브 샷 해요.

러브 샷 하는 두 사람과 내내 담배 냄새를 맡고 있던 최현에게 쏟아지던
스포트라이트가 연달아 꺼진다.
마지막으로 나란히 앉은 윤민철과 장해준의 자리를 밝히는 스포트라이트.

276

장해준은 쌍안경을 식탁 위에 내려두고, 눈에 인공 눈물을 넣고 있다.
윤민철은 그런 장해준을 물끄러미 바라본다.

윤민철　형사님, 피곤하시죠?
장해준　잠을 잘 못 자서요.
윤민철　어이쿠, 요즘 무슨 사건이 있나요?
장해준　영원히 미결인 사건이 있죠.
윤민철　우리 프로그램에서 제보를 한번 받아볼까요? 잠깐만요.
　　　　(핸드폰을 보며) 전화 좀 받고 오겠습니다.

일어서서 무대 한쪽 구석으로 가 통화하는 윤민철.

윤민철　(통화하는 상대편에게) 일단 만나서 얘기할까요?

그들을 향한 스포트라이트가 꺼진다.
이제 무대 위 사람들을 모두 어스름히 비추던 처음의 조명만 남는다.
사람들은 술을 마시고 이야기를 나누거나 각자 하고 있던 행동을 지속한다.
무대가 서서히 어두워지다가 암전. 소리도 잦아든다.

　　　　#3
어둠 속에서 오인모의 목소리가 들린다.

오인모　액션!
이해명　가끔은 모든 게 허구 같소. 나도 허구, 당신들도 허구, 이
　　　　세상도 허구.

무대가 밝아지며 식탁에 앉아 있는 사람들 전체가 또렷하게 보인다.
자리 배치는 또 달라졌다. 모두 더 취했고 흐트러진 모습이다.

277

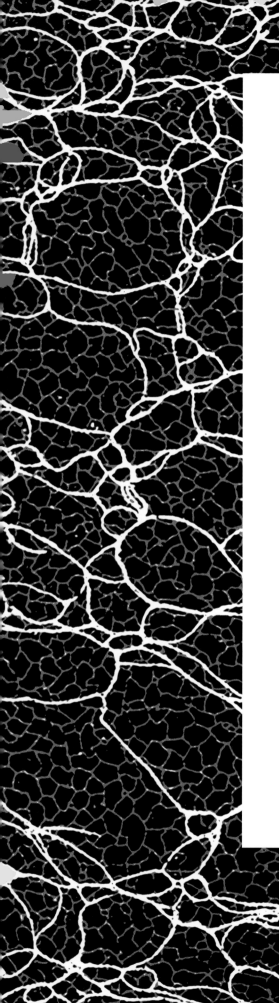

이원상 다 의심스러워요. 내가 살아 있는 게 맞나? 이렇게 사는 게
       맞나? 아닌 것 같은데.
오인모 실패가 너무 많아요. 그리고 실패는 눈에 더 잘 띄죠.
이윤영 이 상황은⋯ 어디서 본 것 같아.
박현규 (갑자기 주먹으로 식탁을 치며) 하여튼 난 안 당해! 절대 안
       당해!

최현은 서서 비틀거리며 핸드폰으로 사람들을 다양한 각도에서 촬영한다.
동시에 무대 뒤편 벽에 촬영 장면이 스크린으로 띄워진다.
사람들의 얼굴, 손, 다리 등과 식탁 위의 물건들이 두서없이 보인다.

장해준 (최현을 가리키며) 그 폰, 바다에 버려요.
최현   왜 남의 폰을 버리라 마라야. 이 폰 버리면 당신이 아이폰 16
       프로로 사줄 겁니까?
이해명 (옆자리 김진국에게 속삭인다) 아이폰이 뭐요?
김진국 그거 미국 말이에요. 아, 이 폰.
이해명 아, this phone!

김진국과 이해명은 함께 고개를 주억거린다.

윤민철 그런데, H. I. 말이에요. 그 사람은 여기 있는 사람들을, 여기
       없는 사람들까지도, 모두 알고 있잖아요. 정말 우리를 기억하고
       있을까요?

스크린에 윤민철의 얼굴이 가득 찬다. 이어서 곰곰이 생각해보는 사람들의
얼굴이 차례로 띄워진다.

김진국 잘 모르겠지만, 우리를 잘 기억하고 있을 것 같아요. 동시에 잘
       잊고 있을 것 같고요.

장해준　그게 무슨 뜻입니까?

김진국　H. I.를 처음 만났을 때, 그도 나도 20대였어요. 지금도
　　　그렇고요.

이원상　나도 그래요.

박현규　나도요.

이해명　우리는 30대에 만났소. 아마 40대에 연이 닿은 분들도
　　　있겠지요.

몇 명이 손을 낮게 올려 수긍한다.

장해준　시절 인연이라는 거군요.

윤민철　시절은 건너가는 거죠. 만나고 헤어지면서요.

김진국　그렇다고 시절이 사라지지는 않잖아요. 시절에 대한 기억도요.

이원상　명쾌하십니다.

최현　　우리가 한자리에 모여 있다는 사실이 새삼스러워지네요.
　　　인간이 인간의 미래이고 과거라는 게.

이해명　당신들은 내 희망입니다.

사람들이 모두 이해명을 쳐다본다.

이해명　조국이 해방됐다는 증거니까요.

사람들의 얼굴에 잠시 벅찬 표정이 스친다.

윤민철　우리 다 같이 건배할까요?

모두 잔을 채우고, 높이 든다.

이윤영　저기, 건배사로 제가 시를 하나 읊어도 될까요?

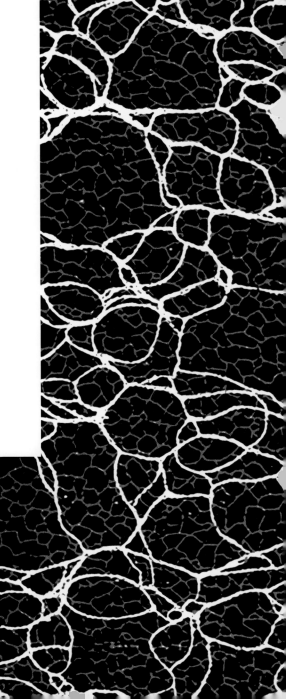

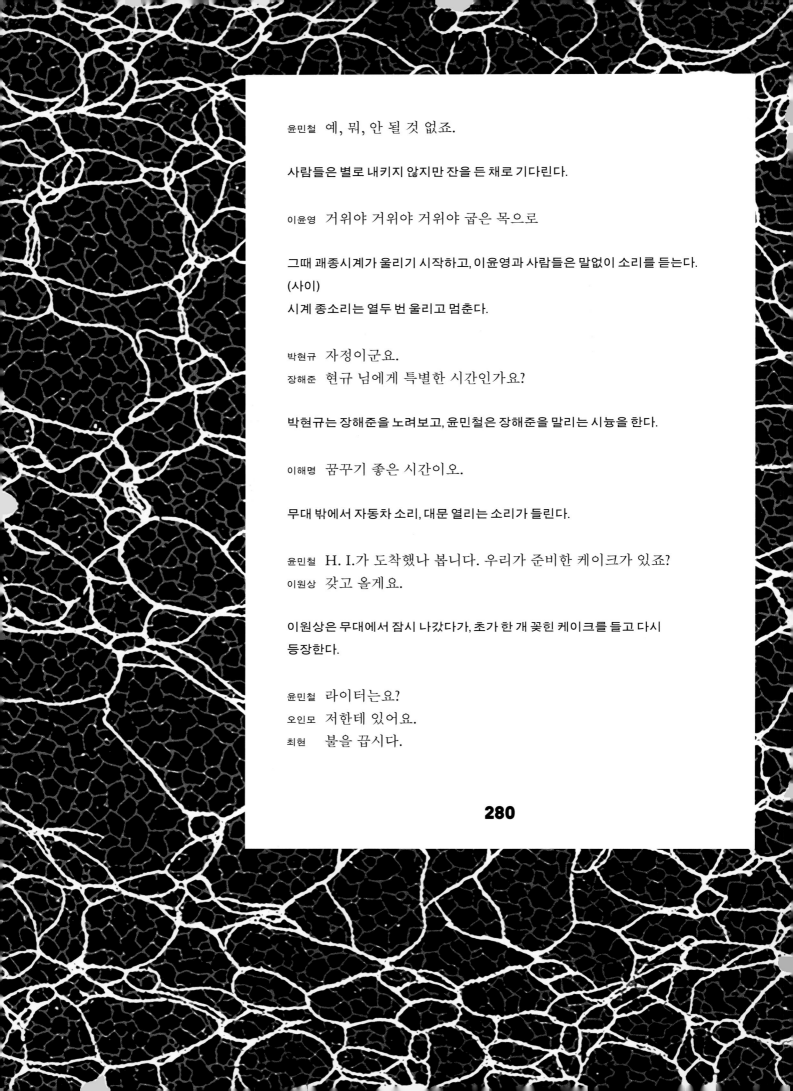

윤민철 예, 뭐, 안 될 것 없죠.

사람들은 별로 내키지 않지만 잔을 든 채로 기다린다.

이윤영 거위야 거위야 거위야 굽은 목으로

그때 괘종시계가 울리기 시작하고, 이윤영과 사람들은 말없이 소리를 듣는다.
(사이)
시계 종소리는 열두 번 울리고 멈춘다.

박현규 자정이군요.
장해준 현규 님에게 특별한 시간인가요?

박현규는 장해준을 노려보고, 윤민철은 장해준을 말리는 시늉을 한다.

이해명 꿈꾸기 좋은 시간이오.

무대 밖에서 자동차 소리, 대문 열리는 소리가 들린다.

윤민철 H. I.가 도착했나 봅니다. 우리가 준비한 케이크가 있죠?
이원상 갖고 올게요.

이원상은 무대에서 잠시 나갔다가, 초가 한 개 꽂힌 케이크를 들고 다시
등장한다.

윤민철 라이터는요?
오인모 저한테 있어요.
최현 불을 끕시다.

280

무대 위 조명이 완전히 꺼지고 온통 깜깜하다.
바깥의 발소리가 점점 가까워진다.

김진국 지금이에요! 초에 불을 붙이세요!

라이터 켜는 소리. 하지만 점화가 되지 않는다.

오인모 아씨, 왜 안 켜지지?
박현규 H. I.가 들어와요!
오인모 (계속 라이터를 켜려는 시도를 한다) 안 돼. 잠깐만. 컷! 컷!

문 열리고 발소리가 멈춘다.

이윤영 박수! 일단 박수부터 치자고요.

사람들은 엉겁결에 박수를 친다.
어둠 속에서 큰 박수 소리만 길게 이어진다.

끝

INTER-
VIEW
WITH
PARK
HAEIL

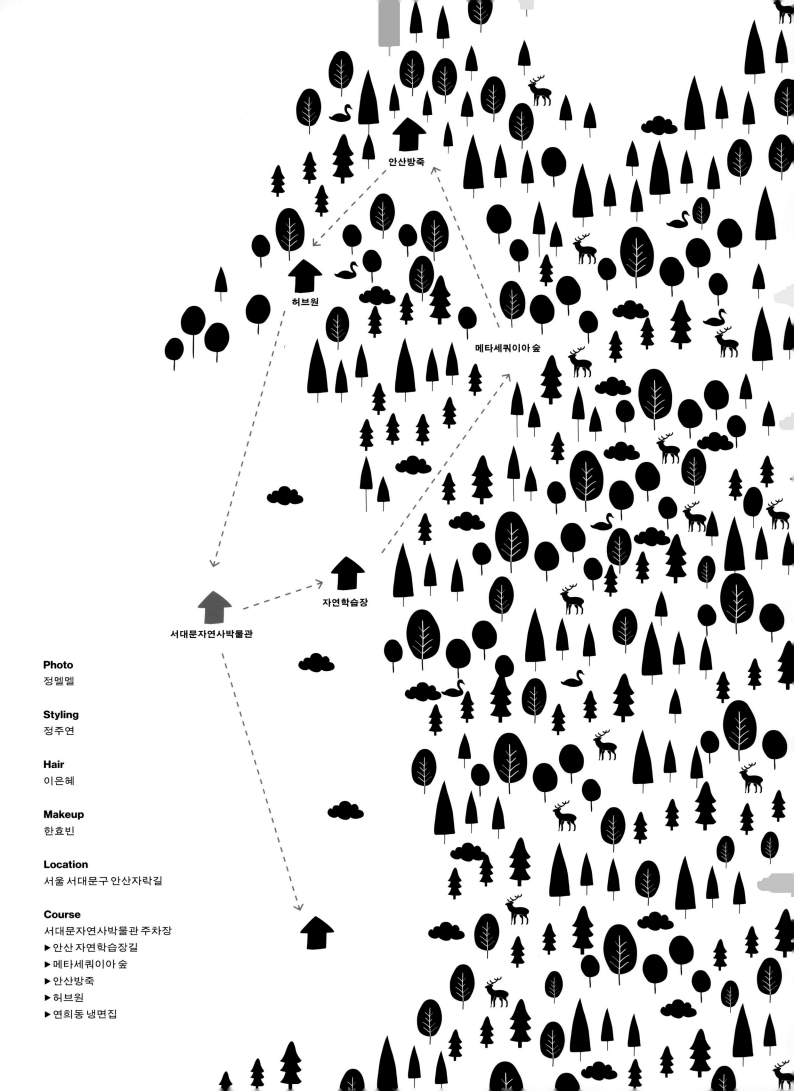

안산방죽

허브원

메타세쿼이아 숲

자연학습장

서대문자연사박물관

Photo
정멜멜

Styling
정주연

Hair
이은혜

Makeup
한효빈

Location
서울 서대문구 안산자락길

Course
서대문자연사박물관 주차장
▶ 안산 자연학습장길
▶ 메타세쿼이아 숲
▶ 안산방죽
▶ 허브원
▶ 연희동 냉면집

박해일 × 백은하

"언제 무더운 여름이라도 저와 산책 삼아 자락길을 두어 번 같이 걸어주실 수 있으실까요?"

박해일과의 본격적인 만남은 문자메시지 한 통과 함께 시작되었다. 『배우 박해일』을 쓰기로 결심한 후 지나온 사계절 동안 나는 박해일이라는 고요한 산책자의 리듬으로 살았다고 해도 과언이 아니다. 좀처럼 질주하거나 휘청이지 않는 자신의 캐릭터들처럼 박해일은 속도나 보폭으로 재단할 수 없는 고유한 발걸음으로 걸어가는 사람이다. 처음 배우연구소를 방문한 박해일은 의자나 소파에 앉지 않고 공간 이곳저곳을 먼저 둘러보았다. 영역을 조심스럽게 확인하는 고양이처럼, 청소 전 공간 지도를 그리는 로봇 청소기처럼, 창문가로 가서 커튼을 열어 동네 풍경을 한참 바라보기도 하고, 책꽂이에서 책을 꺼내 페이지를 넘기기도 했다. 들어갈 영역을 먼저 파악한 후, 그는 이제야 이야기를 시작할 수 있다는 듯 자리에 앉았다.

박해일은 예상과 달리 먼저 제안을 건네는 사람이었다. "오늘 혹시 산책 가능하세요?" 아침 날씨와 그날의 무드에 따라 가끔 날아오는 박해일의 즉흥적인 산책 제안을 은근히 기다렸던 것도 같다. 어떤 날은 배우연구소가 있는 종로구 부암동을 산책했다. 윤동주 시인의 언덕을 오르고 청운문학도서관의 계단식 폭포를 보며 땀을 식혔다. 인왕계곡으로 향하는 길을 잘못 접어드는 바람에 〈기생충〉의 가족처럼 매캐한 자하문터널 속을 걸어서 통과하기도 했다. 어디를 걷는지보다 누구와 함께 걷는지가 중요하다는 사실을 깨달은, 실패했지만 의미 있는 산책이었다. 어느 날은 그가 일상처럼 찾는다는 서대문구 안산을 걸었다. "이쪽 계단으로 쭉 내려가면 조금 더 가파르지만 짧은 코스죠. 어느 쪽이 좋으시겠어요?" 박해일은 코스에 따라 어떤 길이 기다리고 있는지, 접어드는 방향에 따라 어떻게 다른 풍경을

보여주는지, 계절과 강수량에 따른 계곡의 형태 등을 비교하며 설명했다. "살얼음이 끼면 무척 차갑긴 해도 그건 또 그대로 맛이 좋죠." 맛있는 샘물을 맛볼 수 있는 곳으로, 나무가 울창한 숲으로, 잠깐 쉬어 갈 수 있는 벤치로 안내했다. "가끔 한 바퀴 돌고 떠나기 전에 하늘을 보고 눕거든요. 바람이 불고 저 나뭇가지 끝이 살살살 흔들리면 나무가 흔들리는 건지 내가 흔들리는 건지 모르겠어요." 다시 발길을 옮기며 요즘 유튜브에서 자주 보는 지리산 부부에 대한 이야기, 안산과 북한산, 인왕산의 남다른 기운에 대한 감상을 이어가기도 했다. "저기 어딘가에 해먹이 몇 개 있어요. 어떨 땐 그냥 눈앞에 나타나는데 막상 찾으라고 하면 잘 못 찾겠어요." 굽이굽이, 시시각각, 다정한 산책 친구, 꼼꼼한 역사 선생님, 친절한 숲 해설가로 변모하는 박해일과 함께 하는 산책은 근처 냉면집에서 들이켜는 시원한 육수로 마무리되곤 했다. 어떤 여름날엔 '걷기 열풍'을 조명하는 기사 링크를 슬며시 보내주었고, 어떤 가을날엔 "너의 자유로운 혼이 가고 싶은 대로 너의 자유로운 길을 가라"던 고독한 황제 같은 푸시킨의 시를 나눠주기도 했다.

이어지는 인터뷰는 지난 1년간 박해일과의 산책이 그린 지도다. 사부작사부작 걷다 쉬다를 반복하는 날들 속에 산들바람 같은 박해일의 유머에 시원하게 웃기도 했고, 해저 같은 이 배우의 속내를 가만히 들여다보기도 했다. 영화와 연기 그리고 삶에 관한, 천천히 흐르지만 절대 멈추거나 고이지 않는 그의 이야기를 두 손으로 떠서 종이 위에 옮긴다.

'액톨로지 시리즈'로『배우 박해일』을 쓴다고 했을 때, 가까운 영화계 사람들 반응이 아주 재밌었어요. "와, 박해일이라니 탁월한 선택이네요…. 그런데 해일이가 한데요?" 도통 이런 작업을 허락하지 않을 것 같은 느낌인가 봐요. 그러고는 너나없이 그 사람은 도무지 패턴을 읽을 수 없어, 하는 표정을 짓고 있었죠. (웃음)

작품 개봉할 때 뵙는 걸 제외하면 소장님과 꾸준하게 연락을 주고받으며 지낸 사이는 아니었죠. 하지만 그동안 보인 행보는 알게 모르게 지켜보고 있었거든요. 오랜 시간 일관된 일을 한다는 게 상당히 어렵잖아요. 그렇다면 저분도 분명 자기가 하는 일을 즐기고 있겠구나, 그리고 아주 많은 고민을 거듭하며 그걸 유지해왔을 거다 하고 생각했죠. 그러다가 최근에 공부하러 외국에 갔다 왔다는 소식도 듣게 되었어요. 배우에 대해 이런 방식으로 '연구'를 해보겠다는 건 쉬 결심할 일이 아닐 텐데 말이죠. 처음 제안하셨을 때는 그저 고마운 마음이 들었어요. 한편으로는 저라는 배우를 가지고 뭐 쓰실 내용이 있을까? 좀 심심할 텐데… 그래도 어떻게 해나가실지는 들어봐야겠다고 생각했죠.

2014년에 충무로 대한극장에서 〈나의 독재자〉 관객과의 대화(GV)를 끝내고 건너편 치킨집에서 뒤풀이를 했어요. 그날 해일 씨가 저에게 "훗날 백 기자님이 뭔가를 하신다면 제가 1번으로 해드릴게요"라고 약속하신 적이 있어서 소중하게 간직하고 있었죠. 혹시 책 작업을 거절하신다면 이 카드를 꺼내야지 하고 준비하고 있었는데, (웃음) 흔쾌히 허락해주셔서 놀랍고 또 고마웠습니다. 첫 만남 이후에 보내주신 "오늘 문득 같은 방향을 묵묵히 가고 있던 영화 동료가 있었단 걸 다시금 깨달았습니다"라는 문자메시지를 받고 이후 작업에 얼마나 힘을 얻었는지 몰라요.

다음 날 저희 집 책장에서 2004년에 출간하신 책『우리시대 한국배우』가 쓱 나타났어요. 짧은 글과 함께 사인을 해서 보내주셨죠. 그렇게 저를 시작할 때부터 오래 봐주신 분의 시선이니 일단 안도감이 들었어요. 이후 이어진 인터뷰에서 어설프나마 지난 기억과 지금의 생각을 있는 그대로 솔직히 말씀드릴 수 있었던 것도 혹여 횡설수설하더라도 잘 정리해주실 테고, 진의를 왜곡하지 않을 거라는 믿음이 있기 때문인 것 같아요.

2022년은 이렇게 자주, 이 정도로 가깝게 배우 박해일을 만난 시기가 예전에 또 있었나, 싶을 정도였어요. 6월 29일에 〈헤어질 결심〉이, 그로부터 한 달도 지나지 않은 7월 27일에 〈한산: 용의 출현〉이 개봉했으니까요. 그 덕분에 관객들은 '조선이 그렇게 만만합니까?' 같은 밈으로 두 영화를 연결 지으면서 즐겁게 소비했지만, 배우로서는 몇 년간 거의 탈진할 정도의 시간을 보냈을 것 같은데요.

〈행복의 나라로〉까지 세 작품을 연달아 촬영하고, 그중 두 작품이 개봉해 홍보까지 마무리 짓고 나니 한동안은 그야말로 멍하더라고요. 저 혼자만 그러는 건가 했는데 현장을 같이 뛰었던 매니저도 비슷한 상태라고 했어요. 솔직히 말씀드리면 한동안은 번아웃이랄까, 우울증이 왔던 것도 같아요. 저라는 사람이 가진, 물리적으로 쏟을 수 있는 에너지의 총량이 있기 때문이겠죠.

그 이후로 꽤 긴 휴지기를 가졌습니다. 저로서는 책 작업을 더 긴밀히 할 수 있어서 행운의 시간이었지만, 이만큼 오래 쉰 적은 없었던 거죠?

그렇지는 않아요. 〈모던보이〉 이후 1년 정도 쉰 적이 있죠. 물론 작품과 작품 사이의 간격이 밭은 적도 있고 규모가 큰 작품들도 찍어왔지만, 이렇게 거대한 작품을 잇달아 찍은 경우는 없었어요. 강력한 연출가들, 어마어마한 예산, 이런 관심의 파도를 연달아 겪은 적은 처음이에요. 그러다 보니 평소보다 회복 기간도 좀 더 필요했던 것 같아요. 하지만 지금은 좋아졌어요. 모든 때가 벗겨졌어요. (웃음)

삶의 아이러니를 알아버린 목가적 유년

2002년 〈질투는 나의 힘〉 촬영 현장에서 처음 박해일을 만난 기억이 납니다. 곧이어 「씨네21」7주년 표지 촬영장에서 다시 보게 되었죠. 조승우, 공효진, 신민아, 류승범, 권상우, 임은경 그리고 박해일까지, 당시 가장 기대되는 유망주들이 한자리에 모인 스튜디오는 왁자지껄한 동시에 묘한 긴장감이 감돌고 있었죠. 그 가운데 해일 씨는 평화로운 섬처럼 고요하고 안정적으로 앉아 있었고요.

그냥 뭐가 뭔지 몰라서 그랬을 거예요. 엄청 긴장했고요. 그날 모였던 배우들을 떠올려보면 나이를 제쳐두고 이미 본인의 주연작으로 인정을 받은 친구들이잖아요. 눈빛이 하나같이 다 프로였어요. 매니지먼트사에서 도와주는 스태프도 많았죠. 그 반면에 저는 이제 막 〈와이키키 브라더스〉 한 편을 세상에 내놓은 신인이었고, 거의 혼자 일하던 시점이었거든요. 이런 자리에서 어떻게 적응하면 된다 하는 길라잡이도 없었죠. 조심스럽고 어색한 마음에 그렇게 행동한 게 아닐까요.

그 속도 모르고 저는 그렇게 생각했죠. 아니, 어떻게 벌써 저토록 견고한 자기 우주 속에 있는 거지? 그때 해일 씨에게 다가와 살갑게 장난치는 승범 씨를 되게 다정하게 대하는 모습도 봤죠. 혼자여도 충분히 안정적이고 괜찮지만, 방문객도 거부하지 않는 열린 섬이랄까.

**아직 직업적 태도로 만들어질 시기는 아니고, 타고난
성격이겠구나 하고 생각했어요.**

사실 저는 혼자 있을 때 제일 편하긴 해요. 인간은 환경에,
특히 어릴 때 환경에 많이 지배된다고 하잖아요. 어린 시절에
부모님이 늘 바쁘셨고, 누나가 있지만 다섯 살이나 차이 나니까
나랑 놀거나 같이 있을 시간이 많지 않았어요. 게다가 매일
학교까지 최소 1시간은 걸어 다녔어요. 그 조그만 애가 책가방에
도시락 가방, 실내화 가방까지 들고 거의 혼자서 걸었죠. 그때
홀로 보낸 시간이 단단하게 타설해놓은 전봇대 기둥처럼 여전히
제 중심에 남아 있는 것 같아요.

**한 치도 어긋나지 않는 '서울 사람'의 표본 같은데
1980년대에 학교까지 1시간을 걸어 다녔다고요?**

태어난 곳은 구로구 궁동 쪽이고, 어린 시절과 학창 시절을
보낸 곳은 양천구 신정동, 신월동, 목동 쪽이었어요. 그때 저희
큰이모부가 집 근처에서 소 목장을 하시면서 우유를 내다 팔곤
하셨죠. 서울에서 목장이라니! 그 이야기를 하면 요즘 친구들은
잘 이해를 못 해요. 하지만 그 시절엔 가능했죠. 목동이 나무
목木 자를 쓰잖아요. 1980년대만 해도 다 산이었어요. 그러다가
아파트 짓는다고 나무를 다 베었을 땐 그야말로 검은 산이
되었죠. 거기에 지적을 측량하려고 깃발을 꽂아놨어요. 빨간
깃발들. 거기서 놀곤 했어요. 쥐불놀이도 하고. 지금처럼
8학군이 될 줄은 몰랐죠. (웃음) 분명 서울 출신인데
촌놈이랄까. 여하튼 그 목장 일을 아버지가 잠깐 돕기도 하고,
나중엔 우리가 직접 축사를 지어서 소, 돼지, 개를 키운 적도
있어요. 누나한테는 진짜 여우랑 똑같이 생긴 개를 선물로
주시기도 했고, 저는 군용견 있잖아요, 셰퍼드처럼 큰 개를
타고 놀았죠. 말 그대로 동물 친화적, 자연 친화적 삶이었죠.
가재 잡고, 서리하러 다니고. 그 당시엔 자연도 맑고 깨끗했고
어린 눈에는 모든 게 풍성해 보였어요. 우리 집에서 언덕
하나를 넘으면 대단지 시영 아파트가 있었고 학교도 거기에
있었죠. 등하교 하면서 하루 안에 만나는 풍경이 그야말로 극과
극이었어요. 일단 산을 넘으면 도심의 아이들에 맞춰서 적응해야
하잖아요. 이야기의 화제나 주제가 아예 달랐죠. 그러다 한번은
친구들을 집으로 초대했어요. 반응이 둘로 갈렸죠. 여기는 왜
깔끔하지 않아? 하면서 가축 냄새에 힘들어하는 애들이 있는가
하면, 일단 적응되면 완전히 신나서는 산으로 내로 뛰어다니며
노는 애들도 있었죠. 그런데 저는 여럿이 노는 게 힘들었어요.
잠깐 같이 놀 수는 있는데 그보다는 내 집, 내 공간에서 조용히
혼자 있는 편이 더 좋았어요. 물론 친한 친구가 한두 명 있으면
좋긴 할 텐데, 그거라고 또 쉽지는 않잖아요. 마음을 얻으려면
표현도 많이 해야 하는데, 제가 그렇게 적극적인 아이가
아니었거든요. 어린 시절의 환경과 기운에 여전히 지배당하며
살고 있다는 생각도 들어요. 산책을 자주 하는 이유도 그
때문이에요. 가장 편안했던 시기의 기억과 연결되면서 기분이

자연스럽게 좋아지거든요. 컴퓨터가 다운되면 아예 다시 포맷해
켜는 것처럼 힘들고 스트레스 받을 때 숲속으로 들어가서 걷다
보면 어릴 적 동네의 공기와 내 눈에 담았던 자연이 떠오르면서
모든 것이 리셋되는 듯한 느낌이 들어요.

**하지만 그저 낭만적이기만 한 유년은 아니었을 것
같은데요.**

깊이 각인된 어릴 적 기억이 하나 있어요. 초등학교 한 2~3학년
때쯤인 것 같은데, 비가 보슬보슬 내리다가 조금씩 더 세차게
오는 날이었어요. 학교 끝나고 집에 왔는데 그날 따라 모르는
사람들이 잔뜩 있었어요. 무지막지하게 큰 트럭을 타고 온
철거반 아저씨들이었죠. 흰색 메리야스만 입은 까맣게 그을린
아저씨들이 쇠망치로 벽을 때려 부수고 있었어요. 당시 우리
집에 최근 구입한, 문을 여닫는 TV가 있었는데, 아저씨들이
망치질을 하는 바람에 벽이 뻥 뚫리면서 TV 코드 꼽는 뒷면이
제 눈에 보였어요. 왜 남의 집을 부수는 거예요, 그러지 마세요,
엉엉 울면서 잡았는데, 설명해도 모르니까 저리 가라고 하셨죠.
집 전체를 다 부순 건 아니고 안방 벽 한 면을 가로세로 한 1m
정도씩 부수고 가셨어요. 우리 가족이 함께 사는 따뜻한 공간,
그것도 매일 밥을 먹고 TV를 보는 안방이 부서지다니. 너무
큰 충격을 받아서 혼자 계속 울고 있는데 좀 있다가 누나가
학교에서 돌아왔어요. 저녁 때는 부모님도 오셨죠. 그런데 모두
어쩐지 처음 있는 일이 아닌 것 같은 얼굴이었어요. 그날 밤,
아버지가 그 구멍에 벽돌을 쌓아서 시멘트로 메우던 모습이
기억나요. 어딘가 되게 익숙하고 능숙하게. 알고 보니 그 집은
원래 그린벨트 지역에 지은 무허가 불법 건물이었더라고요.
그 아저씨들이 경고하고 간 거였고요. 이 기억을 꺼낸 건
어린 시절의 상처가 아니라 삶의 아이러니를 얘기하고 싶기
때문이에요. 거대한 폭력 앞에서 딱히 분노와 슬픔도 드러내지
못한 채 단지 오늘 난 구멍을 메우며 살아가는 것, 그것이
어른들의 삶이구나 하고 어렴풋이 깨달은 거죠.

**배우가 된 데에는 유전적 요인도 작용했다고
생각하나요?**

그 이야기를 하자면 꽤 오래전으로 거슬러 올라가야 하는데요.
할머니 집안이 대대손손 용산과 이태원 쪽에 사셨는데
6·25전쟁이 터지면서 다 돌아가셔서 할머니 혼자 어린 우리
아버지만 업고 경기도 안성까지 피란을 내려가셨대요. 그런데
당시 할머니가 아버지와 정착한 곳이 좀 독특했어요. 어릴 때
할머니 댁에 가면 옆방에 불상이 모셔져 있었어요. 하루는
왜 그런 곳에 사시느냐고 물어보니 거긴 예전에 동네 사람들
점도 봐주고 좋은 날을 점지해주기도 하는, 그러니까 무당
집 같은 곳이었다는 거예요. 할머니는 그곳에 보조로 들어가
살면서 아버지를 키우셨고, 원래 주인이 돌아가신 후에 그냥
거길 이어받아 사신 거고요. 서당개 3년이면 풍월을 읊는다고

하잖아요. 그래서 할머니도 뭔가 기운이 남다르셨어요. 자연스럽게 아버지는 불자 비슷하게 자라셨고요. 그러다가 아버지가 고등학교 다닐 때쯤인가 동네에 영화배우 오디션 벽보가 붙었대요. 주연이 신성일 씨였나? 아버지가 그 오디션에 참가했었나 봐요. 뭐 그 나이에 한번쯤 갖는 호기심이었겠죠. 그런데 덜컥 붙었다는 거야. 그런데 여기서 중요한 건, 영화에 출연하려면 쌀 몇 가마니를 집에서 가져오라고 했다는 거죠.

어쩐지 전형적인 가짜 영화사 사기 수법 같은데요? (웃음)

아마도요. 하지만 언젠가 술 한잔 하시다가 안줏거리 삼아 얘기하시기도 했죠. 나는 그 쌀 몇 가마니가 없어서 배우를 못 했다. 그걸 네가 대신 해주는 거다. 이후 아버지는 할머니를 떠나 혼자 서울에 올라와서 궂은일을 마다 않고 하셨던 것 같아요. 대신 누구의 도움을 받고 사신 분은 아니셨던 것 같고. 그러다가 어머니를 만난 거죠. 어머니는 서울 문래동에서 5남매 중 셋째로 태어나셨는데, 노는 거 좋아하는 분이셨어요. 노래도 잘 부르고. 살아 계실 때도 노래방 가면 마이크 절대 안 놓는 분이셨죠. (웃음) 그렇게 두 분이 만나서 누나와 저를 낳고 부족하나마 열심히 일자리 찾으면서 사신 거죠. 그러다 잠깐 아버지가 중동으로 일하러 떠나셔서 보내주는 생활비로 세 식구가 살던 시기가 있었어요. 그때 어머니가 혼자서 우리 둘을 키우느라 많이 힘드셨을 거예요. 당신의 모든 끼와 자존심을 내려놓고 아이들 엄마로서 최선을 다하신 거니까. 그래서 저는 이렇게 생각하는 거죠. 그나마 내가 이렇게 배우가 될 수 있는 건 그분들이 발버둥 친 그 시간들 덕분이 아닐까? 할머니와 부모님을 생각하면 뭔가 예술적 시드 머니가 아예 없는 건 아닌데 그렇다고 딱히 확정적이지도 않고. (웃음) 하지만 고맙죠. 어찌 됐든 그 불확정한 씨를 이어받아 본의 아니게 연기를 시작해 20년 넘게 하고 있고, 한 사람의 인생에서 가장 소중한 시간을 이 일에 쏟으며 살고 있으니까요. 가정도 꾸리게 되었고요. 어머니는 2015년에 제가 〈덕혜옹주〉 준비할 때 위암으로 돌아가셨어요. 아버지는 대장암을 앓으셨는데 다행히 회복되셨고요.

가장 강렬한 영화적 기억을 꼽는다면 언제인가요?

또래 아이들은 극장에도 자주 갔는데 저희 집은 그럴 상황이 아니었어요. 그러다가 어머니가 잠깐 보험 회사를 다니실 때였는데 사은품 같은 걸로 비디오 덱을 받아서 가져오셨어요. 헤드 2개 짜리, 녹화는 안 되고 재생만 되는. 거기에 딸려온 테이프가 몇 개 있었는데 하나는 에로물, 하나는 공포물, 하나는 스릴러물이었던 것 같아요. 사실 제가 살던 동네는 해 떨어지면 무서웠거든요. 동물 울음소리도 밤새 나고. 하지만 저는 이미 어둠에 익숙해진 아이라, 뭐가 그렇게 무섭겠어, 하면서 혼자 비디오를 보기 시작했죠. 세 작품 중 하나가 스티븐 스필버그 이름이 크게 박힌 〈피라미드의 공포〉였어요. 나중에 보니 감독은

딴 사람이었는데, 하여튼 되게 무서웠어요. 또 하나는 제목이 기억나지 않는데 좀비 영화였어요. 특수분장과 특수효과가 저런 거구나 하고 처음 느껴본 영화였어요. 고풍스러운 유럽이 배경이었던 것 같고, 대저택에서 가족들이 좀비에 물리면서 한 명씩 죽어나가는 내용이었죠. 그중에 제가 진짜 충격적으로 기억하는 장면이 있어요. 좀비로 변한 아들이 엄마의 블라우스를 풀어헤치고 젖을 무는데, 그럴 만한 나이가 아닌데 말이죠, 가슴팍에 얼굴을 묻고 엄마의 젖가슴을 이로 물어뜯어버렸어요. 진짜 강렬했어요. 너무 무섭기도 했고요.

국내에서는 〈좀비 III〉로 출시된 〈Burial Ground〉(Le Notti del Terrore, 1981)라는 영화인 것 같네요.

그래요? 구체적인 내용은 기억이 희미해졌지만, 그 충격과 공포는 아직 생생해요. 게다가 이게 미성년자 관람 불가 영화라서 곧 엄마가 오실 텐데 테이프를 어디로 돌려놔야 하지? 알리바이까지 생각하느라 머릿속이 바빴죠. 그날 밤 잠을 잘 못 잤어요. 게다가 날이 갈수록 점점 그게 실제 있었던 일처럼 느껴지면서 우리 집 자체가 되게 무서워질 정도였어요. 영상 문화의 충격은 그런 거더라고요. 2000년에 봉준호 감독과 처음 만나 '단'이라는 뮤직비디오를 찍은 다음에 〈살인의 추억〉을 같이 준비하던 때쯤일 거예요. 봉 감독님이 어느 날 "해일아, 너는 어릴 때 무슨 영화를 봤냐?" 하기에 방금 그 영화 장면을 이야기해드렸더니 너무 좋아하시더라고요. "어쩐지… 그럴 것 같더라… 변태 새끼… 사실은 나도 말이야…." 하면서 본인이 어릴 때 본 영화 이야기 해주시고. (웃음) 물론 부모님이 저를 이끌고 극장에 데려갈 문화적 소양이나 경제적, 시간적 여유가 있었다면 당연히 그 나이에 맞는 선별된 영화를 봤을 테고 제 문화적 소양이 달라졌겠죠. 하지만 제가 처한 환경상, 나이와 상관없이 호환 마마 같은 영상을 철없을 때 접한 거죠. 적정 수위의 철조망 같은 게 없었다고나 할까. 그런 환경이 지금까지 제 삶에 크게 영향을 주었다는 걸 어느 순간 인정해버렸어요.

청춘, 영화에 가다

배우라는 꿈은 언제부터 꾸게 된 건가요?

애초에 꾼 적이 없어요. 선생님이 1번부터 나와서 커서 뭐가 되고 싶은지 말해보라고 하면 친구들은 대통령, 의사, 변호사, 교사… 하고 밝히는데 저는 딱히 되고 싶은 것이 없었어요. 일단 친구들처럼 꿈을 꾸려면 공부를 잘해야 할 텐데 그러지 못했죠. 땀을 뻘뻘 흘리면서 머뭇거리고 있으니까 들어가라고 하더라고요. 그 대신 나와서 노래를 부르라고 하면 잘했어요. '노을' 같은 동요도 잘 불렀고. 그때는 집 근처에 교회가 있어서 잠깐 다녔거든요. 어머니가 목사님이 그렇게 잘생기셨다면서,

저를 적극적으로 전도하셨던 기억이 나네요. (웃음) 중학교 1학년 때까지 다녔나? 거기서 기타도 처음 만져봤죠. 변성기 전이라 제가 톤이 좀 높았나 봐요. 성가대에서 계속 잘한다고 칭찬도 받고. 그리고 중학교 때부터는 노래 대신 춤을 추기 시작했어요. 제가 여전히 발재간이 좋고 템포가 살아 있거든요. 수학여행 가면 반 대표로도 나가서 듀스의 '나를 돌아봐' 같은 노래에 맞춰서 춤도 추고. 그렇다고 춤을 친구들과 소통하는 문화의 도구로 쓰는 편은 아니고, 혼자서 조용히 따라 춰보는 식이었죠.

그러면 아이돌이나 가수 쪽을 생각했을 법한데요.
진지하게 노래를 잘하고 싶다, 음악을 하고 싶다는 생각을 한 건 10대 후반인 고등학생 때였어요. 당시 외삼촌이 트럭 터미널에서 트럭 고치는 일을 하셨는데, 한번은 전자악기 배송하는 트럭 기사님이 수리비 대신 주신 전기기타랑 신시사이저를 저에게 선물로 주셨어요. 혼자 뚝딱뚝딱하니까 되긴 됐어요. 저는 배우는 걸 별로 좋아하지 않고 혼자 깨치는 걸 좋아했거든요. 그만큼 시간이 좀 오래 걸렸지만. 한동안은 방문 잠가놓고 헤드폰 끼고 악기만 잡고 있었어요. 밥 먹고 화장실 갈 때 빼고는 두문불출하니까 얘가 살았는지 죽었는지 걱정된 엄마가 문을 똑똑 두드려봤을 정도였죠. 그렇게 신시사이저를 알게 됐고 전기기타를 독학으로 익혔죠. 특히 20대 초반까지는 헤비메탈에 빠져 살았어요. 음악을 하면 할수록 더 잘하고 싶은데, DNA 문제인지, 기질 문제인지 더 깊이는 못 들어가더라고요. 그 와중에도 두 가지를 생각했어요. 첫째, 난 소질이 많지 않다. 둘째, 나는 열심히 노력을 안 한다. 그래도 어찌어찌 실용음악 학원에 등록했고, 거기서 만난 친구랑 밴드를 결성해서 자비로 데모 테이프도 만들었는데 실패했어요. 나중에 잠깐 댄스 그룹 준비도 했는데, 회사에서 방송국에 너희 인사 좀 시켜야 하니까 돈을 달라고 하더라고요.

아버지의 역사가 그렇게 되풀이된 건가요? (웃음)
어차피 자기 자신을 알아야 하는 거잖아요. 제가 봐도 음악 쪽으로 희망적이지 않다는 생각에 포기했죠. 하지만 그 과정에서 짧은 시간이나마 엔터테인먼트 산업을 경험했으니 다 좋은 공부였던 것 같아요. 당시에 오토바이 사고 때문에 군대를 면제받아서 시간이 많았어요. 〈남자 셋 여자 셋〉 〈경찰청 사람들〉 같은 드라마에 보조 출연을 하다가 스태프 일이 들어와서 방송국 FD로도 일했죠. 〈일요일 일요일 밤에〉의 'TV인생극장'이라는 코너였는데 촬영용 관광버스에서 스태프와 배우들이 내리면 소품 죄 꺼내서 현장에 가져다 놓는 단순노동이었죠. 그래도 어찌 됐든 방송국 일이니까 책임감이 들더라고요. 아르바이트치고는 벌이도 나쁘지 않았고 다양한 경험도 해볼 수 있어서 좋았어요. 그러다 1997년 말쯤 그 비슷한 소일거리를 찾다가 동아예술단이라는 곳에 들어가서

아동극을 하게 된 거죠. 거기서 고수희 배우를 만난 거고. 1년 넘게 아동극을 하고 있었는데, 국립극장에서 〈백설공주〉를 공연하면서 동숭무대 분들과 만나게 되었어요. 〈오셀로: 피는 나지만 죽지 않는다〉에 이아고 역에 땜빵으로 출연하면서 성인극으로 처음 넘어오게 됐고요. 그렇게 모든 게 자연스러운 흐름이었던 것 같아요. 돌이켜보면 제 삶은 억지로 멀리 가거나 무리하게 도약을 꾀한 적이 없더라고요. 살다 보니 사람을 만나고, 그곳에서 기회를 얻고 또 감사한 존재들로 이어지고, 결국 대학로에서 영화로 흘러오게 된 거죠.

연기에 대한 뚜렷한 목표를 가진 게 아니기 때문에 초기에 이탈할 가능성도 높았을 것 같은데요.
나름대로 큰 결심을 하고 성인 극단으로 옮겨왔고, 대학로 극단의 신입 단원이 할 수 있는 모든 일을 도맡아 하고 있었어요. 한 6개월, 1년쯤 지났나? 삶에 큰 변화가 느껴지지 않는 날들이 지나고 있었어요. 여느 날처럼 포스터를 양손 가득히 싸 든 채 버스를 타고 이곳저곳 돌아다니면서 붙이는데, 정말 너무너무 더웠어요. 딱 쓰러질 것 같더라고요. 그때 마침 백상기념관이 제 눈앞에 있었어요. 일단 저기 들어가면 시원할 것 같았죠. 거기서 무슨 전시를 하고 있었는데 무료였어요. 땀도 식힐 겸 쓱 둘러보는데 그림도 있고 시도 있더라고요. 그러다 2층에 전시된 어떤 시 앞에서 멈춰 섰어요. 유달영 시인의 '젊은 하루'라는 시였어요. '가슴에 큰 뜻을 품고 그대 아끼게나 청춘을… 젊은 하루를 뉘우침 없이 살거나.' 그 시가 어쩐지 그 시기의 저에게 강렬하게 다가온 것 같아요. 그래 더 해보자. 네가 여기서 안 하면 뭘 할 건데? 모르겠더라고요. 조금 더 해보고 그때 가서 다시 생각해도 좋겠다며 마음을 다잡았고 다시 극장으로 돌아온 기억이 나요.

연극 〈청춘예찬〉을 준비하기 전이었죠?
그렇죠. 〈청춘예찬〉에 다다르기 위해선 그 여행 이야기부터 시작해야 해요. 어느 날 박근형 연출가가 여행을 가자는 거예요. 그런데 돈이 딱 기차푯값밖에 없더라고. 그래도 뭐 어떻게 되겠지 하면서 출발했어요. 최종 목적지는 춘천이었지만 그 역시 딱히 정해진 건 아니었죠. 배우, 연출, 스태프들까지 섞여 대여섯 명 됐던 것 같아요. 그러다 중간에 먼저 가는 사람도 있었고요. 연출가는 가끔 노트를 꺼내서 뭔가를 쓰더라고요. 아마도 작품을 구상하려고 떠난 것 같아요. 어쨌든 중요한 전제 조건은 우리에게 돈이 없다는 거였죠. 예를 들면 막걸리를 사 오라고 해요. 연출은 대구백화점 출입문 앞에서 장기를 두고 있어요. 그러면 누군가 아는 사람이 근처에 사니까 연락해보겠다는 식이었죠. 하여튼 저를 포함한 후배들은 삼시 세끼에다가 그날 술이 당기면 술이나 안주, 이런 것을 미션 수행하듯 마련해야 할 것 같은 분위기였어요. 그러다 연출가가 아는 선배 집이 경북 경산이었나? 그곳에서 하루 묵게 되었는데 어느 형한테

양주를 하나 사 오래요. 아-, 양주를 드시고 싶으시구나. 우리도 마시고 싶긴 한데…. 그래서 알겠습니다 하고 저랑 그 형이랑 둘이 일단 나갔어요. 동네 작은 슈퍼에 가면 양주는 보통 주인 등 뒤에 진열되어 있잖아요. 갑자기 그 형이 주인에게 당당하게 나폴레옹 작은 거 한 병을 달라는 거예요. 순간 긴장이 확 되더라고. 어쩌자는 거지? 받으면 바로 튈 건가? 저랑 사전에 합의도 안 된 돌발 상황이었지만, 그 형이 운동화로 손을 뻗길래 저도 일단 신발끈을 단단히 조여 묶었죠. 그런데 그 형이 신발 깔창 밑에서 꾸깃꾸깃한 돈을 꺼내는 거예요. 와-, 4~5일 동안 절대 안 내놓던 돈을 저기에 숨기고 있었다니 놀라웠죠. 그러더니 돌아가서 양주 사 왔습니다 하고 선배들 앞에서 병을 딱 꺼내면서 너무나도 뿌듯해하던 그 형의 얼굴이 아직도 기억나요. 겨우겨우 춘천에 도착했을 때는 이제 쌈짓돈도 다 털린 그야말로 땡전 한 푼 없는 상태였죠. 겨울 빙어 축제 시즌이었는데 갑자기 한 형이 얼음 구멍으로 손을 쑥 집어넣더니 뭔가를 잡아서 와, 빙어다 하면서 생으로 먹더라고요. 그 옆에서 낚시하던 아저씨가 어이, 이 사람아, 그거 피라미야! 하면서 놀라고. (웃음) 그렇게 겨우 일주일 만에 우리는 야생적으로 변하고 있었던 거야. 어떤 틀을 깨고 있었죠. 그러면서 서로의 캐릭터를 파악하고, 인간에 대한 어떤 힌트를 갖게 되는 거죠. 나중에 극을 구상할 때 활용할 수도 있는. 그나저나 일단 돌아갈 기차푯값을 마련해야 되는데, 연출은 또 어디 구석에서 장기를 두고 있었죠. 그때 누군가가 여기 역장이 불쌍한 사연을 들으면 무료로 표를 끊어준다는 소문을 들었대요. 그래서 우리는 극단 단원들이니까 역할 놀이를 하기로 하고 제가 총무인데 돈을 분실했다는 시나리오를 짜서 아주 리얼하게 연기했어요. 그런데 그 사연을 조용히 듣던 역장님이 그러시더라고요. "예… 그런 일 너무 많고요… 알겠고요… 일단 총무가 주민등록증 모아 오세요. 공짜는 안 되고 주민등록증을 담보로 표를 끊어줄 테니까 나중에 돈을 가지고 찾으러 오세요." 그러더니 기차에 태워주셨죠. 그렇게 우여곡절 끝에 서울 가는 기차를 탔더니 어디서 났는지 갑자기 막걸리가 튀어나오고, 며칠 전 먹던 안주도 나오고…. 없는 데 있는 척하며 버텨온 여행이 그렇게 끝났어요. 그러다 연출이 어느 날은 제가 살아온 지난 20년 인생을 글로 적어 가져오라고 하더라고요. 네가 어떻게 살아왔는지 내가 모르잖니, 이러면서. 그런데 전 또 그걸 적기가 싫어서 카세트테이프에 녹음을 했어요. 맨 정신에는 못 할 것 같아서 소주 한 병 마시고 얘기했던 것 같아. 그런 기억들이 아주 오래 남아 있어요. 그 끝에 나온 게 〈청춘예찬〉이에요.

그리고 그 작품과 함께 '배우 박해일'의 시간이 제대로 시작되었고요.
물론 〈청춘예찬〉은 제 개인의 이야기도 아니고 여행에 관한 연극도 아니지만, 연출가가 저라는 사람을 파악하고 알아가면서 나온 작품이라고 생각해요. 살면서 이런 방식의 작업을 과연

얼마나 많이 할 수 있을까요? 연극 세트도 조명도 다 같이 만들고, 포스터도 직접 붙이러 다니고…. 그렇게 완성한 작업이다 보니 더욱 소중하죠. 그리고 출가 후 내가 이런 거 하고 있다고 말할 수 있는 나쁘지 않은 결과물이니까 부모님께 꼭 보여드리고 싶었어요. 사실 〈청춘예찬〉의 대사는 거침없고 세거든요. 단체 관람 온 학생들 사이에 끼어서 엄마 아빠가 제 연기를 처음 보셨어요. 누나 말에 따르면 되게 숨죽여 보셨다고 하더라고요. 끝나고 같이 밥을 먹고 헤어졌는데 가는 길에 엄마가 우셨대요. 아직도 왜 우셨는지 모르겠어요. 어쨌든 내가 사람 구실 하고 있다는 사실이 감격스럽기도 하고 만감이 교차하셨던 것 같아요. 그리고 얼마 지나 영화 데뷔작인 〈와이키키 브라더스〉를 찍었죠. 이 작품을 예술의전당에서 라이브 공연을 하며 상영한 적이 있는데, 당시 여자 친구이던 아내와 함께 다시 한번 부모님을 초대했죠. 그때 엄마가 그러더라고요. 네가 고등학생 때 문 잠가놓고 방에서 혼자 뚝딱뚝딱하던 게 다 이렇게 도움이 된 거구나,라고.

〈청춘예찬〉이 초연된 1999년에 저 역시 영화 기자로 일을 시작했는데, 당시 대학로 신인 배우 박해일이 꽤 유명했던 기억이 나요. 모든 감독이 이 배우를 탐낸다는 이야기도 많았고.
영화 관계자분들이 관객으로 종종 오셨다고 들었어요. 몇몇 제의를 받았을 때는 박근형 연출가에게 많이 물었고요. 다행히 모두 연극을 통해 저를 보신 분이라 영화 메커니즘에 잘 적응할 수 있도록 많이 이끌어주셨어요. 데뷔작인 〈와이키키 브라더스〉는 제 어린 시절을 반추하면서 만들어갈 수 있는 캐릭터였고, 임순례 감독님이 낯설고 어려워하는 제 앞에 영화로 가는 괜찮은 지름길을 내어주셨죠. 그렇게 두 세계가 만나고 새로운 세계로 전환하는 데 크게 무리가 없었어요. 〈와이키키 브라더스〉는 제게 첫사랑 같은 영화예요. 아시죠? 첫사랑이라는 건 경험치가 없으니까 모든 걸 생짜로 부딪히면서 실수도 많이 하지만 동시에 무아지경에 가까운 기쁨을 안겨주잖아요. 게다가 임순례 감독님이 그려내는 사람 사는 이야기, 희로애락, 영화를 대하는 사실주의적 태도, 그러면서도 이런 감정을 약간 거리를 두고 굉장히 현실적으로 그려내는 톤도 너무 좋았죠. 거기에 연극을 대하던 제 태도가 잘 스며든 것 같고요. 함께 연기한 배우분들도 대부분 연극계 선배님들이라 무척 다행이었죠. 〈살인의 추억〉 때도 대학로 출신의 송강호 선배가 많이 도와주셨어요. 〈질투는 나의 힘〉을 제작한 청년필름 역시 당시 제가 살고 있고 가장 익숙한 동네이던 명륜동에 있었죠. 그리고 청년필름에서 정지우 감독과 다른 작품 준비로 만나서 결국 〈모던보이〉도 하게 됐고요. 그리고 보면 〈와이키키 브라더스〉를 제작한 명필름이 대학로에서 〈공동경비구역 JSA〉 파티를 할 때 박찬욱 감독님에게 처음 인사드렸으니 지금까지 이어온 영화의 인연도 다 그렇게 멀리 떨어지지 않은 곳에서 출발한 셈이죠.

누구의 배우도 아닌 해일

〈국화꽃 향기〉〈인어공주〉 등 데뷔 초반에 사랑받은 캐릭터부터 최근작 〈헤어질 결심〉까지 '멜로' 장르에 들어온 배우 박해일에 대한 대중적 선호도가 높은 건 사실인 것 같아요. 멜로의 핵심은 결국 상대를 향한 시선이고, 그 시선을 잘 둘 줄 아는 배우에게 관객들은 빠지게 되죠. 예를 들어 〈인어공주〉에서 짜장면을 먹는 연순을 사랑스럽게 쳐다보는 표정이나, 〈헤어질 결심〉에서 서래를 경이롭게 바라보는 시선, 어떤 마음을 가지고 연기를 하면 저런 눈빛이 나오는 걸까? 진짜 사랑하는 마음이 샘솟는 걸까? 이런 일반 관객 같은 질문을 하고 싶어지는 거죠.

눈빛은… 좋은 상대 배우 그리고 좋은 감독을 만나면 나와요. (웃음) 사실 눈빛이라는 건 제가 선택할 수 있는 게 아니라, 관객이 판단하는 면이 좀 더 강하죠. 배우가 그걸 의도하는 건 오히려 바람직하지 않은 태도인 것 같아요. 결과적으로, 확률적으로도 그렇고. 물론 제 캐릭터가 느끼는 감정이 카메라 프레임 안에 사실적으로 존재하고 있을 때 배우로서는 가장 좋죠. 일부러 만들어낼 필요 없는 자연스러운 무언가가 담겼을 때 가장 행복하고요. 하지만 그렇지 못할 때도 있거든요. 배우의 컨디션이나 현장의 상황이 좋지 않을 때도 있죠. 물론 그런 상황에서도 결과적으로 진짜 같은, 사랑이 고스란히 묻어나는 결과물을 만들어낼 때도 있어요. 그때 느끼는 희열도 앞서 말한 경우 못지않죠. 연극 하던 시절 어떤 선배가 해주신 말이 있어요. "누군가를 한없이, 진짜 밑도 끝도 없이 사랑해보면 오만 가지 감정이 나올 거다." 다만 이런 경험은 연기 초년에 해보라고 하셨죠. 솔직하게 말하자면 〈국화꽃 향기〉는 제가 평소 좋아하거나 재미있어 하고, 하고 싶어 미칠 것 같은 톤의 작품은 아니에요. 하지만 시나리오를 읽는 순간 바로 그 선배의 말이 떠올랐죠. 아, 이거구나. 이런 이야기를 말하는 거였네. 그렇다면 당연히 해봐야겠다. 다만 서인하라는 캐릭터가 나라는 배우에게 잘 붙을 수 있을지 조심스럽고 겁이 나기는 했죠. 이 사람은 그야말로 모든 걸 내주는 미친 듯한 사랑을 하잖아요. 이런 인물을 처음부터 끝까지 한 번 겪어내고 나니까 정말 힘들더라고요. 그리고 다시는 이런 사랑을 못 하겠다 싶었고요. 그런 면에서 이어진 〈인어공주〉는 사랑 이야기라기보다는 사실적인 감정을 다룬 드라마로 느껴졌어요. 게다가 영화 전체로 보면 박흥식 감독이 시간을 사용하는 방식이 더없이 매력적이었고요. 그러니까 제 생각에는 이 영화들을 묶어서 '멜로'라는 장르로 표현하기는 어려운 것 같아요. 그건 〈연애의 목적〉도 마찬가지죠. 제 식대로 얘기해보자면, 상대를 긴 호흡으로 깊이 있게 초지일관 계속 파나가는 관계, 서로 치열하게 맞닥뜨려 희로애락을 만끽해가는 관계에 사실 더 큰 매력을 느끼는 것 같아요. 저와 소장님도 이렇게 긴 시간을 두고 얘기를 해나가면서 챕터별로 깊이를 달리하잖아요. 처음의 낯섦은 낯선 대로 재미와 호기심이 있죠. 그러다가 호기심이 채워지고 기대가 더해지고 또 그 기대가 사라지는 시기를 맞이하면 또 다른 톤의 얘기를 나눌 수 있는 용기가 생기죠. 계속 뭔가 디벨롭 되거나 편집되잖아요. 저는 이런 방식의 접근을 〈질투는 나의 힘〉 때부터 해온 것 같아요.

단순히 어떤 장르인지가 작품 선택의 기준이 되지 않는다는 거군요.

일단 저에겐 장르보다는 사람이 중요한 것 같아요. 제가 언젠가 이야기한 렙틸리언에 관한 이야기도 사실 특정 장르로서 나온 얘기가 아니라 사람에 대한 관심, 외로움이라는 주제에서 시작된 거니까요. 사람에 대한 호기심을 따라가다 보면 그 사람이 무슨 생각을 하는지 궁금하고, 그러다가 하나의 토픽을 가지고 쭉 이야기를 나누는 즐거움을 찾고, 주거니 받거니 대화도 나누고, 그러다 오해도 하고, 다시 화해하기도 하죠. 저는 이런 과정에서 재미를 느끼는 사람이거든요. 사실 영화도 여러 구성원이 나와서 사람 사는 얘기 할 때가 가장 재밌는 것 같아요. 예를 들어 〈전원일기〉 같은 작품이랄까. 워낙 좋아하는 드라마이기도 하고 혼자 해낼 수가 없잖아요. 한 가족, 한 마을의 사람이 필요한 이야기니까요. 그렇다면 저에게는 다양한 사람들을 모아놓고 화학작용이 일어나게끔 만드는 감독이 맞는 거예요. 초기에는 임순례, 박찬옥, 정지우 같은 감독님들이 거기에 있었죠. 〈고령화 가족〉을 연출한 송해성 감독과 함께 한 작업도 그런 즐거움을 주었고요. 결론적으로 그런 선택이 처음부터 저라는 배우를 약간 다른 자리에 포지셔닝 하도록 만든 것도 같아요. 저는 지금까지 조폭 영화도 안 했고, 〈한산: 용의 출현〉을 제외하면 남자들만 우르르 나온 영화도 없어요. 〈헤어질 결심〉도 남녀가 나오고 그 둘을 나란히 놓고 볼 수 있기 때문에 흥미가 생겼어요. 앞서 언급한 영화를 포함해서 〈소년, 천국에 가다〉의 염정아, 〈모던보이〉의 김혜수, 〈은교〉의 김고은, 〈경주〉의 신민아, 〈덕혜옹주〉의 손예진, 〈군산: 거위를 노래하다〉의 문소리, 〈상류사회〉의 수애 배우까지, 가만 보면 저는 일단 남녀가 같이 나오는 이야기가 좋더라고요. 그게 제가 바라보고 사는 진짜 세상이니까요. 어릴 때 우리 집엔 엄마, 아빠가 있고, 누나와 제가 있고, 연애할 때 여자 친구와 나, 지금 우리 가족은 아내와 저, 거기에 아들과 딸이 있어요. 항상 성별이 정확하게 반반씩 떨어졌죠. 재밌죠. 돌이켜보니 그런 일관성이 있는 삶이더라고요.

박해일 배우가 활동을 시작한 2000년대 초반부터 지금까지 남성 주연 배우들은 대부분 조직 폭력배 같은 마초적 성향이 있는 캐릭터나 작품을 피해갈 수 없었죠.

한국 영화에 장르적 편중이 분명했다는 증거이기도 하고요. 그렇다면 박해일은 이런 장르를 일부러 피해서 선택해왔다고 볼 수 있을까요?

예를 들자면 〈대부〉의 기운을 강하게 받은 영화들, 그런 기운이 뻗치는 작품이 저에게 올 때는 크게 호기심이 생기지 않은 것 같아요. 마초 같은 경찰, 조폭 같은 캐릭터가 오면 일단 잘해내지 못할 것 같은 생각이 들었어요. 관객으로서는 재밌게 볼 수 있을지도 몰라요. 하지만 막상 제가 연기를 한다면 별로 흥미가 생기지 않았어요. 그리고 소위 말해 남성적인 영화에서 굉장한 아드레날린을 뿜어내는 기질의 배우들이랑은 잘 맞지 않더라고요. 그러니까 만남을 최소화하게 되고, 혹여 만나더라도 결과적으로 화학작용이 일어나거나 여운이 크게 남지는 않았죠. 저도 불편하고 그분들도 저를 불편하게 느끼는 거죠. 그사이 저라고 형사들이 왜 안 찾아왔겠어요. 연쇄살인범이어서 안 왔겠습니까? (웃음) 신입 경찰, 부패 경찰, 알고 보니 살인범인 경찰, 다양하게 왔었죠. 그런데 돌이켜보면 한국 영화에 얼마나 훌륭하고 멋진 형사 캐릭터가 많았어요. (설)경구 형이 〈공공의 적〉에서 보여준 형사, (양)동근 씨가 〈와일드 카드〉에서, 그 밖에 마동석 씨가 만들어낸 형사들을 생각해보세요. 저는 너무 멋진 형사들의 리스트를 나열한 거거든요. 그런데 이미 다른 배우들이 너무나 잘해놨는데 제가 굳이 반복할 필요가 뭐가 있을까, 그렇다면 나다운 건 뭘까, 기다려본 거죠. 그러다 예상치 못하게 박찬욱 감독님이 제안해주셨죠. "형사 '마르틴 베크 시리즈'에서 영감을 받은 캐릭터이긴 하지만 박해일이라는 배우의 기질도 많이 활용할 거야"라고 하셨어요. 시나리오를 읽고 생각해보니 없더라고요. 해준 같은 형사가. 그러니까 저는 형사라는 직업을 연기하고 싶었던 것이 아니라 해준 같은 형사를 기다린 거더라고요. 이거라면 해볼 만하다는 생각이 들었죠. 이런 맥락에서 언젠가 조폭 역할을 할 수도 있어요. 사실 이미 생각한 이야기도 있어요. 들어보실래요? 그러니까 조직 내에 있는 구성원 중 한 명이겠죠. 그런데 현장에서 뛰는 것이 아니라 세무 쪽에 몸담고 있어요. 조직에서 돌아가는 돈의 흐름을 명확하게 알고 있기 때문에 조직원들도 쉽게 못 건드리는 혹은 이해할 수 없는 친구예요. 그런 조폭이라면 연기해보고 싶어요.

당시 박해일을 새로운 세대의 남성형이라고 생각한 이유도 거기에 있었던 것 같아요. 어떻게 보면 대한민국의 근현대사가 거의 폭력의 순환으로 이루어졌단 말이죠. 하지만 이런 힘의 논리나 구조에 별 관심이 없고, 그들의 룰을 따를 생각도 딱히 없는 인간을 영화계에서 보게 된 거죠.

말하자면 저는 본토 충무로를 제대로 경험해보지 않았더라고요. 그러다 잠깐 과거의 분위기를 경험할 기회가 있었는데, 결과적으로 적응에 실패했죠. 진짜 값진 경험을 한 셈이죠. 거기는 어떤 제작사나 어떤 감독과 두 작품쯤 하면 사단이 되고, 거기서 몇 작품 더하면 식구가 되는 분위기였죠. 저에게도 시나리오를 줘봐, 선별해줄게, 그러는 분도 있었죠. 그때 그런 생각을 했어요. 근데 선별해주면 책임도 져주나? 물론 걱정하는 마음도 있었을 거예요. 결과적으로 좋은 방향으로 인도해주셨을 수도 있어요. 하지만 만약 제가 거기서 잘해내지 못하면 그 결과를 스스로 책임져야 한다는 점은 바뀌지 않잖아요. 좋은 감독과 호형호제하면서 오래 같이 가면 좋겠지만, 과연 그게 서로에게 좋을까요? 계속 의지하고 살 수는 없잖아요. 시간이 걸리고 한두 번 실패하더라도 홀로서기가 필요하다고 생각해요. 그리고 그들도 언제까지 한 배우만 원하지 않을 게 분명하고요. 결국 저는 어떤 감독의 페르소나라는 말을 듣는 배우는 못 될 것 같아요.

제가 영화감독이라면 궁금할 것 같아요. 과연 박해일을 움직이는 것은 무엇일까? 일부러 철통같이 비밀을 숨기고 있는 것도 아닌데, 심지어 작품을 하며 가까이에서 겪어본 사람들조차 잘은 모르겠다는 말을 하거든요. 어쩌면 박해일의 욕망은 속에 감추고 있어서 안 보이는 것이 아니라, 욕망의 성질이 우리에게 읽히는 것이 아니구나 하는 생각이 드는 거죠.

네, 무슨 말씀인지 들려요. 그에 대해 일정 부분 대답이 생각나긴 해요. 하지만 오해의 소지가 커서 조심스럽게 이야기해보자면, 사춘기 때는 부모가 왜 나를 낳아서 이렇게 대책 없이 살게 하고 있지하는 불만이 있었는데, 어느덧 이렇게 생각해봤어요. 태어났으니 뭐라도 해야 살잖아. 그럼 지금 이 사회에서 뭘 해야 할까? 호기심을 가지고 즐길 수 있는 일이면 좋겠다. 그런 삶이라면 적어도 마음은 윤택하지 않을까. 그래서 연극 할 때 힘든 시기도 찾아왔지만 방금 한 말에 어울리는 일이니까 더 해보자는 마음이 들었죠. 생각해보면 살면서 그만큼 노력해본 일이 없었더라고요. 안 그러면 그냥 놓을 수도 있었을 텐데. 더 들어가면 지금까지 영화를 해왔으니 더 잘해나가고 싶은 거죠. 결국 저에게는 일이 먼저가 아니라, 사람으로 태어났으니까 사람에 대한 관심도 생기고, 그 관심 속에 일도 생긴 거고, 영화도, 연기도, 배우도 생긴 게 아닐까 싶어요. 저에게는 감독이 어떤 사람인지도 중요하거든요. 감독이 많은 인간 군상 중에 어떤 캐릭터인지를 알아내는 재미도 있어요. 감독을 알면 오케이가 빨리 나오는 방법도 파악하게 되고 (웃음). 결국 다시 돌아 사람이라는 거죠. 여기에서 흔히 박해일 쟤는 왜 남들이 다 할 거를 안 하고, 남들이 안 할 선택만 하는지 모르겠다는 의문을 이렇게 정리해드리고 싶어요. 저에게 어떤 영화를 선택한다는 건 이 사람과 손을 잡느냐, 같은 길을 걸어갈 것이냐를 결정하는 거예요. 작품은 둘째죠. 어떤 사람에게서 나오는 이야기도 궁금하지만, 그 이전에 그 사람이 더 궁금해요. 그리고 선택하죠. 그건 연극 할 때나 영화에서나 마찬가지예요. 누군가에게는 이해할 수 없는 선택이고 때론 실패도 따라오겠지만, 결국 저는 계속 사람을 알아가는 작업을 하는 셈이에요.

그러면 박해일은 어떤 '사람'을 알아가고 싶은가요?
결국 일이라는 테두리 안에서 만나는 사람에 대한 이야기일 텐데, 나이가 적든 많든 와, 어떻게 저런 마음가짐을 가질 수 있지? 저 사람은 도대체 어떻게 살아왔길래 하는 호기심을 유발하는 사람을 좋아해요. 그 호기심이 결국 저의 결핍을 채우는 방법이기도 하더라고요. 또 이런 경우도 있어요. 어떤 감독님이 제안하는 작품에서 던지는 질문이 당시 나의 관심사나 고민하는 주제와 겹칠 때가 있거든요. 그러면 그 사람에게 즉각 관심이 생기고 거기서 비로소 이야기가 시작돼요. 정리하자면 제 동력은 호기심과 궁금증을 느끼는 '사람', 더 좁혀 들어가면 결국 '나'라는 사람으로 수렴되더라고요.

아무도 모르라고

대본 연습이나 연기를 준비하는 본인만의 루틴이나 방식이 있나요?
스스로 느린 사람이라는걸 알기 때문에 대본을 처음부터 끝까지 계속 반복해 보면서 숙지하는 쪽에 가까워요. 예를 들어 〈남한산성〉에서 인조가 감정을 담담하게 보여주면서 혼자 읊조리는 대사가 있어요. 그런 거 연습할 때는 일단 한강으로 가요. 모자 쓰고, 선글라스 끼고, 아이스 아메리카노 안고, 캠핑 의자 하나 딱 펴고 가만히 앉아서 한강을 바라보죠. 옆으로는 개 데리고 지나가는 사람들, 공놀이하는 아이들이 있고, 그런 가운데 혼자 연습하는 거죠. 그렇게 한강을 활용해보면 꽤 재밌어요. 주고받는 대사를 연습해야 하는 경우에는 대본을 한 부 더 프린트해서 매니저랑 같이 잔디밭에 방석을 깔고 앉아요. 음… 꼭 연기하라는 얘기는 아니야. 편하게 읽어보고 상대 대사가 있으면 좀 쳐줄래? 그렇게 같이 쭉 읽으면 2시간이 훌쩍 넘어요. 매니저도 처음에는 부끄러워하며 하다가 조금씩 조금씩 대사에 감정이 실리죠. 이런 방식이 도움이 많이 돼요. 상대의 대사를 통해 내 대사를 읽다 보면 내 캐릭터의 여러 가지 버전이 떠오르고 몰랐던 감정들을 생각해보게 되죠. 그렇게 계속 반복해서 읽다 보면 작품 전체를 보는 넓은 시각이 생기고, 연출의 의도 역시 어렴풋이 파악돼요. 통으로 반복하다 보면 처음 볼 때와 조금씩 다르게 입체적으로 다가온다고 할까요? 일단 내 호흡의 폭을 알게 돼요. 그리고 작품 전체에서 내 캐릭터가 어디서부터 어디까지인지 적절한 사이즈도 파악되죠. 저는 이 방식을 되게 좋아하고 아주 중요한 과정이라고 생각해요.

사전에 감독과 커뮤니케이션을 많이 하는 편인가요?
시나리오를 읽으며 제 식의 해석이 끝나도 그것이 연출가의 시선과 다를 수 있으니 대화를 요청하게 되죠. 일단 진위를 파악하게 되고, 이해되지 않는 감정에 대한 의문도 생기고, 흐름이나 호흡에 대해 제안하기도 하고. 그러면서 감독은 배우가 이걸 이렇게 판단하고 있구나 하고 파악하게 되고. 그렇게 서로 의견을 공유하고, 조율하고, 수정하고, 재편집하면서 현장에서 준비할 것까지 가늠하고 맞춰가는 거죠. 영화의 재미는 결국 함께 만들어가는 거잖아요. 요즘 현장 분위기가 갑자기 모든 걸 스톱하고 감독과 배우가 한 신에 대해 집요하게 이야기를 나눌 수 있는 상황은 아니거든요. 그보다는 큰 틀의 조각을 잘 맞춰놓고 현장에서 섬세하게 포인트를 잡아 조각해야 하는 상황이죠. 다만 지금도 계속 고민되는 부분은 있어요. 감독이 어떤 단어나 문장으로 감정이나 신을 정리하는 건 좋지 않은 것 같아요. 저 스스로도 그래요. 그냥 알고 있는 듯하지만 모르는 편이 좋은 게 사실이거든요. 그래서 되도록이면 내 식대로 표현을 정리해서 마침표를 찍는 습관을 들이지 않으려고 노력해요.

관객은 완성된 영화의 순간들만 보지만 배우는 그 현장의 조각들을 모두 보죠. 박해일은 현장을 즐기는 배우인가요?
촬영장에 아침 일찍 나와서 배우들의 맨 얼굴을 보고 서로 컨디션을 체크하고, 분장을 하고 의상을 갈아입으면서 그날의 촬영을 준비하죠. 리허설부터 시작해서 감독, 주변 배우들, 스태프들이 서로 소통하는 모습과 카메라 앞에서 뭔가를 해내는 모습을 지켜봐요. 어느 때는 제 눈으로 상대를 보고, 어느 때는 카메라 감독님 뒤에서 팔짱을 끼고 보는 경우도 있죠. 어느 작품이든 그 비슷한 일상이 있을 거잖아요. 그걸 지켜보는 재미가 있어요. 그리고 시작이 반이라고 생각해요. 첫 촬영, 첫 컷 찍을 때 아, 이제 반을 찍었네 하고 항상 생각해요. 그렇지 않나요? 모든 스태프와 배우가 첫 촬영의 첫 컷을 위해서 만반의 준비를 한 거잖아요. 그렇게 오케이 된 첫 컷을 시작으로 씨줄과 날줄처럼 계속 엮여가는 거예요. 점점 속도도 붙고. 그러니까 첫 컷이 반이란 말이 맞는 거죠. 나머지 반은 또 함께 찾아가야 하는 거지만.

김고은, 김신영 등 자신의 첫 영화를 함께 했던 배우들이 박해일 선배의 인내심과 기다림에 대해 입 모아 고마움을 전하더라고요.
저도 여전히 헤매는 경우가 많으니까요. 그리고 꼭 신인 배우뿐 아니라 제아무리 베테랑 배우라고 해도 어떤 신에서 적절한 톤을 못 찾고 테이크를 거듭하는 경우가 있어요. 그걸 받아주는 입장에서는 당신 또 틀렸네 하는 태도를 보이면 안 되거든요. 만약 그때 서로 마주 봐야 하는 컷이면 의식적으로 뚫어지게 보지 않으려고 해요. 제 시선이 그분의 대사와 집중을 방해할 수

있으니까 보되 안 보는 느낌이랄까? 눈의 초점을 살짝 포커스 아웃되게 하고 상대의 머리끝 아니면 내 코를 보기도 하고. (웃음) 그 사이에 제 대사를 혼자 곱씹어보기도 해요. 이때 중요한 것은 나는 여전히 노력하고 있고 언제든지 당신을 받을 준비가 되어 있다는 무언의 신호를 계속 보내는 거예요. 얼마든지 더 많은 테이크를 가도 괜찮다, 나는 준비를 계속하고 있다는 신뢰를 보여주는 게 중요하다는 거죠. 그래야 우리가 함께 다음으로 나갈 수 있으니까요. 그건 선후배의 문제가 아니라 배우 대 배우로서 보여야 할 신뢰니까요. 그리고 결과적으로는 어쩌면 저를 위한 행동일 수도 있어요. 또 일단 상대 배우가 원하는 순서로 먼저 촬영하면 좋겠다고 얘기해요. 이 때문에 손해 본다고 생각할 수도 있지만, 저는 꼭 그렇진 않아요. 먼저 상대의 연기를 열심히 보고 리액션을 해주면서 그 안에서 내 것을 더 잘 찾아봐야겠다는 태도도 있거든요. 물론 갑자기 나부터 하라고 하면 좀 당황하기도 하지만. (웃음)

연기를 할 때 느끼는 가장 큰 희열은 무엇인가요?

그럴 때가 있어요. 이미 대본에 있는 것, 감독과 다 상의한 것을 그대로 하는데도 그냥 내가 하고 있다고 느끼는 경우죠. 생각하는 것조차 잊어버리고 그냥 하게 되는 경우가 순간순간 찾아와요. 영화마다 한두 번씩은 꼭 있었던 것 같아요. 그런 순간, 그런 맛 때문에 또 버티고, 계속 배우로 살아가는 거구나 하고 느낄 만큼. 대본을 보며 대사를 외웠을 테고 컨디션과 감정을 챙겼을 텐데 그걸 다 수행하는 가운데서도 액션 하는 소리와 함께, 좋은 의미로 에라 모르겠다 하는 태도로 여기서 지금 무슨 화학작용이 일어나는지도 모른 채, 컷 하는 소리까지 듣는 거죠. 그렇다고 배우가 맹목적으로 매 순간 그렇게 해야겠다는 태도를 갖는 건 아니에요. 뭔가 불가사의한 본능에 나를 맡기면서 무아로 가는 순간을 경험할 때가 제일 짜릿해요. 그런 연기가 제일 뒤끝 없이 깔끔하기도 하고요.

포물선 위의 배우

영화는 혼자 할 수 있는 예술이 아니기 때문에, 배우는 선택받지 못하면 지속할 수 없는 직업이죠. 어쩌면 그 부분이 배우로서 느끼는 가장 큰 공포가 아닐까 하는 생각이 들어요.

그래서인지 관객들에게 다음을 위한 약속 같은 과한 표현을 못 하겠어요. 저는 하나를 온전히 끝내는 것이 다음 작업을 위한 원동력이 되는 사람이라 모든 일이 유기적으로 이어지길 바라거든요. 하지만 뭔가 기약해버리면 되게 불안할 것 같아요. 말씀하신 대로 그게 제 의지만으로 되는 것은 아니니 자칫 약속을 지키기 위해 수단과 방법을 안 가릴 것 같은 예상이

드는 거죠. 톱니바퀴가 이상하게 부러진 채로 계속 달려가거나, 나도 모르게 상대의 감정을 고려하지 못하고 해치게 될 수도 있겠죠. 그건 일단 속도의 문제이기도 한 것 같아요. 누군가는 직선거리를 똑바로 잘 달려가요. 합리적이고 전략적인 기획을 바탕으로 목표를 향해 멋지게 달려가는 사람들이 있어요. 제가 그런 사람이 아니기 때문에 그런 사람이 더 잘 보이기도 하거든요. 그 반면 저는 원체 느리기도 하고, 길을 걸어가다가도 어, 여기 잡초가 피었네 하고 멈춰 서거나, 어 저기서 백 소장님이 술을 드시고 계시네 하고 가던 길을 돌아가기도 하는 식이요. 학교 갈 때 1시간이면 갈 거리를 2시간씩 걸려서 가는 애였어요. 이 꽃은 뭐지 싶어 한참 살피고, 저 고양이는 어디로 가는 거지 궁금해 따라가기도 하고. 지나고 나니까 학교 수업만큼이나 그렇게 느리게 걷는 시간도 저에게는 중요했고, 혼자 생각할 수 있는 물리적인 시간이 담보된 가운데 제가 이 정도라도 자라난 거더라고요. 저에게 삶은 한 번도 직진 코스가 아니었어요. 그게 삶의 태도로 체화된 것도 같고요. 예를 들어 〈최종병기 활〉을 선택한 이유 역시 다른 것 하나 없이 활 자체가 가진 묘한 매력이 저와 맞았기 때문이에요. 저는 예전부터 칼을 좋아하지 않았어요. 너무 직접적이기도 하거니와 뭔가를 베는 행위를 싫어해요.

그러고 보니 검을 쓰는 박해일보다 활을 쏘는 박해일의 모습이 더 자연스럽게 느껴지네요.

활은 얼핏 보면 직선으로 움직이는 것 같지만, 사실은 끊임없이 흔들리며 포물선을 그리면서 날아가요. 김한민 감독이 〈최종병기 활〉을 처음 제안하셨을 때가 제가 막 다리 수술 후 핀을 뺀 상태였어요. 재활 훈련 차원에서 김한민 감독과 한강에서 캐치볼을 자주 했는데, 하루는 이거 한번 들어봐라 하면서 국궁을 쥐여주셨죠. 저는 그때까지 활을 써본 적이 없고 액션 장르를 딱히 좋아하는 것도 아닌 데다, 심지어 재활 훈련을 하는 상태였으니까 그 역할을 제안하실 거라고는 생각하지 않았어요. 그런데 생각하면 할수록 활이라서 좋더라고요. 활은 정확하게 상대 바로 앞에서 쏘는 무기가 아니잖아요. 엄폐를 통해 상대와 나의 거리를 가늠하고 타깃의 움직임을 보면서 부단히 움직여야 해요. 〈한산: 용의 출현〉에서도 큰 칼을 옆에 차고 있긴 하지만 주로 활을 활용했으면 좋겠다고 생각했고요.

본인의 성정에 그게 더 맞는다는 말이죠.

네, 그 말이에요. 활이 저한테 맞아요. 처음 이야기로 다시 거슬러 올라가자면 배우로서 경력 역시 일반적으로 가면 격파→격파→격파가 될 텐데, 저는 활 같은 방식으로 날아온 것 같아요. 나날이 더 크게, 더 넓게, 더 폭발적으로 나아가는 스타일이 아니었죠. 〈한산: 용의 출현〉 역시 표면적으로 생각하는 장르와 달리 스토리라인과 캐릭터를 생각해보면 저와 겹치는 지점이 있었죠. 뒤늦게 생각해보니 아마 김한민 감독님도

이런 연장선상에서 저를 이순신 장군으로 생각한 것 같고요.

흔히 말하는 성장형 그래프라는 것이 있잖아요. 그걸 따르고 싶지 않았던 의지의 결과일까요?

거부했다기보다는 나랑 맞지 않는다고 생각한 거죠. 만약 못 먹는 음식이 있다 치면 굳이 애써 먹지는 않은 거겠죠. 물론 처음부터 매니지먼트사나 소속사가 저를 컨트롤하는 식이었다면 그런 쪽의 방향성 역시 고려하며 따라갔을 텐데, 대체적으로 제 선택을 스스로 믿는 식으로 계속 일해왔잖아요. 그러니까 더욱 책임감을 가지고 작품을 선택해야겠다는 생각은 했지만, 성장의 방향과 작품의 규모를 먼저 고려하는 선택을 하지는 않았던 것 같아요.

그렇다면 나랑 맞겠다는 걸 아는 감각은 어떻게 유지할 수 있었나요? 캐릭터에서 캐릭터로 옮겨가는 작업을 이어가다 보면 원래의 내가 사라지는 느낌이 든다는 배우들이 있어요. 나랑 맞을 거라는 느낌, 나는 이걸 원했다는 확신은 결국 현재의 나를 굉장히 잘 파악하고 있어야 가능한 일이 아닐까요?

아주 좋은 얘기예요. 그동안 말해본 적이 없었던 것 같기도 하고요. 그러니까 저도 되게 신기하더라니까요. 제가 처음 이 얘기를 하고 싶었던 시기로 돌아가서 한번 얘기해볼게요. 제 앞의 쟁쟁한 선배들을 생각해보면 스스로 가진 기운이 워낙 투철하고 명백하죠. 최민식, 송강호, 설경구, 이병헌 등등 존재감이 아주 확실하시잖아요. 후배 입장에서 저들은 도대체 무엇으로 저토록 멋진 존재감을 뿜어내는 것인가 하는 의문이 들고, 그 답은 결국 자기에게 향하게 돼요. 그때 두 가지 생각이 들죠. 첫째, 나는 결국 저들과 기질이 다른 사람이기 때문에 저런 카리스마를 얻지 못할 거야. 둘째, 열심히 해서 저 사람들 같은 존재감을 만들어낼 테야. 저는 전자라고 생각한 것 같아요.

그게 언제쯤이었어요? 그런 생각을 집중적으로 하던 시기가?

〈괴물〉 때부터라고 보면 될까요? 그때가 막 30대에 접어드는 시기였어요. 배우가 되고 한 5년 동안은 모든 걸 흡수하는 시기다 보니까 나라는 배우를 따로 떼어놓고 생각할 겨를이 없었죠. 그러다 곰곰이 나에 대해 생각할 시간이 찾아온 것 같아요. 아무리 봐도 선배님들에 비하면 기질이 약하고, 저는 너무나도 다른 사람이더라고요. 그래서 전면에 드러나지 않아도 나만의 살길을 빨리 찾는 편이 좋겠다고 생각했죠. 그 이후 줄곧 '한 발짝 뒤로 물러서서'라는 표현이 더 어울리는 배우로 살아왔다고 믿었어요. 그런데 어느 날 생각해보니 그게 아니더라고요. 내 고유한 색깔이 없는 배우라는 생각에 그냥 내 식대로 살았는데, 어쩌면 그 과정이 오히려 내 색을 더 치열하게 찾기 위해 파고든 시간이었더라고요. 그리고 지금도 그 과정일 수도 있겠다는

자각이 확 들었어요. 전면에 나서지 않았던 선택이 역으로 내 색깔을 계속 유지하게 만들 수도 있었겠다는 생각, 그렇다면 이런 성향은 변하지 않는 것일 수도 있겠구나 하는 예감까지도 함께 말이죠.

맞아요. 결과적으로 박해일은 사라지지 않았어요. 하지만 그것을 지키기 위해 독주하는 느낌도 아니죠. 게다가 감독만큼이나 영화 전체의 밸런스를 먼저 고려하는 배우라는 생각이 들거든요. 상대의 에너지를 계속 체크해서 전체 총량을 넘치지 않게 맞춘다고 할까. 〈남한산성〉의 인조처럼 캐릭터 자체는 무기력하고 우유부단할 수 있지만 그 역할을 연기하는 배우는 어쩌면 가장 능동적인 방식의 연기를 하는 것일 수도 있겠다고요. 만약 표면적 평화만 생각하면 상대에게 다 맞춰주는 것이 편할 텐데, 어떻게 하면 누구에게도 휘둘리지 않고 나의 기운을 독립적으로 유지하면서도 동료들과 이루는 조화, 전체적인 밸런스까지 생각하는 것이 가능하죠?

그걸 받아서 제 식대로 얘기하자면 이래요. 저는 서로 따로 찍는 각자의 신도 많고 바쁘겠지만, 우리가 한 작품 안에서 만난 시간만큼은 하나의 온도로 가길 바라는 사람 중 하나죠. 이건 연극 극단에서부터 시작된 마음이라고 할 수 있어요. 제 내부의 기본 베이스는 여전히 그 연극적 시스템 안에 있는 것 같고요. 결국 그 형식을 받아주는 감독과 작업할 때 더 폭발하고, 호응해주는 배우들이 있을 때 더 즐겁게 촬영하게 되는 것 같아요. 사실 이런 분위기에서 결론적으로 제 것에 더 집중할 수 있고, 연기의 순도 역시 높아진다고 믿는 사람이죠.

배우의 엄청난 독주 능력은 대단한 에너지이고, 그에 대한 찬사를 많이 하죠. 하지만 전체를 조화롭게 만드는 능력은 그보다 낮게 평가되고 있다는 생각이 들어요. 영화는 절대적으로 합주의 예술이잖아요. 우리 시대에는 그런 면을 배우를 평가하는 중요한 가치로 고려해야 한다고 생각해요.

요즘 시대가 요구하는 것이 무엇일까요? 저 역시 공감 능력, 소통 능력 등이 더욱 절실하게 필요한 가치가 아닐까 생각해요. 물론 한 단어로 정의하기는 어렵지만 이렇게 말해볼까요. 결국 우리가 하는 일을 생각해보면 각자 개성이 강한 각 분야의 사람들이 모여서 주어진 인원과 시간, 자본, 만남의 횟수 안에서 한 창작자가 만들어낸 지도를 같이 보면서 걸어가는 일인 것 같아요. 그게 산길일 수도 있고, 아스팔트 길일 수도, 사막일 수도 있겠죠. 옹달샘을 주기적으로 만나는 길일 수도 있을 거예요. 아니면 이 길이 아닌가봐 하고 돌아가야 할 수도 있고. 그럴 때마다 서로 각자의 영역에서 불편한 길을 편하게 만들어보고, 엇갈린 길을 맞춰보기도 하고, 잘린 길을 이어

붙이기도 하면서 여러 방식으로 종착지까지 가는 거죠. 그래서 저에겐 결과보다 과정이 중요해요. 아니, 저에게는 그것이 모든 것이자 끝이에요.

소위 블록버스터나 예산이 큰 영화를 찍을 때는 규모나 결과에 부담을 느끼는 편인가요?
물론 개봉 이후 배우로서 할 수 있는 협력과 노력에는 정성을 쏟아야겠죠. 여기서 어려운 건 이런 거예요. 그럼에도 불구하고 상업적으로 결과가 좋지 않을 수는 있잖아요. 그렇다면 저는 이 부분에 특별한 대안이 없는 사람이긴 해요. 사실 박해일이라는 배우가 캐스팅된 후 그 영화가 안전하게 크랭크인 될 수만 있다면 그 이후는 배우가 어떻게 할 수 없는 영역이라고 생각해요. 만약 제 상업성이 문제라면 애초에 고려나 제안조차 하지 않았을 테니까요. 투자, 제작, 마케팅 등 각 분야의 분들 모두 프로이고, 치열하게 자기가 맡은 부분에 대해 고민할 테고요. 비슷한 얘기인 거죠. 배우가 예산에 맞춰서 연기한다는 것도 우습잖아요. 가뜩이나 과정을 제대로 해내기도 힘든데 말이죠. 저는 처음부터 상업성이나 흥행 성적으로 주목받은 배우가 아니잖아요. 젠더를 떠나 사람과 사람의 관계에 대한 섬세한 이야기를 만들어내는 여성 감독들과 사실적 리얼리즘 영화를 통해 세상과 소통을 시작했죠. 모든 배우에겐 데뷔작의 흔적이 몸속 깊숙이 박혀 있다고 생각해요. 〈질투는 나의 힘〉부터 지금까지 퍼센티지가 조금 달라졌을지 몰라도 영화를 대하는 저의 기준점과 필터는 아직도 초년 시절에 맞추어져 있는 것 같아요. 저는 늘 이 영화 속 캐릭터를 내가 끝내 감당할 수 있을까만 오로지 궁금할 뿐이에요.

봉준호 vs. 박찬욱

박찬욱 감독이 〈헤어질 결심〉에서 배우 박해일의 지난 영화적 퍼즐을 잘 조합해 장해준을 만들었다는 증거는 여기저기에서 드러나요. 한 배우가 20여 년간 쌓아온 영화 역사를 요소요소에 굉장히 영리하게 잘 활용한 케이스고요. 그렇다는 건 두 사람이 만난 시기가 중요했다는 생각도 들어요. 두 분의 인연으로 보자면 이미 이전에 만나고도 남았을 것 같은데 말이죠.
그 점이 좀 무섭다는 생각을 했어요. 그러니까 창작자들은 같이 작업하지 않아도 계속 다른 창작자를 지켜보고 있다는 말이죠. 한 배우가 자라는 과정을. 그의 영화들을. 내가 지금 어떻게 해나가고 있는지 파악당하고 있다는 사실이 되게 무서웠어요. 그리고 그걸 통으로 가지고 와서 저라는 배우가 해낼 수 있는 아예 다른 것을 만들 수도 있구나, 이런 생각을 최근에 처음 해보게 됐어요. 〈헤어질 결심〉의 해준을 연기하며 제가 고민

고민하다가 감독님에게 SOS를 쳤을 때 왜 나한테 물어, 그거 다 너한테 있는 거거든, 네가 해결해야지 하고 말씀하실 때는 좀 야속했는데 이제는 이해가 되기도 해요.

박해일을 이야기할 때는 여전히 "비누 냄새 나는 변태"라는 봉준호 감독의 표현을 떠올리지만, 〈헤어질 결심〉 이후 박해일에 대한 수식에 "꼿꼿함"이 추가되었죠. 두 감독의 영화 속 박해일은 완전히 다른 사람처럼 보이고요. 물론 작품도 캐릭터도 다르니까 당연히 다른 인상을 주긴 하지만, 어쩌면 이들이 박해일에게서 보고 싶은 지점 혹은 이 배우에게 투사해 표현하고 싶은 욕망이 다르다는 생각이 들어요. 그와 동시에 박해일은 동시대 최고의 감독들이 서로 다른 욕망을 품을 만큼 흥미로운 대상이구나 하는 생각도 들고요.
그건 (송)강호 형에게 더 어울리는 표현일 테고요. (웃음) 함께 작업한 배우로서 피부로 느끼는 차이점을 이야기하자면 이런 거죠. 박찬욱 감독과 봉준호 감독은 달라요. 각자의 색깔이 다르고, 추구하는 바도 다르고, 배우들의 연기를 도출해내는 방법도 완전히 다르죠. 봉준호 감독님은 자기 작품 속 캐릭터를 뿌리부터 다 파악하고 싶어 해요. 그러니까 그 캐릭터를 구현하는 배우 역시 뿌리부터 파고들어서 스스로 감독이 원하는 색깔을 내기에 적합한지 명확하게 파악하려고 해요. 그 반면에 박찬욱 감독님은 항상 모호함 속에서 이야기를 건네죠. 아, 그래서 회사 이름이 모호 필름인가? 일단 시작 지점에서 보자면 봉 감독님은 캐릭터 설명부터 영화 포인트까지 일목요연하게 정리해주시니까 배우의 부담이 크거나 짊어지고 가야 할 게 많은 편은 아니에요. 하지만 박찬욱 감독님은 처음부터 각자에게 봇짐을 나누어 주고 해당 역할을 잘 수행하면서 같이 가보자 하는 태도가 있죠. 스타일에 대한 고집도 좀 달라요. 박찬욱 감독님은 자신이 머릿속으로 구상하는 캐릭터에 배우가 근접할 수 있도록 만드는 요소에 더 많은 시간과 에너지를 쏟아요. 스타일, 텍스트, 뉘앙스, 이미지, 심지어 양복이나 구두의 디테일까지 세세하게 신경 쓰시죠. 그 반면에 봉준호 감독님은 이 캐릭터의 포인트는 이거, 이거, 이거라고 심플하게 집어주는 스타일이고요.
현장에서 박찬욱 감독님은 배우의 기운을 꺾지 않아요. 해일아, 속도는 늦추지 말고 거기서 핸들을 살짝만 꺾어봐, 이런 식이죠. 배우의 기질을 더 활용한다고 해야 하나. 그 반면에 봉준호 감독님은 자기가 정리한 작품의 톤 안으로 배우가 잘 찾아와주길 바라죠. 잠깐 멈춰보세요, 길을 제가 잘 알거든요, 이번 길은 여기예요, 하는 식이에요. 봉준호 감독님의 그 표현이 무척 인상적이에요. 본인에게 배우는 꺼질까봐 아주 조심스럽게 다뤄야 하는 존재들이라는 표현이요. 봉준호 감독님은 콘티 안에 지향점이 다 표시되어 있어요. 거기에 리허설과 테이크를 더해가면서 배우는 자기를 쥐어짜기도 하고, 아예 놔버리기도

하면서 감독이 기다리는 어떤 오케이의 영역으로 도달해보는 경험을 하게 되죠. 분명한 내비게이션을 켜주고 꼬리 칸에서 머리 칸까지 배우를 끌고 가요. 그리고 거기서 시원한 오케이! 소리가 나는 거죠. 그 반면에 박찬욱 감독님은 절대 모니터를 보면서 대단히 좋았다거나 대단히 웃었다거나 하는 식의 말을 하지 않아요. 이렇게 말하죠. 좋아요, 내가 원하는 건 얻은 것 같아요. 그러고 묻죠, 뭐 다른 거 할 거 있어요? 다시 말하면 금방 내가 좋다고 한 것보다 더 나은 거 있어? 나를 더 놀라게 할 수 있는 게 있어? 이런 말이죠. 그런데 만약 배우가 그 말을 온전히 받아들이고 아예 다른 걸 해버리면 당황스러울 수도 있잖아요. 연출가에게는 작가와 합의된 부분도 있을 테니까요. 배우도 마찬가지죠. 만약 새롭게 내놓은 연기가 오케이가 나면 이제 앞뒤 문맥을 다시 맞춰야 하는 상황이 되는 거거든요. 다행인지 불행인지는 모르겠지만 둘 다 노동력이 추가로 더 필요해지는 거죠. 하지만 이분은 끝까지 근사하게 확인해내야 하는 감독이고, 결국에는 영화를 더 생기 있게 만드는 쪽을 선택하는 감독이죠. 그러고 물어요. 왜 이렇게 연기했어요? 내가 잘못했나 싶어당황하면 아니 꽤 좋았던 것 같은데? 이런 식으로 끝까지 긴장감을 놓치지 않고 배우가 마침내 다른 더 멋진 걸 만들어내게 하죠. 그런 면에서 대단하다고 느껴요. 새롭게 던져진 변수를 충분히 받아들여서 뒤를 아예 다시 조립할 의지가 있다는 거니까. 배우로서는 어떤 면에서 브레이크를 안 걸어준 데 감사하게 되기도 하고요. 그렇게 두 감독님은 서로 다르면서 동시에 뭔가를 주도면밀하게 공유하는 관계이기도 해요. 제작자로 만나기도 하고. 예를 들어 배우들을 공유하죠. 이 시점에서 저는 이런 고민을 시작하게 되는 거죠. 이제 그 다름을 알았으니 너는 감독 각자의 방식대로 맞추면서 해나가면 되는 거 아니냐고 할 수도 있지만, 이 두 감독을 경험해봤으니 배우로서 그 둘을 다 만족시킬 수 있는 영역의 태도나 방법은 도대체 뭘까? 그게 지금 제가 안은 숙제라고 생각해요.

헤어짐은 나의 힘

해일 씨와 특정 영화를 이야기하다 보면 그 영화 속 인물과 비슷한 표정이나 태도로 바뀌어 있어요. 〈질투는 나의 힘〉 이야기를 할 때는 이원상의 예민함이나 불안이 느껴지고, 이적요를 떠올릴 때는 앉아 있는 자세나 표정까지 일흔 살 노인 같아지죠.〈고령화 가족〉을 함께 한 송해성 감독과 만나는 자리에서는 철없는 삼촌 같고, 〈헤어질 결심〉 때 인터뷰를 보면 박찬욱 감독과 제스처나 말투가 닮아 있기도 하거든요. 매번 볼 때마다 예전에 강혜정 배우가 '박기복 씨'라는 별명을 붙여준 이유를 이해하게 되죠.

아… 그렇게 되나 보다. 나도 모르게 그때를 돌이키니까 그렇게 되나 봐요. 그래야 그때 기억을 떠올리고 그때 얘기가 나올 수 있는 것 같아요. 감독님들과도 계속 만나다 보면 비슷해지는 것 같기도 하고, 송강호 선배나 최민식 선배랑도 오래 같이 지내다 보면 또 그분들에게 쓱 물들기도 해요. 어떤 기운이 잘 전염되는 스타일이랄까. 특히 작가주의 감독들의 작품을 끝내고 나면 그 냄새가 많이 배죠. 그 흔적이 여러 형태로 남는 것 같아요. 만약 어떻게 씻어내도 계속 배어나는 상황이라면 그걸 털어내는 방법은 그저 시간밖에 없어요. 섣불리 다른 사람과 새 작품의 냄새를 묻혀서 바꾸려 한들 이상한 찝찝함만 남을 거예요. 그래서 신인 때도 1년에 한 작품씩만 하자고 생각했죠.

그래도 최대한 이전 감독이나 작품과 헤어질 '결심'을 해야겠네요.

맞아요. 잠시 거리를 둬야 한다는 생각이 항상 들어요. 저는 한 감독과 작업할 때 모든 걸 다 갖다 바친다고 생각하거든요. 정지우 감독과 처음 만났을 때는 정말 줄기차게 얘기를 나눴던 것 같아요. 화두가 하나 던져지면 각자 얘기를 서로 존중하면서도 끈질기게 추적하고, 끝까지 파헤쳐보고, 쭉 들어가보는 경험을 했죠. 그러다가 〈모던보이〉와 〈은교〉를 함께 하게 되었고요. 왜 그런 방식으로 작업하는지가 중요한데, 그건 제가 가진 게 별로 없는 배우라 그럴 수밖에 없다고 말할 수 있어요. 한 감독이 한 명의 주연배우를 캐스팅하겠다고 생각하면 그야말로 샅샅이 훑어보거든요. 자신의 작품에서 이 배우가 기존에 보여주지 않은 게 무엇인지, 또한 이미 보여준 것 중에 내 작품에서 그 줄기를 보다 충실하고 강하게 뻗게 만들 수 있는 매력이 무엇인지, 이 배우를 제대로 활용하기 위해서는 내가 어떤 방법을 써야 하는지, 다양한 각도와 세기로 고민하신단 말이죠. 그게 시나리오 단계부터 촬영 현장 그리고 후반 작업까지 이어지죠. 이 과정을 한 번 거치고 나면 모든 게 털렸다는 느낌이 들어요. 모든 걸 싹싹 긁어낸 상태, 그러니까 누룽지 탄 것까지도 다 긁어낸 밥통이 된 듯한 느낌이 들죠. 싹 다 발가벗겨지면서 얼마 있지도 않은 기운을 다 쓴 느낌이에요. 또 어떤 작품에서는 한 감독이 저를 완전히 활용했다는 느낌이 들 때가 있어요. 그러고 나면 더는 그 감독한테 보여줄 민낯도 없고, 그분이 저에게 초반에 느꼈던 신선함도 없을 것이며 저 역시 더 해드릴 게 없다는 생각이 드는 거죠. 그럴 때는 그저 시간이 필요해요. 서로 다른 게 보이는 시간들. 그러다가 한두 작품 더 하다 보면 여태껏 감춰온 것까지 모조리 들키게 되고, 심지어 없는 것까지 만들어서 보여드려야 하나 하는 이상한 부담감이 들죠. 배우로서 도저히 감독을 충족시키지 못할 것 같다는 자신감 없는 태도가 밀려오죠. 마치 범죄 용의자가 된 느낌 아세요? 잘못했습니다. 처음엔 좀 아는 척했지만 사실 더 이상은 없고요. (웃음) 그러다가 뭘 하자고 다시 제안하면 덜컥 겁부터 나는 거죠. 언젠가 로버트 드니로와 마틴 스코세이지의

관계에 대해 쓴 글을 본 적이 있어요. 두 사람이 서로의 영역을 서슴없이 넘나드는데 그 둘의 관계는 아무런 문제가 없어 보인다는 내용이었죠. 하지만 이런 관계는 아주 특별한 거겠죠. 모두에게 허락된 것은 아니라고 생각해요. 창작자가 배우의 모든 제안을 유연하게 받아들일 수 있는 태도를 갖거나 배우가 기질에 맞지 않지만 맞춰가면서 헌신하는 관계가 가능하냐는 거죠. 저는 그런 기질의 배우는 못 되는 건 아닌가 하는 생각을 해요. 그 대신 함께 작업하는 순간만큼은, 작품 안에서는 지옥 불구덩이까지도 같이 갈 생각이 있어요. 굳이 이렇게까지 해야 하나 싶을 정도로 치열하고 처절하게 들어가는 데에는 문제없어요. 하지만 일상과 개인적인 관계까지 그렇게 나누고 싶지는 않아요. 그 시기에는 거리를 두고 멀리서 응원하고 지지하는 거죠. 역으로 적어도 그들에게 누가 되는 배우로 살지는 않아야겠다고 다짐하면서.

그럼에도 김한민·장률 감독과 각각 세 편씩, 임순례·봉준호·정지우 감독과 각각 두 편씩을 함께 작업하셨잖아요.

한동안 작업을 같이 했다고 해도 시간이 지날수록 외부적으로는 소원해지기도 하고, 덜 만나게 되기도 해요. 그럼에도 다시 새로운 작품으로 만나는 경우를 되짚어보면 서로 처음 만났던 때의 좋은 기운은 기억하고 있기 때문이겠죠. 서로 언젠가 비슷한 기운이 모아지길 기다리고 있었던 건 아닐까 하는 생각이 드는 거죠. 그 기운이 어떠한 계기나 연유로 생기는 건지는 아직도 모르겠지만, 자연스럽게 서로 다시 만나는 데 무리가 없을 때가 찾아오더라고요. 아니면 한쪽은 아직 덜 차올랐지만, 한쪽에서 보여주는 확신에 찬 태도에 설득되기도 하죠. 물론 더 잘되는 경우가 있고, 그 반대의 경우도 있어요. 아무도 모르는 일이죠. 그러니까 배우로서 할 수 있는 건 그것밖에 없어요. 언제 만나더라도 새롭게 뻗을 수 있는 보이지 않던 곁가지를 늘 준비하고 있어야 하는 거죠.

영화라는 산업 속에서 자연스러운 순환만을 기다리기에는 외부적으로나 배우 내부적으로도 조바심이 많이 날 수밖에 없을 텐데요. 그럼에도 박해일은 어떻게 그렇게 평화로운 속도와 기운을 유지할 수 있는지가 궁금해요.

판에 계속 머물러 있다 보면 아무래도 욕망이 더 생길 수밖에 없을 거예요. 결국 그 판에서 조금 거리를 둬야 한다는 생각이 들더라고요. 그렇게 일상으로 돌아오면 인간 박해일은 진짜 바보예요. 진짜 이런 바보가 또 없죠. 아무 매력도 없고 아무것도 안 하고 맨날 산책만 하고 술만 마시죠. 그렇게 얼마간의 시간을 보내다 보면 어느 날 느끼게 돼요. 내 안에 쭉쭉 쉬지 않고 나아갈 에너지가 부족했구나, 결국 털어내기 위한 시간이었구나. 이런 과정을 반복하면서 살아가는 것 같아요.

흔히 말하는 성공 혹은 어딘가까지 이르고 싶다는 욕망이 강렬한 사람들이 많은 산업이잖아요.

그렇죠. 그래서 누군가는 이런 얘기를 했죠. 해일아, 목표를 더 높이 잡아, 그래야 거긴 못 가더라도 어느 선까지는 갈 수 있는 거 아니냐, 머리로는 그 말이 이해가 되더라고요. 그런데 행동으로 옮겨지는 스타일은 아닌가 봐요.

목표가 있으세요?

어떤 분명한 도달점, 알고 있는 도착지 중에 한번 얘기해보세요, 라는 말이라면 제 목표는 구체적이지 않아요. 애초에 목표가 아닌 걸 수도 있고, 말해버리면 진짜 어이가 없구나 쟤, 하실 수도 있어요. 관련 없는 분야의 목표일 수도 있고. 하지만 분명 제가 누리고 싶은 삶이 있어요. 그건 정리가 돼요. 심적으로도 굉장히 건강해지고, 마음의 양식도 충분히 챙기는 행복한 삶. 그런 걸 생각하면 엔도르핀이 솟고 술도 잘 들어가고, 정치 경제 사회 문화 뉴스를 봐도, 뭐 이 정도면 됐지, 싶어지는 이상한 환각에 빠지죠. 그러다가 다시 진짜 현실을 자각하는 순간 자기 분열이 생기는 거죠. 그게 반복되면 나를 부정하게 되는 시기가 오고요. 그럴 때 운 좋게도 어떤 작품 제안이 들어오면 그래, 이 작품으로 나를 희석하고 새롭게 가보는 거야. 부정적인 생각, 자신에 대한 혼란과 실망을 전복하고 다시 태어날 수 있어! 그럴 정도로 호기심이 크게 다가왔을 때 작품이 일시적인 목표가 될 수는 있을 거예요. 하지만 결국 목표가 있느냐고 물어본다면, 그건 저 자신일 거예요. 물론 이렇게 살다가는 나이 환갑이 돼도 그 목표가 정리가 안 되겠구나 싶지만요. (웃음)

취조실에서 만나요

지난 몇 년 사이에 미디어 환경이 많이 바뀌었어요. 디즈니플러스에서 방영한 최민식의 〈카지노〉, 송강호의 〈삼식이 삼촌〉 소식까지 들리니 박해일은 언제쯤 드라마 시리즈를 찍을지 궁금해하는 사람이 많아졌죠.

짧은 몇 개월의 시간만 보더라도 뭔가 빠르게 지나가는 게 느껴져요. 이야기 구현 방식에서도, 시장 상황의 변화도 분명하게 보이죠. 그러다 보니 나라는 배우는 어떻게, 어떤 방식으로, 어느 시점에 탑승해야 할까 하는 생각도 해보게 돼요. 간혹 들어오는 제안에 대해서도 톤과 캐릭터가 맞지 않아서 거절하는 거지, 드라마 자체를 안 하겠다고 얘기한 적은 한 번도 없어요. 당장은 생각이 없다는 정도인 거죠. 그리고 드라마는 왜 안 하느냐는 질문 역시 불편하지는 않아요. 당연히 물어볼 수 있죠. 하지만 지금 시대의 흐름이 이렇고, 대세가 이런데라는 전제를 깔고 그 대세와 흐름에 따르지 않는 것이 문제라고 말하는 건 되게 위험한 것 같아요. 곰곰이 생각해보면 여전히 저에게 허들은 공간과 시간인 것 같아요. 물리적 공간을 포함해서 어떤 공간만이 가지는 집중력이기도 할 텐데요. 저는 소극장을 무척 좋아해요. 관객이 바로 코앞에 앉아 있어서 이 사람한테 얘기하고 싶은 욕망이 커요. 딱히 말을 안 해도 호흡으로 관객에게 감정을 전달하고 싶죠. 물론 배우마다 선호하고 맞는 게 따로 있다고 생각해요. 누군가는 그렇게 좁은 공간에서 폭발하는 에너지를 좋아하고, 어떤 배우는 넓은 공간에서 관객들에게 쫙 뻗는 기분을 좋아할 수도 있을 거예요. 하지만 저는 애초에 소극장에서 시작했고 그런 톤의 영화가 여전히 재밌어요. 어릴 때도 좁은 방에서 안 나오고 음악만 했다고 그랬잖아요. 저는 그 방에 있는 게 조금도 답답하지 않았어요. 그러니까 환경과도 관련이 있는 거예요. 〈헤어질 결심〉 때도 취조실을 제일 좋아했어요. 그런 곳에서 탕웨이 씨랑 초밥도 같이 먹고, 숨소리 하나 놓치지 않고 서로 대화를 나눌 수 있는 촬영이 되게 행복했어요. 즐기게 되죠. 공기청정기가 없어도 돼요. 스스로 공기청정기 역할을 할 수 있을 정도로 저는 그런 협소한 공간을 굉장히 좋아해요. 〈살인의 추억〉 때도 취조실이 참 좋았어요. 집중이 잘돼요. 기본적으로 취조당하는 것도 취조하는 것도 좋아해요. 중소형 극장에서 연극은 보통 러닝타임이 1시간 반 정도였죠. 배우 입장으로 보자면 그 러닝타임 속으로 쭉 들어갔다 나오는 걸 반복하는 방식으로 길들여졌어요. 영화가 이런 측면을 동일하게 충족시켜준 부분이 있었죠. 또다시 각을 틀어서 하나로 얘기해보자면 저는 2시간 남짓 되는 작품 한 편으로 가까이에서 관객을 만나고 싶은 마음이 아직은 있어요. 끊어서 보든 정주행하든 그렇게 긴 시간을 할애받고 싶은 생각은 비교적 덜 들더라고요. 만약 극장이라는 공간을 포기한다고 해도 관객들과 제가 만나는 시간을 한 번에 마무리해주고 싶은 거예요. 하지만 이런 생각 역시 바뀔 수도 있다고 생각해요. 최근엔 좀 더 능동적인 방식으로 작품을 찾아 나서자는 생각도 들만큼요. 모든 면에서 과도기에 있죠. 그 대신 호기심이 동력인 사람이기 때문에, 어느 골목에서 새로운 호기심이 발동하면 그 끝이 무엇이든 뒤를 잘 따라가볼 거예요. 결국 무언가를 만나지 않을까요?

연기를 언제까지 할 수 있을 것 같아요?
데뷔 초에 〈질투는 나의 힘〉 개봉할 때쯤 어떤 인터뷰에서, 연기를 언제까지 할 수 있을지 모르겠다고 대답하니 인터뷰어가 막 데뷔한 애가 무슨 말을 하는 거지 하는 표정을 짓더라고요. 지금도 비슷해요. 배우가 꿈도 아니었고, 전공한 것도 아니고, 어쩌면 저라는 배우의 프라이드나 태도는 다른 배우들과 근본적으로 다를 수도 있어요. 언제든지 빠질 수 있다는 생각으로 이 판에 들어왔다는 말이 아니라, 애초에 접근하는 방식이 달랐던 것 같아요. 하지만 이런 태도가 반대로 힘이 되기도 하죠. 큰 고양이가 앞에 있는 구석에 몰린 생쥐 같은

느낌이 들 때가 있어요. 그런 기로에 설 때마다 제가 생각하는 저만의 큰 결단을 매번 해온 것 같아요. 그리고 그런 순간은 매번 왔고 또 올 거란 것도 알아요. 그러면 또 그 시점에 맞는 선택을 하겠죠. 그래서 가족들에게 항상 얘기해요. 언제까지 이 일을 할지 알 수 없다. 배우는 한순간이다. 물거품이다. 자의든 타의든 아무도 모른다. 준비하고 있어라. 어머니 살아 계실 때도 그랬어요. 엄마, 아들이 공무원이 아니어서 죄송해요. (웃음)

하지만 언제까지 하고 싶으냐, 이건 또 좀 다른 부분이잖아요.
그런 면에서 송해 선생님 같은 분이 참 대단하다는 생각이 들어요. 너무 멋지게 끝까지 하셨죠. 하지만 그런 기질을 가진 분도 계실 테고, 하루하루 한 작품 한 작품 이게 마지막이라고 생각하고 품어내는 사람도 있을 테죠. 저는 후자에 가까워요. 하지만 그런 태도나 마음이 저로서는 그나마 더 에너지를 생기게 만들어요. 게다가 아직 이 일을 안 하면 뭘 할 수 있을지 모르겠고요. 그저 짧고 굵은 한 번의 혁명보다 서서히 변해가고 나이 들어가는 나 자신을 영화 안에서 보면서 곱씹어가는 재미가 있으면 좋겠어요.

그리고 한 20년 후에 이 책의 다음 이야기를 이어갈 수 있다면 얼마나 좋을까요.
그래요. 적어도 소장님께는 그런 존재가 되어보도록 노력할게요.

"올해 참 행복한 한 해였던 것 같습니다.
이 한 해의 의미를 언젠가 다시 관객분들께 갚아드리겠습니다.
기대해주십시오."

2022년 11월
제43회 청룡영화상 남우주연상 수상 소감

Filmography

2024
〈행복의 나라로〉 남식 / 감독 임상수

2022
〈헤어질 결심〉 장해준 / 감독 박찬욱
〈한산: 용의 출현〉 이순신 / 감독 김한민

2019
〈나랏말싸미〉 신미 / 감독 조철현

2018
〈군산: 거위를 노래하다〉 이윤영 / 감독 장률
〈상류사회〉 장태준 / 감독 변혁

2017
〈남한산성〉 인조 / 감독 황동혁

2016
〈덕혜옹주〉 김장한 / 감독 허진호

2015
〈필름시대사랑〉 조명부 퍼스트 / 감독 장률

2014
〈나의 독재자〉 김태식 / 감독 이해준
〈제보자〉 윤민철 / 감독 임순례
〈산타바바라〉 교통방송 기자 목소리 / 감독 조성규
〈경주〉 최현 / 감독 장률

2013
〈고령화 가족〉 오인모 / 감독 송해성

2012
〈내가 고백을 하면〉 라디오 평론가 목소리 / 감독 조성규
〈나는 공무원이다〉 한준희 / 감독 구자홍
〈은교〉 이적요 / 감독 정지우
〈인류멸망보고서: 천상의 피조물〉 로봇 인명 목소리 / 감독 김지운

2011
〈최종병기 활〉 남이 / 감독 김한민
〈짐승의 끝〉 야구모자 / 감독 조성희
〈심장이 뛴다〉 이휘도 / 감독 윤재근
단편 〈영원한 농담〉 해일 / 감독 백현진

2010
〈맛있는 인생〉 봉감독 목소리 / 감독 조성규
〈이끼〉 류해국 / 감독 강우석

2009
〈굿모닝 프레지던트〉 김주중 / 감독 장진
〈10억〉 한기태 / 감독 조민호
단편 〈디 엔드〉 박상무 / 감독 백현진

2008
〈모던 보이〉 이해명 / 감독 정지우

2007
〈극락도 살인사건〉 제우성 / 감독 김한민
〈좋지 아니한가〉 경호 / 감독 정윤철

2006
〈괴물〉 박남일 / 감독 봉준호

2005
〈소년, 천국에 가다〉 배네모 / 감독 윤태용
〈연애의 목적〉 이유림 / 감독 한재림

2004
〈인어공주〉 김진국 / 감독 박흥식
MBC 〈한뼘 드라마〉 '어느 새의 초상화를 그리려면' / 감독 황인뢰

2003
〈살인의 추억〉 박현규 / 감독 봉준호
〈국화꽃 향기〉 서인하 / 감독 이정욱
〈질투는 나의 힘〉 이원상 / 감독 박찬옥
단편 〈오디션〉 윤지석 / 감독 이경미
단편 〈모빌〉 영민 / 감독 임필성

2002
〈후아유〉 호진 / 감독 최호

2001
〈와이키키 브라더스〉 고등학생 성우 / 감독 임순례

씨네21 창간 7주년을 기념하야
질투 해도 될까요?   짝 짝 짝.

축 하드립니다.

박 해 일
2002. 4. 23.

7년 뒤 나
서른네 살쯤이면 결혼해서 아이도 낳고 단란한 가정의 가장이 되어 있겠죠?

좋아하는 7가지
술, 담배, 탁구, 음악, 연극, 영화, 사람

싫어하는 7가지
숙취, 증오, 질투, 충치, 무더위, 강추위, 깔끔함

2002년 4월 23일
「씨네21」 창간 7주년 인터뷰

연극 〈청춘예찬〉

1999년 4월
소극장 '혜화동 1번지'

322

남서울대학교
화곡고등학교
강신중학교
세곡국민학교-서울매봉국민학교

1977년 1월 26일생
박해일

THANKS TO

김고은 김무령 김원국 김장욱 김진영 김태용 김한민
김형태 강경진 권효진 박근형 박병덕 박찬욱 박창수
봉준호 백현진 백혜정 손익청 손인철 송경섭 송종희
송해성 심재명 이나영 이경선 이준동 임순례 임유청
임형근 임훈 유은정 전영욱 정주연 조성희 조수란
조원진 최은영 한수범 한세준 탕웨이 Tang Wei

ACTOROLOGY

『배우 이병헌』
백은하 지음
55,000원

반박 불가의 연기 장인 배우 이병헌의 모든 것.
영화 속 캐릭터 분석부터 이병헌 본인을 비롯해
송강호, 전도연, 박정민, 감독 김지운, 무술감독
정두홍 등 현장 동료들의 인터뷰, 미공개 스틸
사진까지 담았다. 30년의 목격, 20년의 인터뷰,
1년의 집필을 거쳐 배우연구자 백은하가 완성한
배우 이병헌에 관한 가장 희귀한 보고서.

『배우 배두나』
백은하 지음
66,000원

전무후무한 길을 개척 중인 프런트우먼, 배우
배두나의 모든 것. 배우 조승우, 감독 봉준호,
고레에다 히로카즈 등 동료들의 심층 인터뷰와
함께 배두나의 교감 능력에 대한 흥미로운 뇌
활동 실험 결과를 더했다. 다채로운 화보와
함께 세계적 일러스트레이터 유 나가바의
일러스트까지 배우 배두나에 관한 가장 입체적
보고서.

**Una Labo
Actorology**

백은하 배우연구소

All About Actors
배우에 관한, 배우에 의한, 배우를 위한
연구와 출판, 콘텐츠 생산과 협업을 위해 설립된
국내 최초 배우 전문 연구소
unalabo.com

next actor

『넥스트 액터 박정민』
백은하, 박정민 지음
14,000원

〈파수꾼〉〈동주〉〈그것만이 내 세상〉〈사바하〉
〈다만 악에서 구하소서〉를 거치며 한국 영화를
이끌어갈 다음 세대의 기수로 자리 잡은 배우
박정민. 매번 한계를 깨며 발전 중인 그의 도전과
성취를 집중 조명한다.

『넥스트 액터 전여빈』
백은하, 전여빈 지음
18,000원

〈죄 많은 소녀〉의 서늘한 등장으로 충무로를
긴장시킨 후 〈멜로가 체질〉〈빈센조〉〈낙원의
밤〉〈거미집〉으로 이어지며 독특한 영역을
구축 중인 배우 전여빈의 비범한 보폭과 행보를
따라가본다.

『넥스트 액터 고아성』
백은하, 고아성 지음
16,000원

〈괴물〉〈설국열차〉〈오피스〉〈항거: 유관순
이야기〉〈삼진그룹 영어토익반〉까지, 아역
배우에서 충무로 대표 배우가 되기까지 배우
고아성의 치열한 성장 과정을 따라간다. 봉준호
감독의 추천사도 함께 담겼다.

『넥스트 액터 변요한』
백은하 지음
20,000원

〈들개〉〈미생〉〈자산어보〉〈한산: 용의 출현〉
그리고 〈삼식이 삼촌〉까지 동물적 본능과
안타고니스트의 기질이 펄떡이는 배우 변요한.
변화구보다는 돌직구로 승부하는 배우 변요한의
뜨거운 심장박동을 읽는다.

『넥스트 액터 안재홍』
백은하, 안재홍 지음
16,000원

〈족구왕〉을 시작으로 〈응답하라 1988〉〈소공녀〉
〈멜로가 체질〉〈마스크걸〉〈LTNS〉까지 순정,
뚝심, 열정을 연료로 동시대의 인물들을 가장
현실적으로 그려가는 배우 안재홍의 다양한
초상을 만난다.

배우 박해일
액톨로지 시리즈 ACTOROLOGY SERIES

초판 1쇄 발행 2024년 04월 30일

기획
백은하 배우연구소

글·편집
백은하

교정·교열
최현미

디자인
워크룸

사진
정멜멜

일러스트레이션
신연철

홍보·마케팅
호호호비치

협조
메이크스타

인쇄
이지프레스

펴낸 곳
백은하 배우연구소

출판등록
2019년 2월 21일 (제2019-000023호)

주소
서울특별시 종로구 자하문로38길 12 2층 (03020)

전화
02-379-2260

홈페이지
www.unalabo.com

이메일
unalabo@icloud.com

인스타그램
@una_labo

ISBN 979-11-966960-4-7
ISBN 979-11-966960-3-0 (세트)

값 80,000원
Copyright © 백은하 배우연구소, 2024